Diario de Cocina de mi Abuelita

Félix Cantú Ortiz

10 de mayo del 2014

Copyright © 2014 por Félix Cantú Ortiz.

Número de Control de la Biblioteca del Congreso de EE. UU.:   2014908115
ISBN: Tapa Dura   978-1-4633-8377-0
                 Tapa Blanda   978-1-4633-8379-4
                 Libro Electrónico   978-1-4633-8378-7

Todos los derechos reservados. Ninguna parte de este libro puede ser reproducida o transmitida de cualquier forma o por cualquier medio, electrónico o mecánico, incluyendo fotocopia, grabación, o por cualquier sistema de almacenamiento y recuperación, sin permiso escrito del propietario del copyright.

Las opiniones expresadas en este trabajo son exclusivas del autor y no reflejan necesariamente las opiniones del editor. La editorial se exime de cualquier responsabilidad derivada de las mismas.

Este libro fue impreso en los Estados Unidos de América.

Fecha de revisión: 15/05/2014

Para realizar pedidos de este libro, contacte con:
Palibrio LLC
1663 Liberty Drive
Suite 200
Bloomington, IN 47403
Gratis desde EE. UU. al 877.407.5847
Gratis desde México al 01.800.288.2243
Gratis desde España al 900.866.949
Desde otro país al +1.812.671.9757
Fax: 01.812.355.1576
ventas@palibrio.com

# Índice General

Manitas de abuelita I 9
Pan 10
Dedicatoria 11
Prólogo 13
Advertencia 17
Colaboradoras 22

Primera parte: Comidas principales 23
Albóndigas 24
    Albóndigas de papa con camarón 24
Asado de puerco 26
Bolitas de carne con arroz 28
Cabrito 30
    1.- Cabrito en fritada 30
    2.- Cabrito en salsa 32
    3.- Cabrito con refresco de cola 34
    4.- Cabecitas de cabrito doradas 36
    5.- Cabrito asado 37
Camarones a la diabla 40
Carne asada 41
Carne de olla 46
Carne con papas 48
Carne molida 50
Chiles rellenos 52
    1.- Con relleno dulce y con crema de nuez 52
    2.- Con relleno salado de carne molida 54
    3.- Con relleno salado de picadillo 55
    4.- Con queso, rajas de chile y elote 56
    5.- Con relleno de atún y elote 57
    6.- Chiles rojos con relleno dulces 58
Cortadillo de res 59
Cortados de carne con arroz y garbanzo 61
Costillitas de puerco 64
    1.- Con calabaza y elote 64
    2.- Con masa de maíz 65
    3.- Con salsa verde y laurel 66
Chuletas de puerco 67
    1.- En salsa de queso 67
    2.- Con refresco de cola 67
Discada 68
Enchiladas 71
    1.- Enchiladas tradicionales 72
    2.- Enchiladas con masa pintada de chile 73
    3.- Bañadas con salsa de chile colorado 75
    4.- De pollo con mole 76
    5.- Enchiladas con huevo 77

      6.- Enchiladas entomatadas 78
      7.- Envueltas de picadillo 79
Ensalada de pollo 80
Filete de res con soya y vegetales 82
Guisado de bacalao 84
Guisado de carne de puerco con harina de trigo 86
Guisado de ejotes con masa de nixtamal 87
Guisado de flor de palma 88
Guisado de los sobrantes de la carne asada 90
Hígado de res o de puerco encebollado 92
Lengua de res 93
      1.- Lengua lampreada 93
      2.- Lengua en salsa de chile guajillo 94
      3.- Lengua en barbacoa para tacos 95
Menudo 96
Mole de olla 98
Nopalitos 98
Pastel de carne 101
Patitas de puerco en salsa verde 103
Picadillo 104
Pollo 106
      1.- Pollo con fideo 107
      2.- Pollo en limón y mostaza 108
      3.- Pollo en mole 109
      4.- Pollo en axiote 110
      5.- Pollo con champiñones 111
      6.- Pollo a la hierbabuena 112
      7.- Pollo a la naranja 113
      8.- Piernas de pollo con higaditos en salsa verde 114
Repollo 115
      1.- Con costillitas de puerco 115
      2.- Repollo con garbanzo y chorizo 116
      3.- Repollo en rollos 117
Sangre de puerco, o morcilla 118
Sesera de res lampreada 119
Tamales 120
      1.- Masa para los tamales 121
      2.- Relleno de carne de cerdo 122
      3.- Tamales dulces 124
      4.- Tamales borrachos 125
Tortitas de picadillo lampreadas 126

Segunda parte: Caldos, sopas, cremas y arroz 127
Arroz 128
      1.- Arroz blanco 129
      2.- Arroz dorado 130
      3.- Un arroz diferente 133
      4.- Arroz estilo paella 135

Caldos 137
    1.- Caldo de carnero 137
    2.- Caldo de res 138
    3.- Caldo de pescado 141
    4.- Caldo de pollo 142
    5.- Caldo tlalpeño 144
Cremas 145
Sopas 148
    1.- Sopa de pan y cebolla con queso 148
    2.- Sopa de pasta de espagueti con salsa de carne 149

Tercera parte: Almuerzos o cenas 151
Chicharrones en salsa verde 152
Frijoles para toda la semana 155
    1.- Frijoles aguaditos para el lunes 157
    Lunes 159
    2.- Frijoles con huevo para el martes 160
    Martes 161
    3.- Frijoles al estilo italiano para el miércoles 163
    Miércoles 165
    4.- Frijoles refritos para el jueves 166
    Jueves 168
    5.- Frijoles de la olla para el viernes 169
    Viernes 170
    6.- Frijoles a la charra para el sábado 171
    Sábado 173
    7.- Frijoles para tamales los domingos 174
    Domingo 176
Guisado de flor de Jamaica 177
Huevos 179
    1.- Huevos con cebolla y chile 179
    2.- Huevos con varios quesos 181
    3.- Huevos revueltos 183
    4.- Huevos perdidos 185
    5.- Huevos ahogados 186
    6.- Huevos con papas 187
Machacado con huevo 188
Migas, o chilaquiles 190
Plátanos machos lampreados 193
Quelites 194
Quesadillas 195
Queso flameado o fundido 196
Queso en salsa 197
Sincronizadas 198
Indigestión 200

Cuarta parte: Botanas 201
Botanas en vinagre 202
Cebiche de pescado 204

Coctel de camarones	206
Chicharrones de pollo	208
Papas con chile	208
Mis recuerdos	210
Quinta parte: Complementos, guarniciones	211
Chalupas y sopes	212
Empanadas norteñas	213
Empalmes	214
Chiles	215
1.- Chiles piquines	216
2.- Chiles en escabeche	221
3.- Chiles en polvo	223
4.- Chiles toreados	225
5.- Chiles desvenados	226
Chorizo casero al estilo norteño	226
Elotes y maíz	228
1.- Elotes cocidos	228
2.- Elotes asados	230
3.- Elotes tiernos en esquite	230
4.- Mazorcas de elote hechas pinole	232
A la salida de la escuela	232
5.- Chicales de maíz seco	236
Ensaladas	237
1.- Ensalada de repollo con aguacate	237
2.- Ensalada de papa con huevo	238
3.- Ensalada de coditos	239
Esponjado de huevos y lampreado	240
Gorditas de masa con manteca de res	241
Guacamole	242
1.- Guacamole natural	242
2.- Guacamole agrio	243
Jocoque	244
Mayonesa	245
Mole y pipián	246
Procedimiento para cocinar mole	249
Papas, purés	249
1.- Papas en salsa de orégano	249
2.- Puré de papa con mayonesa	250
3.- Papas doradas con cebolla y chile	251
Picado de la carne	252
Pico de gallo	253
Salsas	254
1.- Salsa de chile piquín en el molcajete	254
2.- Salsa verde. Receta sencilla	255
3.- Salsa roja regular	256
4.- Salsa para los lampreados	257
5.- Salsa tártara	257

6.- Salsa de hierbabuena y cilantro 258
7.- Salsas en aceite 259
8.- Salsas de chiles maduros, rojos 259
9.- Salsa de chiles verdes 261
10.- Salsa para coctel de camarones 261
11.- Salsa de chorizo 262
12.- Mi salsa preferida 262

Tacos 263
    1.- De maíz, rellenos de repollo 263
    2.- De harina, con carne enchilada 264
    3.- De harina, rellenos de papa, de carne molida y de frijoles 264
    4.- De maíz, dorados con relleno de aguacate, de carne deshebrada de res o de pollo 265
    5.- De maíz o de harina, con relleno de huevos al molcajete 265

Tepache 266

Tortas 267
    1.- De carne de puerco o de pollo 268
    2.- De pavo 268
    3.- Tortas de lo que sea 269

Tortillas 269
    1.- Tortillas de nixtamal 269
    2.- Tortillas de harina de maíz 270
    3.- Tortillas de harina de trigo 271
    4.- Tortillas de harina de trigo estilo Zuazua 273

Tostadas 274
    1.- Tostadas de cualquier ingrediente 274
    2.- La tostada más popular 275
    3.- Tostadas de cebiche 275
    4.- Tostadas rojas de salsa verde con crema 275
    5.- Tostadas rojas con frijoles 276

Sexta parte: Postres 277
Las verbenas 278
Atoles 280
    1.- Atole de arroz tradicional 280
    2.- Atole de arroz con 3 leches 281
    3.- Atole de avena 282
    4.- Atole de harina de fécula de maíz 283
    5.- Atole de masa de nixtamal o champurrado de chocolate 284
    6.- Atole de migas de tortilla 284
    7.- Atole de pinole 285

Bolitas de nuez 286
    1.- Bolitas de nuez 286
    2.- Otras bolitas de nuez, fáciles 287

Buñuelos 287

Capirotada 289
    1.- Capirotada tradicional 290
    2.- Capirotada de 3 leches 291
    3.- Capirotada de manzana 292

Compota de calabaza con piloncillo 293

Chocolate de mesa 295
Dulce de calabaza, de camote y otros 296
Empanadas 298
    1.- Relleno de calabaza 301
    2.- Empanadas de nuez y piloncillo 301
    3.- Empanadas de leche quemada 301
    4.- Empanadas de nuez, leche quemada y cerezas 302
    5.- Empanadas de piña 302
Frijoles de dulce 303
Galletas marías con nuez 304
Glorias de nuez, dátil y pasas 305
Gorditas de azúcar 306
Hojarascas 309
    1.- Hojarascas de la receta antigua 309
    2.- Hojarascas sencillas 310
Mermelada o jalea de tomate o de chile verde 311
Palanquetas de nuez o de cacahuate 313
Pan 314
    1.- Pan dulce de elote 314
    2.- Pan salado de elote 315
    3.- Pan de dátil y nuez 315
    4.- Pan de zanahoria 316
Pasteles 317
    1.- Pastel alemán 317
    2.- Pastel de zanahoria 318
    3.- Pastel de aceite 319
    4.- Pastel de manzana 321
    5.- Pastel de plátano 322
Turcos 323
Postre final 325
Manitas de abuelita II 326

Séptima parte: Adivina adivinador 327
Acerca del Autor 334
Otras Obras del Autor 335
Mi México querido… 339

Manitas de abuelita I

Yo nunca me cansaba de ver sus manitas,
Eran manitas que estaban muy arrugaditas,
Siempre las veía como manitas marchitas...
¡Sabrá Dios qué cosas en silencio ocultarían!

¿A quién esas manitas un día acariciaron,
A quién sus ropas y comidas prepararon,
Qué afanes y trabajos esas manitas hicieron,
Mientras el tiempo pasaba y viejas se hacían?

Abuelita, que con tus manos todo forjaste,
Que con tus manitas siempre me acariciaste,
Esas manitas trabajadoras que todo tocaban,
Un día se fueron a los silencios de la nada...

Tus manitas marchitas con racimos de flores,
Que día a día de tus jardines recolectabas,
Un día quedaron secas y sedientas de amores,
Cuya juventud se consumió en sus plenitudes.

Manitas que con el tiempo ganaron arrugas,
Y por trabajar, su lozanía fueron perdiendo,
Llegó el día que de tanto vivir se cansaron,
Hicieron la maleta que a su viaje se llevaron.

Esas manitas de abuelita que todo proveyeron;
Manitas deshechas que mil faenas enfrentaron,
Quisiera volver a sentir en mi cara sus caricias...
Que hoy desgastadas pero libres de penas...

Descansan en paz... Ya duermen serenas...

Félix Cantú Ortiz

Pan

Sabed pues…
Que por un hechizo
De vuestra cándida hermosura,
No puedo de vos alejar,
Ni mi ser, ni mi sentimiento.
Más no me lamento;
Al contrario… Consiento…
Que vos seáis siempre
Mi diario alimento:
Mi pan…

Félix Cantú Ortiz

Dedicatoria

A mis dos abuelitas, que Dios las tiene ya en el Cielo como dos angelitos que me cuidan y velan por mí en el transcurso del camino… Y para todas las abuelitas de este mundo, que si ya están con Dios, velan igualmente por sus nietos…

El Autor y su esposa, Rosalinda.

*"Entre dos que se aman,
con uno que coma basta."*

Y aquí, se ve claro que el que come soy yo…

Prólogo

Desde que el comer es un placer, y sin darle importancia a las penas, pues dicen que *"con pan las penas son buenas"*, a través de los años, los comensales se han preocupado por encontrar sabroso y agradable todo lo que eligen para alimentarse. Yo creo que siempre andan con hambre, pues *"el que hambre tiene, en pan piensa"*, y si en pan piensan, por el hambre que tienen, buscan para bien satisfacerse más adecuadamente, con las proporciones de ingredientes y sus combinaciones, con el objetivo de obtener el sabor que desean en cada bocadillo de sus platillos, en el punto justo y exacto, de manera que el paladar disfrute al máximo este espacio de tiempo tan corto, que es la hora de la comida. Y verá usted que hay gente que no paladea sus comidas, sino que simplemente las traga a bocanadas, con la intención imperiosa de llenar su estómago y calmar esa hambre, entre más pronto, mejor, lo cuál es una pena, y equivale a una gran pérdida, por el hecho de no poder disfrutar uno de los mejores placeres de la vida, que es el comer, y despacio, paladeando.

Dicen que *"con hambre todo es más sabroso"*: *"El hambre es tan maestra, que hasta a los animales adiestra"*; y sí, efectivamente, es muy cierto... Aunque tener hambre, como decíamos antes, no es un distintivo de que se saboreará plenamente una comida, porque como también decíamos, hay gente que simplemente traga y se satisface, y ya. Y estamos de acuerdo: con hambre todo sabe mejor, aunque sea pan solo, o simplemente tortilla con sal, pero si a eso le agregamos que la comida esté bien preparada, y que además, tenga un sabor exótico y suculento, por el agregado que le dan los ingredientes que se escogieron para prepararla, es muy seguro que se tendrá una experiencia inolvidable cada vez que te sientes a la mesa.

Parece ser que cuando una comida nos gusta mucho, cada vez

que nos propones comerla, y sobre todo, no hay qué olvidarlo, que la comemos con hambre, parece ser que esta última vez que la probamos, nos supo mejor que la vez anterior; en cambio, si la probamos sin hambre, podremos decir que en esta ocasión no salió tan buena como la vez anterior, y nos hacemos de delito, y queremos culpar a alguien, claramente sin tener razón, pues *"comer sin hambre, es delito y hace daño."* Definitivamente que el comer con hambre hace que un platillo sencillo tenga un sabor especial, como si fuera una comida especialmente preparada para las cortes de los reyes... *"Hay que comer con tanta hambre que parezcamos piojos en peluca..."*
Es muy variado el gusto por la comida, y esto depende generalmente de las culturas, de las costumbres de los pueblos, y de sus tradiciones, lo cual es muy admirable, y además muy respetable. Esto nos da la oportunidad de conocer y probar los sabores que cada parte del mundo, cada país, cada región de ese país, cada poblado, nos puede ofrecer. Ése es, precisamente, uno de los mejores atractivos de visitar lugares en el mundo, las grandes variedades de sus comidas. Hay veces que se nos olvida un lugar específico de un pueblo, digamos, que no recordamos en qué tipo de silla nos sentamos a paladear una comida en aquel restaurancito típico, pero una cosa sí es segura, y es que el sabor de lo que comimos en aquellos momentos, quizá nunca lo vayamos a olvidar.
Realmente es una bendición tener en nuestro planeta tanta diversidad de especies e ingredientes para acomodar el sabor adecuado a cada platillo según las tradiciones, y si a eso le agregamos la pericia, el buen gusto y la imaginación de los cocineros que se dedican a esto de todo corazón, el resultado vienen a ser los manjares que el estómago agradece en cada ocasión. Dicen que *"el mejor cocinero del mundo es nuestra madre"*, porque siempre prepara sus platillos con todo corazón. Y efectivamente, cuando nos casamos y ya ha pasado mucho tiempo de que no vamos a comer a la casa maternal, solemos

decir: *"Como los frijolitos que preparaba mi mamá, nadie los prepara…"*, o *"Para caldos de res, apenas el que preparaba mi mamá…" "Mmmm qué ricas gorditas, se parecen a las que hacía mi mamá, aunque, les falta algo para igualar aquel sabor tan sabroso…"* Etcétera… Pero sea como sea: *"Ya lo comido quién a uno se lo va a quitar…"* Aunque, no necesariamente sean nuestras madres, abuelas o bisabuelas las que prepararon la comida, sean quienes hayan sido, eso sí, todas felizmente casadas, pues el dicho que dice *"Mujer que guisa, se casa aprisa"*, avala que a todas les gustaba cocinar.

Ellas, que se preocuparon por dejarnos satisfechos cada vez que nos sentábamos a comer, sin querer, escribieron en nuestras memorias estomacales la tradición gastronómica, propia de los sabores de los alimentos de la región donde vivimos, y como dice el dicho, *"como México no hay dos"*, porque aquí en México, hay una grandísima variedad, dada la gran cantidad de culturas desarrolladas en todo el entorno de este maravilloso y riquísimo país.

Como yo nací en el norte de México, puedo decir: "aquí" en el norte, las comidas son muy diferentes que en el sur, y las del sur son muy diferentes que las del centro, y las del centro muy diferentes que las del oriente, y éstas, diferentes que en occidente… En verdad, la gama de sabores es extraordinaria, y a pesar de que en el centro de México *"le echan mucha crema a sus tacos"*, es curioso, que es aquí en el norte donde les decimos "tacos" a los tacos, y ellos no, porque a sus tacos ellos les llaman "quesadillas" sin que sean propiamente de queso. Efectivamente, nosotros, los del norte, sí les llamamos quesadillas a los tacos que son de queso, ya sean de tortillas de maíz o de harina… Obviamente, que en la región del centro, para el hecho de llamar quesadillas a los tacos, ellos tienen su explicación lógica y respetable, que proviene de un origen náhuatl, pero aún así, causa confusión. En fin, en el norte nos defendemos bastante bien en cuanto a los sabores y a la variedad de las comidas, y a pesar de ser ésta, bastante grande,

no decimos nada, pues *"en boca cerrada no entran moscas"*, y estamos muy orgullosos de nuestras costumbres culinarias a pesar de no ser tan jactanciosos.
¡Válgame Dios, si todo fuera como comer…!
¿Quién de esta vida se aburriría?, pues díganme *"¿a quién le dan pan que llore…?"* Y como decía mi suegro: *"En el comer y el rascar, todo está en comenzar…"* Y esto avala a que igual podamos comer con hambre que sin hambre, pero el resultado en nuestros paladares, en nuestros cerebros, y en general en todo nuestro cuerpo, es diferente que comiendo con hambre. Además, que para comer, basta con comenzar, justamente, como lo decía mi suegro. Y bien, hay gente que se la pasa comiendo todo el santo día, engorde y engorde, como si fuera marranito… Y es que éstos, *"sólo viven para comer, no comen para vivir…"*

Advertencia

La mayoría de las recetas aquí descritas son antiguas, sacadas de la experiencia culinaria de mis abuelas, de mis tías, de mi madre, de mi suegra, de mi esposa, y mía propia, además de alguna que otra amiga conocida y allegada a las familias nuestras que colaboraron desinteresadamente y sin ninguna pretensión en este proyecto. Lo más curioso de este asunto, es que muchas de ellas lo hicieron sin que se hayan dado cuenta, pues ya casi todas han pasado a mejor vida, excepto un par de mis tías que aún viven, y por allí andan caminando, aunque dificultosamente ya en edades muy avanzadas Pero los hijos o hijas de las que ya murieron, con gusto nos pasaron sus recetas.

Obviamente, que estas recetas provenían y les fueron dictadas a ellas a su vez, de sus madres y de sus abuelas, y a éstas, también de sus madres y abuelas, quienes de esta forma, fueron pasando las tradiciones culinarias a través del tiempo, de generación en generación.

También puedo decir que yo, en mis escritos de niño, y de jovencito, y en partes de mi edad adulta, también me preocupé por recolectar información al respecto, y digamos que algunas que otras recetas completas las tenía yo guardadas entre mis viejos papeles. Nunca sabemos cuándo vamos a ocupar las cosas que guardamos, por experiencia lo digo, pues ya me ha pasado en muchas ocasiones usar cierta información que tenía guardada por años.

Y siguiendo con las recetas, como se podrá constatar más adelante, son recetas prácticamente de comidas antiguas, muy sabrosas, y relativamente, son muy fáciles de preparar.

Creí necesario comenzar a escribirlas, juntándolas todas en esta obra, *"no vaya a ser la de malas"*, que también yo me vaya a *"colgar los tenis"*, y siendo el único de la familia, que de alguna manera me he preocupado por conservar las tradiciones, relatos, anécdotas familiares y las viejas costumbres, me interesé también por conocer tales secretos. Honestamente, y modestia aparte, me decidí por recolectarlos, empezando a recordar cada una de estas sazones poco a poco, a escudriñar en los diarios de mis tías y de mi mamá, y en los míos propios, con el afán de rescatar algunas recetas y sabores, que normalmente en estos tiempos modernos, ya no se estilan. Me esforcé por investigar entre vecinos y conocidos sobre las comidas que sus madres y sus abuelas preparaban, y vaya que invertí un buen tiempo, pero finalmente tuve respuestas muy positivas. Con tales respuestas quise escribir un libro para agruparlas a todas ellas, y para esto he tenido que trabajar bastante, pues hay que darles forma y ordenarlas de manera que no falte ninguna, incluyendo desde la más sencilla, hasta la más sofisticada; agregando a su vez, las de sabores suaves y las de sabores fuertes y complicados y catalogándolas en sus apartados correspondientes, según el propósito de tal comida o receta. Por otro lado, por un buen tiempo me esforcé en presionar mi mente para recordar las que, por motivos extraños, nadie me podía proporcionar, quizá porque las desconocían o quizá porque no tenían bases para informarme, pero que al menos yo sabía que existían, porque muchas veces yo las comí, y sus sabores nunca olvidé. De esta forma no quise dejar pasar ninguna, pero seguramente alguna se escondió por allí en los rinconcitos oscuros del pensamiento, y que, también por mi edad, a veces no respondo correctamente para completar de hacer lo que deseo hacer. *"Cuando tenía dientes, no tenía para carne, ahora que tengo para carne, ya no tengo dientes."* Pues entonces, no me queda más que intentar comer más frijolitos, que aunque en caldito, como quiera tienen muchos nutrientes, que hay que aprovechar y así hacer despertar a mi mente, lo cual ya es muy necesario en estas edades, pues esa caraja y sinvergüenza, está muy insistente en olvidarse de las cosas que un día guardé con mucha confianza en sus almacenes…

Y pues, como sea que es o haya sido, confío en que, con lo que escribí, pueda compensar la curiosidad de la mayoría de la gente que les gusta satisfacer las necesidades de muchos paladares exigentes, y los suyos propios, pero sobre todo los de aquellos, que prefieren platillos de gustos norteños muy tradicionales. Y a los que no quieran o no les gusten los estilos norteños, *"pues que se traguen el orgullo de vez en cuando, que al cabo que el orgullo no engorda…"* Je, je, je. Advierto que la mayoría de estas recetas, no son de carácter nutricional estándar, ni mucho menos que servirán de base para llevar a cabo procesos dietéticos de adelgazamiento, o para bajar sus niveles de colesterol, pues están hechas con ingredientes que pudieran ofender a tantos doctores, a tantos dietistas, y a tantos sanos comensales de estos tiempos que *"siempre se hacen los de boca chiquita"*, y que casi, podríamos decir, que comen puras frutitas y unas que otras verduritas… O como ellos dirían: *"una manzanita al día, que los gastos de doctor nos ahorraría…"* Dicen que de *"frutas y amores, los primeros son los mejores"*, así que si come frutita, que sea de las primeras cosechas, fresquecita…

Pero *"en todas partes se cuecen habas"*, y por lo tanto en todas partes hay gente de toda, y habrá aquí y allá a quienes nos gusten estos tipos de platillos. Y la mera verdad, es que cuando se comen platillos preparados con mantequita y aceitito, sinceramente sabe mucho mejor que las comidas magras, pero por salud y por cuidar la silueta, mucha gente decide no comerlos, a pesar de que mucho les gusten. Y pues qué decir, pues que en este mundo y en el transcurso de nuestras vidas, *"todo lo bueno, es y será pecado, o engorda."* Además, con estas comidas, como son para presumir, se harán quizás sólo en algunos fines de semana. Por eso, en realidad pudieran no causar muchas molestias a la salud, pero lo que sí causarán, son muchas satisfacciones al paladar y al gusto particular de cada comensal. Y como dice el dicho: *"Una vez al año no hace tanto daño."*

Ahora vayamos a los números. En muchas de las recetas, los ingredientes están calculados para un determinado número de personas, pero es fácil hacerlo para menos personas, o para más, sólo aplicando las operaciones aritméticas de las leyes de las proporciones, para poder saber qué tantos ingredientes llevarán con el cambio. Por ejemplo, si dice: "Ingredientes para 20 personas", y deseamos hacer la comida sólo para 8, dividimos 8 entre 20 y sacamos una fracción cuyo número será la proporción para multiplicar en el número de todos los ingredientes. Así que, 8 entre 20 es 0.4, y si en los ingredientes de la receta para 20 personas nos dice que se usarán 3 kilos de carne, entonces multiplicamos 3 por 0.4 para saber cuánta carne necesitamos para la receta de 8 personas, y al hacerlo, nos da 1.2, o sea 1 kilo con 200 gramos. Y digamos que en la cantidad de tomates dice "6 jitomates". Luego, haciendo igual la operación, multiplicamos también 6 por la proporción 0.4 y nos da la cantidad que necesitaremos sólo para 8 personas, o sea 2.4 jitomates, que esto es prácticamente 2.5, o sea 2½ jitomates. Otro ejemplo. En la receta llamada "Cortados de carne con arroz y garbanzo", dice que es para 20 personas, y se necesitan 3 kilos de carne. Si se desea hacer la receta sólo para 10, dividir 10 entre 20 y nos da 0.5, o sea ½, que es la mitad en proporción de todos los ingredientes, para obtener la receta con cantidades para 10 personas. Entonces 3 kilos por 0.5 es igual a 1½ kilo. De agua dice que necesita como 8 litros. Entonces 8 x 0.5 = 4 litros. Dice 3 cucharadas de comino, entonces, 3 x 0.5, nos da 1½ cucharada... Y así todo lo demás. Sin embargo, eso sí, siempre hay "sin embargos"... Algo más o algo menos en la modificación de las cantidades, no creo que modifique mucho el sabor en general, así que no preocuparse mucho por las "aritméticas", que a veces hacen que le duela a uno la cabeza... Y más, si cuando estábamos en la escuela nunca entendimos los quebrados, je, je, je.
Bueno pues, les dejo aquí mi proyecto ya estampado en este

libro, que es como mi herencia, con todo mi cariño para todos los que puedan tenerlo… Y espero que esta colección de joyas, la guarden para sus hijos, y para los nietos de los nietos de sus hijos, pues a saber que hoy ya mucha gente no prepara estas comidas, se imaginan en unos 60 años más, o 100, yo creo que ni las van a conocer, porque van ellos a comer puras píldoras de vitaminas y nutrientes potenciales. Quizá para entonces, sólo en algunos especializados restaurantes, pudieran preparar de estas comidas. Por eso, es bueno *"dejar escrito para el futuro, lo que bien vale la pena hacer en el presente"*, para que después lo disfruten los que vienen… Que quede pues, este libro, como un legado del buen gusto y del buen sabor que nos legaran nuestros antepasados, algunos de ellos, allegados míos, quienes nunca se fueron de mi corazón…

Colaboradoras

 Abuelita: María Ana Lozano Cantú	 Abuelita: Delfina Sánchez Treviño	 Mamá: Ofelia Ortiz Sánchez	 Suegra: Rosaura Cantú Delgado
 Esposa: Rosalinda Cantú de Cantú	 Hna: Maricela Cantú de Villarreal	 Hna: Ludivina Cantú de Burnes	 Tía: Hermila Cantú Lozano
 Prima: Ana Laura Cantú de Gutiérrez	 Comadre: Martha Lydia Guajardo de Valle	 Amiga de familia: Doña Sofía Tovías Herrera	 Amiga de familia: Doña Martina Tovías Herrera
 Amiga de fam.: Juanita B. Montemayor de V.	 Amiga de fam.: Olivia Moreno de Lozano	 Cuñada: Ma. Gpe. Cantú Cantú	 Cuñada: Ma. del Rosario Cantú de J.

Primera parte:
Comidas principales

> *"La felicidad no tiene recetas, cada quién la cocina con la sazón de su propia razón."*
>
> *"Cuando te sientas a comer, los codos en la mesa no has de poner."*
>
> *"La vida es como la cebolla, uno la va pelando, llorando."*

Albóndigas

"El que con la panza llena, en comida vuelve a pensar, dice: yo ya no vuelvo a comer…" Pero que no se pasen cuatro o cinco horas, cuando empiezan las cosquillitas en el vientre, porque te olvidarás de la promesa que hiciste unas horas antes, y dirás lo mismo que decía mi suegra, *"siento tanta debilidad en el estómago…"* ¿Y qué tal si en la mesa vemos unas ricas albóndigas de papa servidas para la comida…? Es seguro que dos o tres de ellas desaparecerán… Las albóndigas de papa son bolitas, pero aplanadas con una mano, que pueden ir doradas o lampreadas, y encantan a niños y a adultos. Su sabor suave, pero exquisito, gusta tanto que no quieres dejar de comer. Es una comida de Cuaresma en Semana Santa, que solían preparar las abuelitas, y nosotros nos chupábamos los dedos después de comerlas. Se sirven con arroz dorado y con una ensaladita de verduras cocidas, o bañadas con mucha salsa de jitomate fresca.

Albóndigas de papa con camarón

Ingredientes para 8 personas

5 papas grandes cocidas y luego peladas
3 huevos
4 sobrecitos de camarón molido
4 sobrecitos de camarón seco
Sal y pimienta negra en polvo al gusto
Aceite
Harina de trigo en un plato para espolvorear las albóndigas

Procedimiento

La preparación de esta receta es muy fácil, y como dicen, *"es pan comido…"* Ya verán. Las papas ya bien cocidas y ya peladas, se aplastan con un aplanador de cocina, hasta que se forme un puré bien consistente y no haya pedacitos de papa sin aplanar. Se le agrega sal y pimienta negra en polvo, y además el camarón molido y el seco sin las cáscaras. Se revuelve todo hasta que queden todos los ingredientes perfectamente mezclados. Se hacen bolitas con las manos y luego se aplastan para que queden como tortitas, de un tamaño aproximado de 8 centímetros de diámetro. Que queden bien gorditas, pero algo aplanaditas. Se esponja el huevo, ver receta de "Esponjado de huevos y lampreado", y se lamprean. Cuando todas ya están lampreadas, ya están listas para servirlas en la mesa, para acompañarlas con arroz dorado, con verduras hervidas, y también pueden ser acompañadas de frijoles en bola, aguacate en rebanadas, o una ensalada verde. Yo las prefiero recubiertas con algo de mayonesa y luego encima salsa de jitomate en abundancia… Mi delicia… Pero hay que comerlas cuando haya apetito, para poder disfrutarlas al máximo, pues como decía mi abuelito: *"Comer sin apetito, hace daño y es delito."* Los que terminen primero lavan los platos y los trastes sucios… Fuchi, fuchi, huele a huevo…

Consejo: Para eliminar los olores del huevo o del pescado en los trastes por lavar, agregar al recipiente que contiene el jabón el jugo de 1 limón, un chorrito de cloro, y un chorrito de aceite de pino. Es conveniente tener goteros separados con estos tres ingredientes cerca del lavadero, para cuando se vayan a usar, simplemente sacar el tubo gotero lleno, y proporcionar su contenido al jabón de los trastes.

Variantes
- Pueden ir sin camarón, solas con sal y pimienta al gusto, e igualmente tienen un sabor exquisito.
- Pueden ser con relleno de un queso, pero sin camarón. Puede ser queso crema, o del tipo Oaxaca, o Chihuahua, o panela. Ver adivinanza n°49. Se preparan para Cuaresma, igual que las de camarón.

- Pueden ser mezcladas con carne molida de res en lugar de queso o camarón. Medio kilo de carne se pone a dorar, y luego ya escurrida y seca, se mezcla con la papa, y los pasos siguientes son los mismos.

Asado de puerco

"Cuatro platillos tiene el poblano, que son: cerdo, cochino, puerco y marrano." Esta receta súperespecial, es un tesoro de la cocina del norte, y a pesar de que acá es tan conocido este platillo, se prepara de muy diferentes maneras en diferentes hogares. Para empezar por la carne que se escoge para su preparación, unas personas usan pierna, otras lomo, y otras, como en esta receta, usaremos costillita de puerco cortada en pedacitos pequeños con su correspondiente huesito. Especialmente si es de puerco, debe saber riquísima cualquier parte del cerdo que se escoja para su preparación. Ya sabemos que *"la carne de cerdo por su sabor es su majestad… La Reina."* Mi abuelo, que en paz descanse, y que tanto le gustaba el cerdo, solía decir: *"Del cerdo me gusta todo, hasta sus maneras de andar…"* Se sirve en plato extendido, con frijoles guisados; refritos es mejor, y con arroz dorado y con tortillas de maíz.

Ingredientes para 6 personas

1 kilo de costillitas de cerdo cortadas en trocitos
8 chiles colorados anchos ya hervidos y sin semillas
4 hojas de laurel
1 pizca de orégano, opcional
3 dientes de ajo
1 rebanadita mínima de hueso de aguacate, como de 1 centímetro de largo, y muy delgadita
Aceite
Sal al gusto

Procedimiento

En una cacerola de barro, o de teflón, a la lumbre con el aceite, empezar a dorar las costillitas, moviendo con frecuencia con una cuchara de madera, hasta que estén completamente doradas, casi con una apariencia de quemaditas, sin que realmente lo estén. **Consejo:** Usar cucharas de madera para varias operaciones: 1.- Cuando usas sartenes recubiertos de teflón, para no rasparlo y despegarlo. 2.- Cuando las vas a meter en recipientes que contienen comidas con vinagre, para no oxidar el líquido con algún desperfecto de las cucharas de metal. 3.- Y cuando las vas a meter a un plato de ensaladas, también, para no oxidar a los vegetales y luego quedan contaminados. Continuando… Se hace la salsa en el molcajete, o si no se tiene, pues en licuadora. Se muele primero el laurel, el ajo, la rebanadita de hueso de aguacate, la sal, y si le gusta, la pizca de orégano también. Que queden bien molidos. Agregar el chile colorado ancho ya hervido y limpio de semillas y rabo, y moler bien. Echarle un poco de agua para que la licuadora pueda moler bien. Agregar la salsa a la cacerola y revolver para que se integre bien a las costillitas. Que hierva por unos 15 minutos. Y ya está esta "delicia dietética." Lo pongo entre comillas porque lo digo en broma, ya que es todo lo contrario, carne de cerdo prácticamente en aceite con chile… Se recomienda no comer mucho, porque puede ser indigesto para algunos, aunque el huesito de aguacate que se le agregó, cumple con este propósito, hacer que sea un poco menos indigesta esta comida. Preferiblemente servir bien caliente.

Variantes

- Cuando no es costilla y en su lugar es lomo, los pedazos se cortan más grandes que la costillita.
- Hay quienes no le agregan el trocito de hueso de aguacate, y en su lugar le ponen una hoja verde del

árbol del aguacate y la muelen con el chile colorado, igual que el laurel.
- Hay quienes les gusta agregarle además, 1 pizca de tomillo, 1 pizca de mejorana, la cáscara rallada de un gajo de naranja y 1 clavito de olor molido.

Bolitas de carne con arroz

Ingredientes para 10 personas
Para hacer las bolitas:

1½ k de carne molida de res
1 cucharadita de sal
1 cucharadita de ajo en polvo
1 cucharadita de pimienta negra en polvo
1 huevo
Harina, la necesaria
Aceite

Para el caldo:

1 taza de arroz
3 jitomates
½ cebolla
1 chile morrón verde
2 dientes de ajo
2 cuadritos de consomé de pollo
2 chiles chipotles de lata
Sal y pimienta negra al gusto
1 taza de variedad de verduras precocidas

Procedimiento para hacer las bolitas

A la carne se le pone sal, ajo en polvo y pimienta, y un huevo entero. Se mezcla todo con las manos, y luego se hacen bolitas como del tamaño de una pelotita de golf, y se enharinan por la superficie. Luego se ponen a dorar ligeramente con aceite. Se reservan en un recipiente para usarlas posteriormente.

Procedimiento para hacer el caldo

Se pone a hervir una taza de arroz en 2 litros de agua, a la que posteriormente se le agregará la salsa que se prepara en la licuadora como sigue: Los jitomates, la media cebolla, los ajos, y los cuadritos de consomé de pollo, los chiles chipotles de lata, media cucharadita de pimienta negra y el chile morrón verde. Ya que se pase a la olla honda, se agregan 2 litros de agua más, y se deja hervir. Cuando empiece a hervir se le agregan las bolitas de carne ya preparadas, y si se ve que le falta agua, agregarle un poco más. Cuando vuelva a soltar el hervor, se le agrega la taza de verduras precocidas, que consiste de chícharos, zanahorias y papas cortadas en cuadritos, y se tapa a fuego lento hasta que el arroz y las verduras ya estén cocidos. Debe de quedar caldosita la comida. Se sirve en un plato sopero, y se come acompañado con tostadas rojas con guacamole, o con frijoles refritos. Le voy a proporcionar en este momento unos **Consejos:** Sobre jitomates: 1.- Si los jitomates los compra para consumirlos en dos o en tres semanas, una manera de evitar que se le pudran en su refrigerador, es al momento de comprarlos, póngalos a hervir todos, excepto unos dos o tres que probablemente usará para rebanarlos, para adornar ensaladas. Quíteles el pellejo y muélalos en la licuadora sin sal. Colóquelos en botellas de vidrio con tapa, y desde esas botellas tendrá salsa para lo que desee usarla. De esta forma, y ya cocidos, en el refrigerador nunca se echarán a perder. También puede preparar sus salsas favoritas de una buena vez. Los tomates con sus ingredientes póngalos en la licuadora. Muela muy bien. Ponga esto en una vasija honda, y deje que hierva hasta que se desaparezcan los grumos y las burbujas que se formaron en la licuadora. Ya cocida la salsita, pero sin aceite, la puede guardar cuando se enfríe en botecitos de vidrio con tapa dentro del refrigerador. 2.- Los tomates con facilidad se pudren, esto es, que se llenan de hongos por su propia humedad, y más la humedad del refrigerador. Estando así mucha gente los tira. Cuando están ya empezando a pasarse, es conveniente que se saquen del refrigerador, y se les lave la superficie. Rasparlos con un raspador sobre el molcajete y agregarles sal, preferiblemente sal de grano. Terminar de molerlos bien, y luego guardarlos nuevamente en el refrigerador en una botellita de vidrio tapada. El sabor de los tomates en este estado es incomparable, y riquísima. Haga unos frijolitos con huevo, y agrégueles esta salsa. Impresionará a los comensales. Igualmente si le agrega esta salsita a unas miguitas con cebolla de rabo y ajo.

Cabrito

1.- Cabrito en fritada

Esta riquísima receta es de mi abuelita Fina. Es sabrosísima… Es una de las que se han rescatado del conocimiento de nuestros antepasados familiares de acá, del norte de México. El cabrito es la cría de chivo y chiva. Se elige para comerlo cuando aún no ha probado el zacate del campo, o sea cuando el chivito aún es lactante, porque cuando ha probado las hierbas del campo, su carne adquiere un sabor muy fuerte que no a todo mundo le puede gustar. El cabrito, generalmente se prepara asado a las brasas a fuego muy lento, o al menos así es como se ofrece en casi todos los restaurantes de la región; pero comerlo en fritada, es sólo placer de muy pocos; de los que se atreven a comer las vísceras y la sangre del cabrito guisadas. Se sirve como un caldo caliente en platos hondos y se come con tortillas de maíz recién hechas.

Ingredientes para 20 personas

1 cabrito entero cortado en trozos
1 asadura completa, o sea las vísceras, resumidas en 3 machitos
La sangre completa de 1 cabrito
8 jitomates
2 cebollas chicas
2 chiles morrones verdes
1 cabeza de ajos
10 hojitas de laurel
2 cucharadas de orégano
2 cucharadas soperas de pimienta negra molida
1 cuchara grande de cocinar de manteca de cerdo
Sal al gusto.

Procedimiento

El cabrito se pide en la carnicería que se lo corten en trozos chicos. Las vísceras generalmente ya las venden hechas machitos. Éstos, son el envoltorio que hacen de los órganos interiores ya bien cortaditos, con el forro del estómago, y se enrolla con toda la tripa delgada. Ambas cosas, piezas de cabrito y los machitos, se ponen a cocer en una olla honda en suficiente agua, que queden nadando en agua. Es común que se le agregue la cabeza del cabrito entera a esta cocción, pero mucha gente no le gusta y la tira. Se le agregan 3 cucharadas de sal y la cabeza entera de ajos. La sangre se pone a hervir separadamente, en otra olla con agua. En una cacerola extendida se pone a freír en la manteca de cerdo, el tomate, la cebolla, el chile morrón cortado todo en cuadritos. Cuando la sangre ya se coció y quedó bien coagulada, se cuela, y los grumos se ponen en la licuadora donde también se le agregará todo el orégano, el laurel y la pimienta negra. Se muelen muy bien y luego se le agregan a la olla donde el cabrito y los machitos ya deben estar suaves y bien cocidos. Pero antes de agregarle lo licuado, medir que el agua no esté en demasía, si tiene mucha agua, quitarle un poco. Sacar los machitos, y sin que usted se vaya a quemar, cortarlos en cuadritos. Al terminar agregarlos de regreso en la olla de donde se sacaron. Que quede el agua tapando naturalmente y sin forzar, todo lo que está adentro, más 1, ó 1½ litros de más. Ahora sí, agregarle la sangre licuada, y lo que se doró con la manteca de cerdo en la otra cazuela. Tapar y dejar hervir todo por unos treinta minutos más, destapando con frecuencia para darle una meneadita con una cuchara larga y volver a tapar. Aprovechar para revisar la sazón. Si le falta sal y pimienta, pues agregársela. Cuando se apague la flama, dejar reposar por unos 15 minutos y luego servir en platos soperos. Y si quiere dejarla destapada no importa, porque dicen que *"A olla que hierve, no hay mosca que se atreva."*

Variantes

- Puede hacerse una cantidad mucho menor de esta comida si no se le ponen los trozos de cabrito, sólo las vísceras y la sangre. De aquí, que las cantidades de los ingredientes se disminuyen dramáticamente, quedando una comida solamente para 8 ó 10 personas a lo más.

2.- Cabrito en salsa

Receta de mi abuelita Anita. Uno más de los platillos clásicos tradicionales norteños por los que lloramos muchos de los comensales debido a que no más los encontramos ya, ni siquiera en los restaurantes regionales. Recetas tan antiguas, que ya casi ni en las casas las preparan, por lo que se ve que están desapareciendo y que quizás ya nuestros hijos o nietos nunca llegarán a probar, a menos que se les prenda el foco en sus cabecitas y decidan comprar este librito; aunque mi consejo es que compren dos, por si uno se los roban, o se les pierde, je, je, je. Esta receta es exquisita y especial para ocasiones especiales. Se sirve con arroz dorado, con frijoles refritos, y con una breve ensalada de lechuga, cebolla, tomate rebanado y betabel cocido y en rebanadas.

Ingredientes para 15 personas

1 cabrito entero cortado en trozos, sin vísceras
10 jitomates
2 cebollas chicas
2 chiles morrones verdes
10 dientes de ajo
6 hojitas de laurel
2 cucharadas de orégano
1 cucharada sopera de pimienta negra molida
2 cucharas de cocinar de manteca de cerdo
Harina de trigo, la necesaria
Sal al gusto

Procedimiento

Se pone a cocer en agua todo el cabrito en trozos. Al cabo de una hora, ver que si ya está cocido. Si lo está, se cuela y se van pasando las piezas, a un plato donde haya harina para enharinarlas. Luego se van dorando en manteca de cerdo. Se van reservando en un plato, para ser usadas posteriormente. Al terminar de dorarlas, se cambia de cacerola, y a la nueva se le vacía la manteca que quedó donde se doraron las piezas de cabrito, pero sin las pininas, que son los sedimentos sólidos que se van quedando en el aceite, y hay qué quitarlos, porque se van tostando y luego afean el resto del guisado. Si es necesario, habrá que pasar la manteca por un colador. Se dorarán en ese aceite colado, 4 tomates en cuadritos pequeños, y 1 cebolla y 1 chile morrón cortados en rodajas. Si es necesario se le agrega más manteca. Cuando ya esté dorado también eso, se le agregan las piezas de cabrito todas y se revuelven. En la licuadora se ponen los otros 6 tomates, 1 cebolla, el chile morrón, los dientes de ajo, la pimienta negra, el laurel, el orégano, y sal al gusto. Ya todo molido se vacía a la cacerola donde está todo lo demás. Asegurarse que tenga suficiente agua, para que quede un poco caldosito, pero no mucho. Se deja hervir a fuego medio una media hora, tapado. Moviendo cada 10 minutos y volviendo a tapar. Se revisa la sazón en una de esas destapadas y se ajusta de sal y pimienta. Al final se deja tapado reposando por 15 ó 20 minutos más, antes de servir. Y "¡ A comer…" *"Que a comer y a la cama, una vez se llama."*

Variantes

- Algunas personas le agregan a la licuadora una o dos cucharitas de salsa inglesa y un cubito de consomé de pollo, para intensificar el sabor general.
- Después de enharinar las piezas de cabrito algunas personas, lamprean las piezas. Ver la receta del "Esponjado de huevos y lampreado". Aunque es muy trabajoso hacer todo eso, le da un sabor muy fino a las piezas del cabrito. Es opcional.
- Hay personas que ni siquiera enharinan las piezas del cabrito, no les gusta esta operación, y las ponen así directas a dorar en la manteca, sin que se modifique mucho su sabor.
- En algunos hogares acostumbran ponerle rebanaditas de aceitunas sin hueso en el momento en que se pone la mezcla de tomate ya dorado con manteca. Y como dice el refrán: si le vas a poner *"aceitunas, una o dos, si le pones más, válgate Dios…"*

3.- Cabrito con refresco de cola

Esta receta la proporcionó mi prima Ana Laura. Como decimos, cada quién tiene su forma de preparar el cabrito, y es seguro que de todas formas sale sabrosísimo. Pero yo soy de ésos que dicen *"A como me las pongan brinco…"* Queriendo decir con ello que a como me lo sirvan, me lo como… Pero verán que hay "paisanos" que viven por allá, en "el otro lado" (Estados Unidos), y que vienen a visitarnos algunas raras veces, obviamente desean probar el cabrito, que es lo que más extrañan; pero, ¿me creerán que hasta al cabrito le ponen de esa salsa de tomate dulce, que ellos le llama sopa de gato? Ver adivinanza n°50. Veamos pues, esta receta de mi Prima Laury, así le decimos de cariño, que la verdad, es muy parecida a la de mi Abuelita Anita. Cabe aclarar que Abuelita Anita es también abuelita de Laury, y por eso, Laury heredó la habilidad para ser buena cocinera y especialmente para preparar platillos clásicos.

Ingredientes para 16 personas

1 cabrito en trozos
5 jitomates
4 dientes de ajo
Aceite
1 cebolla grande
1 chile morrón verde
3 chiles chipotles de lata
3 cucharas soperas de orégano
6 hojitas de laurel
½ cucharadita de mejorana
¼ cucharadita de tomillo
Sal y pimienta al gusto
1 refresco de cola

Procedimiento

La receta es para un cabrito completo y con ésta, comerán alrededor de 16 ó 18 personas, dependiendo de lo glotones que sean; pero si son como yo, seguramente alcanzará sólo para 10, je, je, je… El cabrito, ya partido en trozos, se pone a remojar en agua con sal por 2 horas. Luego de sacarlas y secarlas, se vuelven a sazonar con sal y pimienta. Después en una sartén con suficiente aceite se ponen las piezas a dorar. Luego, ahí mismo se le agrega el chile morrón verde y la cebolla previamente cortados en rodajas, los dientes de ajo bien picaditos, el orégano, y más pimienta negra. En la licuadora muela los jitomates, los chiles chipotles de lata, 3 dientes de ajo, las hierbas de olor y sal al gusto. Esta salsa se le agrega a la olla donde se está dorando el cabrito y los otros ingredientes. Se deja hervir por 15 minutos, y entonces se agrega ahí mismo el refresco de cola. Nuevamente, cuando suelte el hervor se tapa otra media hora, o hasta que esté todo bien cocido. Si tiene mucho caldo, se destapa para que se evapore un poco y quede una salsita espesa. Este platillo se acompaña muy bien con sopa de arroz blanca o dorada, frijolitos refritos, y ensalada verde con muchas rajas de cebolla y rabanitos.

4.- Cabecitas de cabrito doradas

Esta comida quizá pueda darle asco, o náuseas, a algunas personas que no estén acostumbrados a ver las cabezas del chivo en la mesa, y menos que piensen que se las van a comer… Je, je, je. Cuando se compran las cabecitas, se le pide al carnicero que les haga un corte longitudinal en el cráneo, hasta la mitad, que no llegue hasta abajo, de manera que después de cocerlas en agua, en casa las pueda usted partir en dos partes iguales.

Ingredientes
1 cabecita por comensal
Aceite
Harina

Procedimiento
Las cabecitas se ponen a hervir en agua durante 1 hora. Se sacan y se escurren. Se cortan en dos partes iguales, de manera que en cada parte quede 1 ojo. Se espolvorean con harina.

Se van a dorar en una cacerola ancha en aceite. Se sirven 2 por comensal, y cada uno ya hará taquitos de sus partes, que en realidad sólo se aprovecha, el ojo, el cerebro y la lengua, porque tienen muy poquita carne los cachetes. Muchos se comen lo negro del ojo, yo no, sólo lo blanco. La salsita, es la que usted elija, pero a mí me gusta solito el ojito en el taquito, con sal. Y aquí sí, como dice el dicho: *"Nos echaremos un taco de ojo..."* Y si se lo echa, pos buen provecho...

5.- Cabrito asado

He aquí una joya culinaria, quizás la más preciada de las comidas norteñas. El cabrito asado. Cuantas veces intenté comer esta comida fuera de mi región, tantas veces me di cuenta que no se preparaba como la preparan aquí, quizá porque no conocen los secretos para preparar los cabritos asados, quizá porque nunca han vivido en el norte, o no sé, pero lo que entonces comí, fue un remedo de esta sabrosísima comida. Y por esas experiencias, puedo asegurar que nadie la prepara como la preparamos nosotros aquí en el norte. Empecemos con que, el cabrito que se selecciona para su sacrificio, debe de ser lactante, y nunca ha probado el zacate de campo, pues habiendo sido así, su carne se acidificaría y adquiriría el sabor del campo, el cual no es muy agradable al paladar. Segundamente, la piel del chivo es muy sensible, se quema muy rápidamente, y la del cabrito, que es prácticamente un bebé chivo, es aún más delicada, por lo que al asarlo, se debe de asar a un fuego demasiado lento. Para asar un cabrito se requiere de un tiempo aproximado de 4 horas, entonces, ya se imaginarán lo leve que debe de ser la lumbre para que se lleve a cabo este proceso completo. En tercer lugar, el cabrito no se pone sobre una parrilla, porque se deforma su piel, y se encoge, además, por lo sensible, se puede pegar a la parrilla en una de las veces que se le diera vuelta, y luego, pues, no se cuece uniformemente, unas partes estarían quemadas y las otras, más quemadas aún. Para asar un cabrito se debe de buscar la manera de que el cuerpo, y sobre todo su piel, no esté en contacto con nada, por lo que se tiene que crucificar al animalito en una indumentaria preparada para este efecto. Son tres varillas, una vertical, que deberá ser más grande que el tamaño del cabrito a todo su largo, y las otras dos van horizontales formando dos cruces, amarradas fuertemente de la primera varilla con alambres. De tal manera arregladas, que la de arriba en sus extremos pueda sostener las patas delanteras del cabrito; y la de abajo, las patitas traseras, sobre el mismo sostén que es la verilla vertical. Al verlo abierto pareciera que está crucificado. Y es así como se pondrá frente a las brasas para que el proceso de asado comience, y su piel no se maltrate. Se inicia por mantener el cuerpo entero del cabrito en agua con sal, por un periodo de 2 horas antes de crucificarlo. Mientras eso se lleva a cabo, uno puede comenzar a poner las brazas. Generalmente cuando se asan cabritos, se pone leña para que se queme y forme un brasero, que será el proveedor de las brasas que se vayan necesitando, no se usa carbón. Pero puede usarse, digamos que no hay ninguna ley que lo pueda prohibir. Ya hechas las brazas, allí se puede aventar carbón para que prenda, y luego se pueden usar brasas de las dos fuentes. De allí, se tomará braza con una pala, una cantidad mínima para ponerla frente al cabrito, que con su cruz, ya está puesto sobre un bloque, que hace que la varilla vertical recargue en uno de sus lados, de manera que el cabrito queda inclinado hacia el frente como unos 30 grados de su vertical. Las brasas se ponen sobre el piso, a una distancia aproximada de 40 centímetros de retirado de la base del bloque en donde la varilla del cabrito está clavada. Si no calienta mucho, acercar las brasas unos 10 centímetros más, o bien, acercar el bloque del cabrito hacia ellas. Como se ve, se va a asar demasiado lento y a fuego también muy lento. Debe de verse que no haya viento, porque si lo hay, obviamente que nunca se va a asar. Por eso, es bueno escoger una esquina de patio, donde dos bardas se cruzan, para que ayude a que no haya vientos. A medida que pasa el tiempo en el proceso del asado, se tiene que estar dándole vueltas al cuerpo del cabrito, para asegurarse de que no se arrebate. Esto es, que la piel se quema y la carne que ella cubre adentro, debajo de sí, queda cruda. Por eso, al darle vueltas con cierta frecuencia, se asegura un asado uniforme de lo de adentro y lo de afuera al mismo tiempo. Y pues así se pasarán alrededor de 4 horas, y ¿qué hacer en ese tiempo? Pues antes se compra un barrilito de cerveza para tenerlo a un ladito, y entre mi compadre, que me está ayudando y yo, nos lo vamos ir tomando, vasito tras vasito, y platiquita tras platiquita, y para cuando menos lo espera uno, ya pasen las cuatro horas que dura el asado del cabrito, y pa'entonces, ya estamos bien borrachos, y si luego se quema o no se quema el cabrito, ni nos daremos cuenta, sólo vamos a decirles a los demás comensales que ya está listo… Je, je, je… Y sírveme otro vasito de cheve, Compa… El cabrito ya asado, se lleva crucificado hasta la mesa donde debe de haber una tabla de madera para cortarlo en piezas. Allí se descrucifica con mucho cuidado, porque está muy sensible. Se parte en piezas de la siguiente manera: El pescuezo, 2 paletas, 2 piernas, 2 pechos, 1 riñonada y 2 caderas. Se sirve una pieza por plato en un plato ancho, donde va una ensalada de lechuga y cebolla cortada en rebanadas, también tomate, unos frijolitos a la charra, previamente preparados, y muchas tortillitas bien calientes para hacer taquitos de la pieza que me tocó. Y para no atragantarme, que me sirvan otra cervecita… ¿Alguna duda sobre esta riquísima receta? Escríbame a mi e-mail… Nada más no me vaya a preguntar dónde comprar el cabrito, porque le diré que lo compre en el municipio de General Zuazua, Nuevo León, México, y no creo que usted vaya a venir hasta acá sólo para llevarse un cabrito…

Camarones a la diabla

Ingredientes para 6 personas

36 camarones gigantes, 6 por platillo con cáscara
3 cebollitas con rabo verde
½ botellita de salsa picosa para botanas
¼ taza de salsa dulce de tomate. Ver adivinanza n°50
¼ taza de puré de tomate
8 dientes de ajo
½ barra de mantequilla
2 cucharadas de aceite de oliva
4 cucharadas de chile de árbol seco
Pimienta y sal al gusto

Procedimiento

"Al camarón que se duerme se lo lleva la corriente, y al que no, se va pa'la panza del indigente..." Pues de alguna forma se han de pescar los camarones, no lo sé, pero ya en nuestras manos, a apurarnos a prepararlos y luego a comerlos, porque si no, se echan a perder en los mercados y luego se apestan. Se comienza esta receta por limpiar los camarones, y se les quitan las patitas, las antenas, y la cáscara, haciéndoles un corte leve en el lomo a cada uno para extraerles su tripita digestiva. Ya limpios se ponen a la plancha, en el comal, a dorarse. Se reservan en un platito, para usarlos más adelante. Se pican los dientes de ajo muy finamente y se ponen a dorar en una sartén muy ancha con la mantequilla, y se le agrega también el aceite de oliva para que la mantequilla no se queme. El chile de árbol, o se tienen enteros, o se tienen en polvo, según receta de "Chiles en polvo". Si son enteros, deben ser unos 50 gramos sin rabo, hay que tostarlos en el comal, para que se deshidraten completamente, y ya que estén tostaditos, se reservan para usarlos más tarde. Se agregan los rabos de las

3 cebollas picados en rodajitas muy delgaditas, aclarando, sin las cebollas. Agregar enseguida los camarones, que ya están prácticamente cocidos, sólo tienen que dorar un poquito más. Darles vuelta para que también se doren por el otro lado. En la licuadora se pone el chile de árbol tostado, o bien el de polvo, el chile picoso de botellita, ver adivinanza n°51, la salsa de tomate dulce, Ver adivinanza n°50. Y el puré de tomate. Agregar sal y pimienta al gusto, y media taza de agua extra.
Licuar todo muy bien para que al agregárselo a los camarones, no haya necesidad de colar la salsa. Se deja hervir tapando la cacerola por unos 15 minutos, pero antes, probar la sazón, por si le falta sal o pimienta. Se sirve con un tipo de arroz de su elección, y con una ensalada verde cualquiera. Se recomiendan pedazos de tomate rebanado, cebolla y aguacate con una cucharita de mayonesa encima.

Carne asada

Comer carne asada, es una costumbre muy ancestral del norteño, y forma parte de su *"modus vivendi"*. Hacer una carne asada equivale a hacer una pequeña reunión, ya sea familiar o con los amigos, donde se lleva a cabo un pequeño ritual para cumplir con ese proceso tan especial de asarla, y que culmina en el principal propósito, que es el estar juntos en la mesa, disfrutándola, y luego, y por supuesto que no debe faltar, la plática de sobremesa, que une más a las familias y a los amigos. El motivo es platicar de algo: de los deportes, de un viaje que se pretende hacer, celebrar un cumpleaños, o una fecha especial: Día de las Madres, Día del Padre, un aniversario de bodas, una graduación, inclusive en la Navidad y en fiestas de Año Nuevo, o simplemente una vez por semana, cuando los hijos van a visitar a los padres y se reúnen todos alrededor de una "carnita asada".

Para prender el carbón

El ritual se inicia desde el momento en que hay que poner a refrescar unas cervecitas mientras se lava la parrilla y se deja secar y se ponga el carbón a quemar para que se hagan las brasas. Una manera de no batallar al intentar prender el carbón, es haciendo una mota, o bolita, de una tira larga de papel sanitario, como de un metro y medio, enrollándolo, haciéndolo bolita pero sin apretarlo. Luego, vaciar un poco de aceite de cocinar a una tacita y allí empapar el papel. Esa mota ponerla en medio del carbón, acomodándole pedazos grandes a su alrededor, de manera que al seguir acomodando los carbones, se vaya formando un hueco en torno al papel empapado, hasta que se haga una cuevita. Luego se prende la motita con un cerillo, creándole una flama, la cual ya no se apagará, a menos que se caigan los pedazos de carbón encima de ella y sofoquen la lumbre. Pero para evitar eso, se le ponen más piezas de carbón grande, a los lados, para que soporten las que irán encima y no se caigan, hasta formarle techito a la covacha que antes se tenía. Siendo de esta forma colocados, luego esta flama los encenderá rápidamente, y éstos encenderán posteriormente a los que están al lado. El hueco formado permite que pueda respirar la flama y que se alimente bien del oxígeno para seguir prendida. Solito sin echarle aire, el carbón se va poniendo rojo. En esos momentos se abren las primeras cervecitas para los participantes directos, y para los que están observando la maniobra... De allí en adelante es puro "¡Salud!", y otros más "¡Salud y Salud!", hasta que la carne ya esté preparada. Se calcula a 300 gramos de carne por persona, y 1 salchicha para asar para cada uno, pero siempre se compra un poco más que lo que suma el total, no vaya a ser que se le antoje a algún comelón comer el doble de lo programado. Por estos motivos, siempre sobran ingredientes, que luego se usan para hacer otra comida guisada con estos sobrantes. Ver "Guisado con los sobrantes de la carne asada".

En esta receta se usa carne de res, pero igualmente se puede usar carne de cerdo, como costillas adobadas, o lomo, o se puede combinar carne de res, con carne de cerdo. También pollo.

Ingredientes para 10 personas

4 kilos de carne fresca de res, de la que se prefiera para asar: Sea arrachera, T-bone, aguja, sirloin, fajita, diezmillo, costillas, etc. Se pueden comprar los 4 kilos de carne del mismo tipo, o de tipos combinados.
2 bolsas de salchichas para asar
1 bolsa de carbón
5 cebollas
5 papas
5 jitomates maduros, 5 chiles verdes y 1 diente de ajo, por si se quiere preparar la salsa a las brazas
Salsa roja regular, ver receta
Salsa verde sencilla, ver receta
Quesadillas, ver receta
Frijoles a la charra, ver receta
Mantequilla y queso crema, ver adivinanza n°49
Sal y pimienta al gusto

Procedimiento

Después de poner el carbón a quemarse, y en la espera de que todo esté bien encendido y rojo, se prepara la carne en la cocina, y consiste de ir colocando las piezas en un recipiente ancho y grande, como del tamaño de un lavamanos, donde se colocarán las piezas de la carne en capas. Se completa una capa, y se le derrama jugo de limón y se le espolvorea sal. Se coloca otra capa de pedazos de carne y se hace lo mismo. Y así se procede hasta que se termine de colocar la carne allí, y esto sirve para marinar la carne por un buen rato, mientras se lleva a asar. Arriba de todo, van las salchichas, a las cuáles se les debe de quitar el pellejo, que casi siempre es un plástico que llevan pegado. Se les hace un corte, sin que se partan, e igualmente se les agrega jugo de limón en las partes de en medio y sal. Las cebollas se pelan y se les parten los extremos del eje de la esfera. Además, allí mismo, se hacen dos cortes en forma de cruz. Se envuelven en papel de aluminio. Así mismo para las papas, se parten en dos cortes alargados, y se vuelven a juntar para envolverlas en papel aluminio. Las papas se llevan alrededor de 1½ hora para cocerse bien, y las cebollas como ¾ de hora. Así que desde que está la lumbre apenas prendiendo los carbones, se deben de poner éstas encima de la parrilla para que se vayan quemando sobre el aluminio. Igualmente, por si se quiere preparar la salsa a las brazas, se envuelven los tomates, el diente de ajo pelado y los chiles sin rabo, en papel aluminio, y también se ponen encima de la lumbre de las brazas, sobre la parrilla. El carbón se lleva como 1 hora para estar rojo completamente y listo para empezar a asar la carne. Se extienden las brasas con un palo, o con algún instrumento adecuado, uniformemente en toda el área por debajo de la parrilla, con el cuidado necesario para no quemarse las manos. Conviene el uso de guantes de carnaza, para evitar accidentes. A partir de este momento se irán poniendo las piezas sobre la parrilla, comenzando con las salchichas para asar, y si queda espacio, colocar trozos de carne. Preguntar a cada persona cómo quiere su carne, si término medio, si tres cuartos o si completamente cocida. De eso depende el tiempo que la pieza de carne se deberá exponer al calor de las brasas. Cuando nadie dice nada, regularmente se prepara a tres cuartos de cocción y queda uno muy bien ante los comensales. La carne cocida se va poniendo en un recipiente grande con tapa, para que allí termine de adecuarse, y termine de sancocharse y sazonarse. A las papas y a las cebollas se les deberá estar dando vuelta de arriba hacia abajo, y al revés, cada 20 minutos, para que tengan una cocción uniforme. Cuando ya se sientan suaves sobre el papel aluminio, es que ya deben de estar listas. Se pasan a preparar. A las cebollas se les quita el papel aluminio y las partes más quemaditas. Se parten en gajos, y se les agrega sal y limón sobre un plato hondo. Se ponen en el centro de la mesa. Las papas, sólo se abren, sin pelarlas ni quitarles nada, se les pone queso crema o doble crema, sal y algo de pimienta. Se vuelven a cerrar y se vuelven a envolver con el aluminio que tenían. Ponerlas al centro y cada comensal, tomará la suya al momento de comer, y si no la quiere toda entera, la compartirá con alguien más. Si ya está todo listo, servir los platitos de frijoles a la charra bien calientes, para cada uno, y las salsas y las quesadillas al centro de la mesa. Si la salsa es de brazas, pues sólo se abre el papel aluminio, se les quitan los pellejos a los tomates y se muele en la licuadora con sal y un sorbito de cerveza. Se pone en una salserita y se pone al centro de la mesa, como las demás salsas. Ya todo está listo para comer, inclusive con tortillas calentitas, ya sean de harina o de maíz. Sin faltar el guacamole con pico de gallo… Sólo faltaría decidir qué tomar, pero seguramente todos preferirán cervecita, o una copa de un buen vino, pues *"el vino alegra el ojo, limpia el diente y sana el vientre"*, pero pues cada quién elige a tomar lo que desee. Pero sea pulque, sea tequila, sea cervecita o sea vino, *"Ay aguardiente bendito, dulce tormento, dime qué haces afuera, vente pa'cá, pa'adentro…"* Y… Pues, ¡buen provecho…! Pero faltaría el postre… ¿Qué daremos de postre…? Suelen darse dulces típicos, como bolitas de leche quemada u otros tipos de dulces típicos, como las Glorias, o dulces de frutas cristalizadas, o flan de vainilla recubierto con cajeta, o sea leche quemada semi-líquida y con nueces encima… Con un cafecito negro, bien caliente… Damos una explicación de estos dulces para no dejar pasar la oportunidad… A la leche quemada semi-líquida, se le llama "Cajeta de leche", la hay de cabra y de vaca. Se vende ya embotellada en los supermercados. Pero para hacerla aún más líquida y que cubra el flan, se pone un poco en un recipiente chico de vidrio y luego se trata a baño maría hasta que se suavice totalmente. Las bolitas de leche quemada son bolitas de leche de vaca solidificada, hecha dulce a tesón de estarla hirviendo con azúcar y canela, hasta que por la evaporación, se solidifica. Entonces se hacen bolitas con ese sólido, y se les espolvorea su superficie con azúcar. Las mejores son las de dos municipios norteños llamados Zuazua y Marín, en Nuevo León. Las Glorias, son unas bolitas muy típicas de nuestra región del norte, específicamente del municipio de Linares, N. L., que consisten igualmente en solidificar la leche, pero ésta es leche de cabra, y también con canela. Cuando está semi-sólida, se toman bolitas y se ponen en un pedazo de papel celofán rojo, y se envuelven. Esa es su presentación. Completamente dietético todo, ¿verdad…? Claro que no, pero eso sí… ¡Muy sabroso…!

Carne de olla

Esta es una receta que solía hacer mi suegra, pero sólo en ocasiones especiales. Cuando sabíamos que ella iba a hacer esta comida, no había quién faltara a su casa para comerla, todos desfilábamos por la mesa para llenar la pancita de esta deliciosa comida.

Ingredientes para 8 personas

2 k de carne de pescuezo de res
1 cebolla grande
4 dientes de ajo
2 papas
4 tomatillos fresadilla
3 zanahorias
¼ k de ejotes
Sal y pimienta al gusto
½ k de coles de Bruselas

5 chiles jalapeños verdes
½ membrillo
10 hojitas de hierbabuena
Masa de nixtamal

Procedimiento

La carne se va a cortar en cubos como de 1½ pulgadas de lado, y se va hervir en bastante agua, unos 3 litros en un jarro grande de barro. Si no se tiene un jarro, una cacerola grande de barro. Bueno, finalmente si no se tiene nada de barro, usar una olla honda que tenga su tapa. Todos los demás ingredientes se agregarán luego de que la carne ya aflojó su dureza, y se pondrán al mismo tiempo. Las cebollas van cortadas en 6 partes, las papas van cortadas en 6 partes cada una, con todo y cáscara. Las zanahorias se cortan en 3 partes cada una, los ejotes en dos partes cada uno, los tomates fresadilla en 2 partes cada uno. Tomate de fresadilla es el nombre que se le da aquí en el norte, al tomate o tomatillo verde del tamaño de un rábano o un poco más grandecito, que al comprarlo, viene envuelto en su capullo de hojitas secas, las cuales hay que quitar para limpiarlo, y luego, si se quiere, hervirlo. De aquí en adelante, nos referiremos como tomate de fresadilla a este tipo de tomate. Las colecitas de Bruselas van enteras, y los chiles también. Que no quede ningún elemento por agregar, excepto por la masa de nixtamal. La masa de nixtamal es una masa de maíz cocido, que ya se la venden a uno hecha masa en un molino de nixtamal, que en todos los pueblos hay. Si no hay un molino de nixtamal a sus alrededores, tendrá que hacer la masa. Ver la receta en "Tortillas de masa de nixtamal". El membrillo se cortará en cuadritos pequeños. Ver que el agua cubra a todos los ingredientes. Si sobra mucha agua, quitarle un poco. Cuando da señales de que ya va a hervir nuevamente, tapar. Con la masa de nixtamal ir tapando las orillas entre la tapa y la cazuela. Usar una olla que en la parte de arriba tenga el ribete, o borde, hacia el lado de afuera, de manera que su tapa quede dentro del ribete. Así se acomoda muy bien la masa en el ribete, y si la masa resbala, resbala hacia adentro de la olla. Cuando se haya terminado, se humedece un trapo y se cubre la parte de arriba, con todo y tapa y con todo y masa de la cazuela. Ponerle algo pesado a la tapa para que no intente abrirse, digamos el molcajete. Dejar hirviendo 40 minutos a fuego lento. Destapar, y echarle a la cazuela los sobrantes que no se cayeron de la masa. Volver a tapar y por 10 minutos más, y dejar hervir. Luego apagar el fuego y dejar reposar otros 10 minutos. Ya está lista para servirse. Se colocan las diferentes piezas a su elección en un plato extendido, a un ladito de arroz dorado revuelto con frijolitos en bola, recién hechos, directos de la olla.

Carne con papas

Esta receta antigua es de mi mamá, es deliciosa, pues las papas le dan un sabor exclusivo al guisado. Es una de mis preferidas y me gustaba mucho que ella la preparara los sábados, cuando íbamos a visitarla. Aunque por el sabor de las papas, a mucha gente no le agrada, pero es una receta que satisface cualquier paladar cuando se tiene hambre… Las papas llenan muy bien el estómago de sus comensales, así que hay que agregarle suficientes para que todos alcancen y que a todos se les llene la panza. *"Si me la sirven con frijoles refritos es seguro que repito plato."* Y vénganse a la mesa, porque *"el que llegó tarde, ni oyó misa, ni comió carne…"*

Ingredientes para 10 personas

2 kilos de pulpa negra o filete de res, cortada en cuadritos
5 jitomates
1 cebolla, una mitad en cuadritos y la otra mitad para licuarla

1 chile morrón verde, una mitad en cuadritos y la otra mitad para licuarlo
4 chiles verdes serranos
3 papas grandes peladas y cortadas en medias rebanadas de 1 centímetro de gruesas
4 dientes de ajo
1 cucharadita de pimienta negra en polvo
Aceite
Sal al gusto

Procedimiento

En una cazuela de barro o en una cacerola extendida recubierta con teflón, poner el aceite y agregar la carne cortada en cuadritos. Cuando dé los primeros síntomas de estar dorada, agregarle las medias rebanadas de papa. Esperar a que la carne esté bien doradita, moviendo con la cuchara de madera. Agregarle la media cebolla en cuadritos, el medio chile morrón en cuadritos y los 4 chiles serranos enteros. Y seguir moviendo suavemente. En la licuadora moler los jitomates, la media cebolla, el medio chile morrón, los ajos, la sal, la pimienta, y agregar un poco de agua. Agregar esto a la cacerola cuando la cebolla ya se haya dorado. Muestrear y probar para ver si no le falta sal, y observar que quede un poquito aguadito. Si le falta agua, agregarle un poco más. Esperar a que hierva y tapar. Dejarlo hirviendo a fuego lento hasta que las papas se hayan ablandado suficientemente, de manera de poder cortarlas fácilmente con tenedor. Se sirve en platos extendidos con un poco de arroz dorado, frijoles refritos y guacamole. Servir con tortillas de maíz bien calientes. Para hacer un buen guacamole, ver receta de los Guacamoles.

Carne molida

Simplemente así, molida desde la carnicería, y preparada como en esta receta, deja al descubierto su sabroso sabor que mi suegra nos preparaba muchas veces los domingos, que era el día de visitarla. Es una receta típica del diario, de esas que no impresionan a nadie, pero que saben a gloria… Y no es para morirse, claro está, a pesar de los ingredientes, pues lleva un poquito de manteca de cerdo, pero pues ya uno está tan acostumbrado a estas cosas, y a comer de todo, que en todo está el peligro, pues dicen que *"lo que no mata, engorda"*, total con algo de grasita no se va uno a morir, a menos de que te des un atascón, comiendo demasiado, y entonces sí, puedes hasta morirte, porque dicen que *"muere más gente por comer en demasía que por ir a la guerra."* Ésta es una receta antigua que se preparaba mucho en los ranchos de por acá, que se ha pasado de generación en generación hasta llegar a este "Diario de Cocina de mi Abuelita", que quiso que aquí se guardara como un tesoro. Y aquí la tienen… Luego me dan su opinión.

Ingredientes para 8 personas

2 kilos de carne de res molida
1 papa grande sin cáscara y cortada en cuadritos pequeños
150 gramos de chícharos de lata
3 zanahorias peladas y cortadas en cuadritos pequeños
½ cebolla cortada en cuadritos pequeños
½ chile morrón verde cortado en cuadritos pequeños
½ vara de apio bien lavada y cortada en cuadritos pequeños
2 jitomates
Manteca de cerdo
1 cucharadita de pimienta
2 dientes de ajo
1 clavito de olor
2 chiles cascabel sin semillas ya hervidos, o bien, tostados en

el comal
Sal al gusto

Procedimiento

Se pone la carne en una cacerola, si se puede, de barro, ya con la manteca de cerdo a la lumbre a fuego alto, y con una cuchara de madera mover para que no se pegue, y seguir así hasta que la carne esté muy bien dorada. Es momento de agregar la cebolla, la papa, la zanahoria y el chile morrón. El apio y los chícharos se los agregamos más tarde. Mover y dorar hasta que la cebolla se haga transparente. En seguida se agregará la salsa que se prepara en la licuadora con los jitomates, el ajo, la pimienta, la sal y el chile cascabel, agregarle también un poco de agua. Cuando la salsa ya empiece a hervir, se le agrega el apio, el chícharo y el clavito de olor sin molerlo, así, entero, a ver luego a quién le toca, je, je, je. Se le da una meneadita con la cuchara y se tapa por 15 minutos, abriendo cada 5 minutos para darle otra meneadita con la cuchara y volver a tapar y probar la sazón. Bueno pues, ya la comida está preparada, y en la mesa se va a servir con arroz dorado, una ensaladita de lechuga picadita en pedacitos muy pequeños, y con frijoles refritos. Adornar la ensalada con rebanadas de cebolla y de aguacate y con rabanitos cortados en rodajitas. Se sirve con tostadas de maíz, si están bien quemaditas es mejor el sabor.

Variantes

- Se puede usar un kilo de carne molida de cerdo y uno de carne de res.
- En lugar del chile cascabel puede usarse cualquier otro tipo de chile que provea su sabor específico y que no pique, como el chile chipotle, el chile mulato, el chile pasilla, o el chile guajillo.
- Si no les gusta el sabor del clavito de olor, pueden eliminarlo, así mismo hacer con el apio.

Chiles rellenos

Hay una gran variedad en las formas y maneras de preparar chiles rellenos, y obviamente dependen de la habilidad del cocinero, y del gusto del paladar del mismo, aunque en ocasiones simplemente éste se pone de manera complaciente y nos los preparan a como a nosotros nos gusten. Aquí, amparadas en el título de esta receta, hay unas cuantas variantes en las maneras de prepararlos, que eso desemboca en el gusto y el sabor que cada uno va a tener, según el paladar de los comensales, a como se irá viendo. Todas estas recetas son muy clásicas, y se preparan de acuerdo a la estación. Por ejemplo, para Cuaresma, se preparan los chiles de queso, rajas y elote, y también los de atún. Comenzando el otoño, se preparan los chiles con relleno dulce y crema de nuez, pues la nuez fresca se empieza a conseguir en esas épocas, y además, como van recubiertos con granitos de granada, precisamente ésta también se puede conseguir en esa época. Para las épocas de Navidad, los chiles de la Comadre Marta, adornan muy bien la mesa, pues precisamente esta receta usa chiles rojos, y no verdes como en las demás recetas. Los de carne, salados, se pueden comer en cualquier época del año. En realidad todos se pueden comer todo el año, lo único que decide cuándo comerlos es el antojo de la gente. Como van lampreados, en los ingredientes sólo se dirá "huevos para lamprear" y consultamos la receta en "Esponjado de huevos y lampreado".

1.- Con relleno dulce y con crema de nuez

Es la receta de chiles rellenos que acostumbraba preparar mi madrina Hermila, se parece a la de los Chiles en Nogada, que aquí en este libro no irá, por no ser oriunda del norte, pero se parecen. Llevan la misma cubierta de crema y el mismo adorno de granada.

Ingredientes para 8 personas

8 Chiles poblanos para rellenar
½ kilo de carne de res molida
½ kilo de carne de puerco molida
Aceite
½ cebolla picada
1 zanahoria cortada en cuadritos
1 latita de chícharos
1 ramilla de apio cortado en cuadritos
½ taza de pasitas de uva secas y sin semillas
½ taza de almendras
½ taza de frutas secas cortadas en cuadritos, a su elección
½ cucharadita de pimienta negra
2 dientes de ajo
¼ cucharadita de polvo de clavo de olor
¼ de cucharadita de polvo de nuez moscada
1 rajita de canela
1 plátano macho, opcional
250 gramos de crema agria
½ taza de nuez
1 cucharada de azúcar morena o mascabado
2 granadas maduras, los granos

Procedimiento

Los chiles se lavan bien. Se secan bien, y se ponen a asar sobre un comal a flama media hasta que se quemen de su piel. Se colocan en una bolsa de polietileno para que con su mismo vapor, la piel se suavice, y después de unos 20 minutos, los chiles se les desvena la piel, o mejor dicho, se pelan. Se les hace una abertura con unas tijeras de cocina para sacarles las semillas, y esa abertura servirá después para rellenarlos del guisado de carne. Se pueden abrir los chiles y sacarles las semillas antes de ser quemados, para evitar maltratarlos. La carne se dora en aceite con la sal y la pimienta. Cuando esté dorada, se le agrega la cebolla cortada en cuadritos, los ajos picados muy finamente, la zanahoria previamente precocida y cortada en cuadritos, los chícharos sin el agua de la lata y el apio, también cortado en cuadritos. Unos cinco minutos después se le agrega todo lo dulce: las pasas, las almendras, las frutas secas, el polvo de clavo de olor y nuez moscada y la canela. El plátano macho es opcional, pero si decide ponérselo, sólo hay que cortarlo en cuadritos y agregarlo al momento de agregar lo dulce, digamos. Se vuelve a chequear la sazón, y se le agrega más sal y pimienta si le hacen falta. Esta mezcla servirá para el relleno de los chiles. La crema agria, la nuez y el mascabado o azúcar morena, con una pizca de sal, se muelen en la licuadora para tener la crema que va a bañar los chiles. Se rellenan los chiles y uno a uno se van colocando en los platos en los que se van a servir. Para los comelones, dos… Y encima se cubren con la salsa de crema con nuez. Y más, encima aún de esta crema se adornarán con granitos de granada, tantos como se quiera. Se sirve con arroz dorado con pasitas de uva seca y sin semillas, y plátano a su vez.

2.- Con relleno salado de carne molida

Receta de chiles que acostumbraba preparar Mamá.

Ingredientes para 8 personas

8 chiles poblanos para rellenar
3 huevos para lamprear
1½ kilo de carne de res molida
Aceite
½ cebolla cortada en cuadritos
2 dientes de ajo picados
2 zanahorias cocidas y cortadas en cuadritos
1 papa cocida y cortada en cuadritos
1 jitomate

Sal y pimienta negra en polvo al gusto

Procedimiento

Los chiles se lavan bien. Se secan bien, y se ponen a asar sobre un comal a flama media, hasta que se quemen de su piel. Inmediatamente se colocan en una bolsa de polietileno para que la piel se suavice, y después de unos 20 minutos, a los chiles se les desvena la piel, o mejor dicho, se pelan. Se les hace una abertura para sacarles las semillas, y esa abertura servirá después para rellenarlos con la carne. Se pueden abrir los chiles y sacarles las semillas antes de ser quemados. La carne se dora en aceite con la sal y la pimienta. Cuando esté bien dorada, se le agrega la cebolla cortada en cuadritos, los ajos picaditos en cuadritos miniatura, la zanahoria previamente cocida y cortada en cuadritos, al igual que la papa. Se prepara una salsa en la licuadora con el jitomate. Tener cuidado de no agregarle agua. Se le agrega a la carne, cuando el ajo y la cebolla ya se cocieron, y se deja hervir hasta que la carne se reseque, pues será el relleno de los chiles, y no debe ir aguado porque se escurre y no se lampreará bien. Se empieza el proceso de lampreado en la sartén que contenga aceite bien caliente. Cuando el color dorado por todos lados cambie a color marroncito, entonces ya se sacan del aceite. Ya lampreados, se sirven con arroz blanco, o arroz dorado del de la receta regular.

3.- Con relleno salado de picadillo

La receta de mi suegra.

Ingredientes para 8 personas

Para esta receta, los ingredientes son exactamente iguales que en la receta anterior, e igualmente van los chiles lampreados, salvo que la carne es distinta y tiene una preparación distinta, es precisamente la receta del "Picadillo".

1½ kilo de carne de res, pulpa negra, pescuezo, o chamberete, o simplemente carne para deshebrar.

Procedimiento

Se hace la receta del "Picadillo". Luego que se enfría, se escurre a que quede casi seca, y luego se siguen los tratamientos para los chiles, y para su relleno y lampreado como en las recetas anteriores. En general, esta receta comparada con la de la carne molida, sólo cambia el tipo de carne, y todo lo demás es igual.

Antes de pasar más adelante, creo conveniente darle un par de **Consejos:** Sobre los ajos: 1.- Para pelar los ajos, simplemente aplástelos con lo ancho de un cuchillo sobre un tabla de madera de cortar, y sin tocarlos, remuévales la cáscara con la punta del cuchillo, y tómelos con un tenedor para moverlos hacia otro lugar. 2.- Si los quiere pelones, pero enteros, sin desbaratarlos, póngalos en agua hirviendo por un minuto y luego pélelos fácilmente. 3.- Pele ajos y póngalos en aceite de oliva, se conservan muy bien para usarlos en cualquier momento durante mucho tiempo. 4.- Si le gusta saborear los ajos crudos durante las comidas, digamos a mordidas, pele ajos y póngalos en un recipiente con tapa con vinagre dulce, puede ser de manzana, o alguno otro que a usted le guste.

4.- Con queso, rajas de chile y elote

Receta de mi esposa.

Ingredientes para 8 personas

9 chiles poblanos para rellenar, verdes
3 huevos para lamprear
1 kilo de queso panela
1 queso chico tipo crema. Ver adivinanza nº49
1 chile chipotle de latita
1 lata grande de elote desgranado
Aceite

½ cebolla cortada en rebanaditas
1 diente de ajo picado
Sal y pimienta negra en polvo al gusto

Procedimiento

Se les hace el proceso de desvenado a los chiles, como en las recetas anteriores. Uno de estos chiles, servirá para rebanarlo en rajitas que se le agregará al guisado. En una sartén dorar con muy poquito aceite, la cebollita en rebanadas, junto con el ajo picadito, se les pone la sal y la pimienta. Uno de los 9 chiles desvenados se troza en rodajitas y se agrega a la cacerola. El queso y el elote se agregan un par de minutos después a esa mezcla, y solamente se dejan en la lumbre el tiempo que se necesita para integrarlos a lo demás. Se apaga la flama y se deja esta mezcla para rellenar los chiles. El queso crema se empieza a batir con un tenedor para suavizarlo, luego se le agrega solamente un chilito chipotle de la lata, y se sigue batiendo hasta que se mezclen totalmente. Esto sirve para que al iniciar a rellenar los chiles, se les ponga una cucharadita de esto a la base interna de los chiles, desparramada. Encima de eso se le pone el relleno de la cacerola y se cierran los chiles con un palillo, para evitar se les salga. Se enharinan los chiles, y luego se lamprean normalmente, como en las recetas anteriores. Y se sirven igualmente con los mismos complementos, arroz blanco o dorado, con tortillas calentitas. Una salsita de tomate verde con chile guajillo puede complementar el sabor para los exigentes.

5.- Con relleno de atún y elote

Receta también de mi esposa. El proceso y los ingredientes de esta receta son los mismos que en la receta anterior, para 8 personas, sólo varían los ingredientes del relleno. Si en la otra se usaron quesos, chile chipotle, cebolla y ajo, en esta es algo más simple, a saber:

Ingredientes para el relleno

5 latitas de atún en salmuera
1 lata grande de elote desgranado
1 cucharada de mayonesa
1 cebollín de rabo verde
Sal y pimienta negra en polvo, al gusto

Procedimiento

Escurrir las latas de atún, y libres de humedad, vaciarlas a un recipiente grande. Agregar allí también el elote, libre de agua. Picar los rabos y el cebollín en pedacitos muy pequeños y agregarlos a la mezcla. Por último y sólo para que tenga un sabor cremoso, se le agrega solamente una cucharada sopera de mayonesa, la sal y la pimienta al gusto. Se mezcla todo y posteriormente, esto servirá para el relleno de los 8 chiles, una vez que éstos estén listos para ser rellenados, según el procedimiento de las otras recetas. Aquí otra variante pudiera ser que la gente, a este tipo de chiles los prefiere sin lamprear, sólo rellenos, y se sirven con arroz blanco o dorado, y con una ensalada de verduras de su elección. Si se deciden por hacerlos lampreados, pues se sigue el procedimiento de las recetas anteriores.

6.- Chiles rojos con relleno dulces

Receta de la comadre Marta

Ingredientes para 8 personas

8 chiles colorados anchos
½ k de carne de res molida
½ k de carne de puerco molida
Salsa inglesa, la necesaria
100 gr de pasas de uva, secas y sin semillas
100 gr de nuez picada
2 manzanas

2 zanahorias
1 dulce de fruta seca cristalizada: biznaga, calabaza, piña u otra fruta, pero no de las masudas, como el camote.
½ cebolla
1 diente de ajo
Sal y pimienta negra en polvo al gusto
4 huevos

Procedimiento

Los chiles, siendo que están muy arrugados y aplanados, se envuelven en un trapo húmedo por 30 minutos para que se suavicen. Luego se estiran, se abren y se les quitan las semillas completamente. Se vuelven a poner en el trapo húmedo hasta que se vayan a usar al ser rellenados. Se guisan juntas la carne de res y la de puerco en un poco de aceite, y al presentar señales de que está cocida, agregarle la sal, pimienta, cebolla cortada en cuadritos, ajo también cortadito, y se le agrega la salsa inglesa. Enseguida, la zanahoria cortada previamente en cuadritos muy pequeños, y así mismo la manzana. Menear hasta que esté bien cocido todo. Al final se le agrega la fruta seca cristalizada, también cortada en cuadritos pequeños junto con las pasas y las nueces. Se deja un poco más en la lumbre, sólo para asegurarse de que no tenga rasgos de humedad, para que seque muy bien. Se lamprean, según la receta del "Esponjado de huevos y lampreado." Luego se sirven, uno por platillo con cualquier tipo de arroz. Esta comida es especial para prepararla cerca de las fiestas de Navidad, pues el color de los chiles hace juego con los colores de la Navidad.

Cortadillo de res

Esta receta de mi mamá, es una de mis preferidas para comerlas con tortillas quemaditas, y *"Si son de harina, ni me las calienten"*, como dice el dicho. Una receta que complace a cualquier persona que se sienta a comer, aunque no tenga mucha hambre. Es una garantía que le gustará su sabor. Se sirve con frijoles refritos y con guacamole. ¡Poquito para no engordar…! O también con arroz dorado.

Ingredientes para 10 personas

2 kilos de filete de res o pulpa negra cortada en cuadritos
5 jitomates
1 cebolla, una mitad en cuadritos y la otra mitad para licuarla
1 chile morrón verde, una mitad en cuadritos y la otra mitad para licuarlo
4 chiles verdes serranos
4 dientes de ajo ya pelados
1 cucharadita de pimienta negra en polvo
1 cuchara de cocinar de manteca de cerdo
Sal al gusto

Procedimiento

En una cazuela de barro o cacerola extendida con teflón, poner a calentar la manteca hasta que casi suelte el hervor. Agregar la carne y mover con una cuchara de madera para que no se pegue y no se queme. Seguir con ese movimiento hasta que quede muy bien doradita. Agregarle la media cebolla en cuadritos, el medio chile morrón en cuadritos y los 4 chiles serranos enteros. Seguir moviendo suavemente. En la licuadora moler los jitomates, la media cebolla, el medio chile morrón, los ajos, la sal, la pimienta negra, y agregar un poco de agua. Agregar esto a la cacerola cuando la cebolla ya se haya dorado. Probar la sazón, a ver si no le falta sal y observar que quede un poquito aguadito, no mucho. Si le falta agua, agregarle un poco. Esperar a que hierva y tapar. Dejarlo hirviendo a fuego muy lento por unos 15 minutos. Se sirve en platos extendidos con un poco de arroz dorado, frijoles refritos y guacamole. A algunos les gusta con tortillas quemaditas de maíz, y a otros con tortillas de harina recién hechas.

Cortados de carne con arroz y garbanzo

"Un garbanzo no hace puchero, pero bien que ayuda al compañero." Pues esta receta sí que va cargada de garbanzos, y su sabor es fabuloso. Cada vez que la preparo, los vecinos, mis amigos, parientes y conocidos, quieren que los invite a comer, pero como no les digo, finalmente me alcanzan a decir que les separe un guardadito para comerlo ellos también; por eso, cuando me decido a hacerla, tengo que preparar bastante, para que todos alcancemos y no quede nadie sin probarla. Como somos muchos, y muchos son de gorra, *"los que de gorra se meten, comen por siete"*, así que a racionarlos, y a darles solamente su platito con su cucharita, y no más. Hay unos que llegan ya comidos, y como quiera le entran al jolgorio, pues total, *"al vientre, todo lo que le entre."* Por eso, cuando vaya a comer de esta comida, antes que todo, bendecir la mesa de esta manera: *"Bendecid, bendigamos, que no lleguen más de los que estamos, y si acaso llegaran más, que se les quiten las ganas de engullir, para que a cada uno de nosotros, nos toque cuando menos plato repetir."* Esta receta la preparaba mi abuela materna, y nunca olvidé el sabor de su sazón. Por este motivo, yo la preparo de vez en cuando, para volver a recordar ese exquisito sabor que me remonta a aquellos tiempos antiguos, que obviamente, sólo vuelven a mi mente cuando paladeo esta deliciosa comida... Es un poco pesada, y por eso, se recomienda para comer, y no para cenar. Se sirve en platos soperos, dado que es una comida muy calduda y se come con cuchara. Se acompaña con tortillas tostadas de maíz, rojas o amarillas, en las que se untará guacamole o frijoles semi-refritos. Se hace una salsa

en el molcajete a base de chile piquín seco, ajos, comino, sal y bastantito aceite de oliva. Se pone al centro de la mesa y de allí cada quién le agrega lo que desee a sus tostadas. Esta comida con garbanzo, como dice el dicho, realmente *"es un garbanzo de a libra."*

Ingredientes para 20 personas

3 kilos de carne de pescuezo de vaca cortada en cuadritos como de 2 centímetros
10 jitomates, 5 cortados en cuadritos pequeños y los otros 5 para licuarlos
6 cebollas, 3 cortadas en cuadritos pequeños y las otras 3 para licuarlas
6 chiles morrones verdes, 3 cortados en cuadritos pequeños y los otros 3 para licuarlos
1 taza de arroz
4 latas de garbanzos cocidos, quitarles la cáscara
3 cucharas soperas rebosadas de comino molido
3 cucharas soperas de pimienta negra en polvo
1 cabeza de ajo, y además 10 dientes de ajo ya pelados
1 cuchara grande de cocinar de manteca de cerdo
2 cubitos de consomé de pollo
2 cubitos de consomé de tomate
Sal al gusto

Procedimiento

Según la cantidad de ingredientes, ya se imaginarán el tamaño de la olla que se necesitará para hacer esta comida. Debe de ser una olla grande, como de 15 litros. Con suficiente tiempo, poner a hervir 8 litros de agua y ya que esté bien caliente, agregarle con precaución, no se vaya usted a quemar, la carne de pescuezo cortada en cuadritos. Se agrega además, una cucharada de sal, y la cabeza de ajo entera. Esta carne se pide en carnicerías de pueblo, y en algunas partes se le conoce como "pelío", en otras, como "carne borrega", no carne de borrega, porque eso es otra cosa, o simplemente "pescuezo de vaca". El tiempo que se llevará para que la carne de cueza, será de alrededor de 2½ horas. A su tiempo, hacer la prueba de tomar un trocito para ver si ya está lista. Si ya lo está, agregar el chile morrón, tomate y cebolla en cuadritos. En la licuadora moler los otros tomates, cebollas y chiles morrones que faltaban, agregarle los ajos pelones, y las 3 cucharas de comino y las 3 de pimienta negra, y más sal, sin olvidar los cubitos de consomé de tomate y de pollo. Todo bien molido va a la olla. Agregar en este momento la cuchara de manteca de cerdo tal cual, directo al caldo. En seguida se le agrega el arroz. Es ésta, la ocasión de revisar cuánta agua tiene. Recordar que debe de estar demasiado caldosito, pues en realidad es un caldo que al comerse se usa cuchara. Sin embargo, el arroz al cocerse le dará un poco de espesor al caldo. Tapar. Tener los garbanzos listos, para agregarlos en una bandejilla ya sin sus cáscaras. Al cabo de unos 20 minutos después de que se agregó el arroz, revisar si ya está listo y comible. Si ya lo está, entonces apagar la flama, y en ese momento agregarle el garbanzo. Es hora de revisar el sabor, a ver si no le falta sal. Esta comida es una gran absorbente de sal, porque tiene mucha agua, de manera que seguramente necesitará como de 2 ó 3 cucharadas soperas rebosadas de sal en total, para satisfacer el sabor adecuado de esta comida. Sin embargo, con probar, uno mismo ha de determinar si ya no le falta. *"Ya se me hizo agua la boca…"*

Variantes

- Esta comida no admite Variantes, salvo que no se le agregue la cuchara de manteca de cerdo. Quizá a muchos no les pueda gustar. Pero en 8 litros de comida aguada, el sabor del cerdo se pierde, dejándole solamente un suave aroma de sabor ranchero a esta comida.

Costillitas de puerco

1.- Con calabaza y elote

Ingredientes para 10 personas

1½ kilo de costillas de cerdo cortadas transversalmente en pedacitos pequeños, como de 1 pulgada.
8 calabacitas tiernas
5 elotes tiernos para desgranar
Sal y pimienta al gusto
¼ cucharadita de comino
2 dientes de ajo
3 jitomates
¼ de cebolla para moler
¼ de cebolla para cortar en cuadritos

Procedimiento

Mientras se ponen las costillitas en una cacerola de barro grande, aunque puede ser en una olla honda de teflón, a dorar, se parten las calabacitas y la cebolla en cuadritos pequeños, y se rebanan los granos a los elotes. Reservarlas en un recipiente ambas cosas para tenerlas listas al momento de necesitarlas. Por otra parte, se prepara la salsa en la licuadora que consiste en moler el tomate, la cebolla, el ajo, el comino, la sal y la pimienta con ½ litro de agua. La cocción de las costillitas debería de ser en manteca de cerdo, pero en aceite regular puede estar bien el sabor, y debe de ser completa, que se vea bien café del dorado que van a tener antes de agregarles todo lo demás. Al estar en este punto, agregarle las calabazas cortadas, la cebolla y el elote desgranado. Meneando para que se integren al sabor y al aceite de las costillas. Finalmente agregar la salsa y volver a menear un poco para esparcirla a todos los lugares de la cacerola. Cuando empiece a hervir, tapar hasta que la calabacita esté suficientemente cocida, pero no tanto para que no se desbarate. O sea que quede un poco durita. Esto se lleva unos 15 minutos luego de que se tapa. Se sirve con arroz dorado, y se come con tostadas de maíz, o con tortillas quemaditas y tostadas en el comal. Unos frijolitos refritos caerían muy bien para combinar.

2.- Con masa de maíz

Ingredientes para 10 personas

2 kilos de costillas de puerco cortadas transversalmente en pedacitos de 1 pulgada
1 molote de masa de nixtamal, lo que se pueda tener en una mano cerrando los dedos. Si no es posible conseguir la masa, se puede usar harina de maíz que venden en polvo
¼ kilo de tomatillo fresadilla
¼ cebolla
½ chile morrón verde
3 chiles serranos verdes, es opcional
Sal y pimienta negra al gusto
1 cucharadita de orégano
Aceite o manteca de cerdo, a su elección

Procedimiento

Se usará una cacerola de barro para dorar las costillas ya sea en manteca de cerdo o en aceite, a su elección. Mientras tanto, se prepara la salsa en la licuadora que consiste de moler los tomatillos, la cebolla, el chile morrón, la sal y la pimienta, el orégano, y la masita. Agregar solamente un medio vasito de agua. Ya si le hace falta, después se le pone más, pero considerar que esta comida debe de quedar algo espesita. La masita hace que espese un poco la salsa cuando se está cociendo. Pues bien, una vez que las costillas tengan la apariencia café, símbolo de que están muy bien doradas, agregarle la salsa ya preparada, y los chiles serranos enteros. Al momento de hervir se le baja un poco al fuego y tapar, debemos esperar unos 20 minutos antes de apagar el fuego, recordar que los tomatillos se molieron crudos en la licuadora, y la piel de los chiles serranos debe arrugarse un poco. Se sirve bien caliente con unos frijolitos refritos al lado, y si se quiere, también con arroz del tipo que se desee. Si se come con tortillitas de maíz recién hechas: vivirán unos momentos maravillosos durante el tiempo que terminan de comer su plato.

3.- Con salsa verde y laurel

Ingredientes para 10 personas

2 kilos de costillas de puerco cortadas de canto en pedacitos de 1 pulgada
¼ kilo de tomate fresadilla
¼ cebolla
½ chile morrón verde
3 chiles serranos verdes enteros, es opcional
Sal y pimienta negra al gusto
½ cucharadita de orégano
5 hojitas de laurel
1 pizca de tomillo
Aceite o manteca de cerdo, a su elección

Procedimiento

Igual a la receta anterior, pero con estos ingredientes. Obviamente sin la masita y aquí va el laurel.

Chuletas de puerco

1.- En salsa de queso

Ingredientes para 8 personas

8 chuletas de cerdo
300 gramos de queso asadero
4 chiles poblanos de los de rellenar
1 cebolla
Sal y pimienta al gusto
Vinagre blanco, llámese blanco al vinagre de caña
1 tortilla por cada chuleta
Manteca de cerdo

Procedimiento

Dorar las chuletas en manteca de cerdo aderezándolas al estarse dorando con sal y pimienta. Por cada chuleta se fríe una tortilla, sobre la cuál irá puesta una chuleta. En otra sartén se fríen la cebolla en rebanaditas y el chile poblano en rajitas, ya desvenado, se le agrega ½ taza de vinagre blanco y ¼ de taza de agua. Se sazona con sal y pimienta al gusto, y al final, ya que hierva, se le agrega el queso asadero en rebanaditas delgadas. Al derretirse, se bañan las chuletas con esta salsa antes de servirlas.

2.- Con refresco de cola

Ingredientes para 8 personas

8 chuletas de puerco
3 chiles poblanos grandes de los de rellenar
1 cebolla
250 gramos de papitas dulces de Galeana
Sal y pimienta al gusto

1 refresco de cola
1 ó 2 tallos de apio, según el gusto
Aceite para cocinar

Procedimiento

Las chuletas se fríen en aceite sazonadas al gusto con sal y pimienta y luego se acomodan en un molde porque luego van a ser horneadas. Se rebanan los chiles poblanos y se fríen a fuego rápido. Cuando estén a medio dorar, se les agrega la cebolla partida en rodajas delgadas y se sazona con un poco de sal. Las papitas de Galeana se ponen a hervir en agua hasta que estén suavizadas, luego se escurren. Las chuletas que están acomodadas en el molde, bañarlas con las rajas doradas de chile y cebolla. Ponerle a discreción las papitas de galeana partidas a la mitad con todo y cáscara, y agregar también el refresco de cola. Encima ponerle el apio picadito. Tapar el molde y hornear por 20 minutos a una temperatura de 180 grados centígrados.

Discada

Se llama discada porque se usa como recipiente para cocinar, un disco que aquí en el norte se hace con una rastra de las que usan los tractores para arar la tierra. Este disco se manda a una herrería para que le sea soldado un tripié, y que le pongan en la orilla superior un borde a todo lo largo de la circunferencia del disco, como de 4 centímetros de alto, para que la comida no se tire al ser cocinada. Allí mismo, le dan una pulida por la parte donde se va a cocinar, y también, le tapan los orificios del disco de donde estaba sujeto a la rastra. Este disco se debe de lavar muy bien antes de usarlo, y se debe de curtir durante unas tres veces, calentando aceite de cocinar hasta que se queme. Lavar, y volver a hacer lo mismo 3 veces, para que se le mueran todas las bacterias que pudiera tener. Una vez curtido, ya se puede usar con la mayor de las seguridades, para cocinar su discada, o para freír mojarras, o para cocinar la paella, que es para ella y es para mí...

Ingredientes para 20 personas

1 kilo de carne de pulpa negra
½ kilo de carne de cerdo, lomo o pierna
6 salchichas para asar
½ kilo de tocino
5 jitomates
2 cebollas
10 tomatillos verdes de fresadilla
10 cebollas de rabo con todo y rabo
2 chiles morrones verdes
10 chiles jalapeños
1 lata de chile chipotle
½ kilo de champiñones frescos
1 cerveza
¼ kilo de papita de Galeana
5 dientes de ajo
1 cucharada de comino
1 cucharada de pimienta
2 cucharadas de sal
Manteca de cerdo
Manteca de res
1 manojo de cilantro, las hojitas

Procedimiento

Se coloca el disco previamente lavado, en un tripié de fierro, ya sea encima de las brasas o en un fogón de gas. Se espera a que se caliente muy bien. Se le agregan 2 cucharas grande de cocinar de manteca de puerco. La manteca de res se le agrega más adelante, porque ésta tiende a quemarse pronto. Esperar a que esté ardiendo, y esto se sabe cuando al agregar un diente de ajo, éste chilla y a su alrededor salen burbujitas. Entonces ye es tiempo de agregarle el tocino cortado en pedacitos. Cuando esté bien dorado el tocino, se retira a un recipiente externo, y se reserva para usarse después. De las carnes bien cortadas en trozos, se empieza con la de puerco. 5 minutos después se agrega la de res y las salchichas para asar también cortadas en trozos pequeños. Mover para asegurarse de que todo se cuece bien uniforme. Luego se le agregan los ajos picados y las papitas de Galeana cortadas en 4 partes cada una. Se espera a que se suavicen un poco, para seguir agregando más ingredientes. Las cebollitas con todo y rabo se parten en rodajitas y las cebollas en cuadritos pequeños, y es ya el momento de agregarlas, igualmente los chiles morrones verdes en cuadritos, y los chiles jalapeños enteros. Mover con una cuchara grande para que todo tenga la oportunidad de cocerse bien. Seguido de esto, se agregan los champiñones cortados en dos mitades. En este punto agregar una cuchara grande de manteca de res. Cuando los champiñones ya tengan la textura como para ser comidos, se agregan los dos tipos de tomates ya cortados en cuadritos pequeños. En este instante también se agrega la cerveza, y las especias y la sal. Mover con la cuchara para mezclar todo muy bien. Esperar a que empiece a hervir, y así dejar un rato, para que los tomates agarren suavidad. Finalmente, se cortan los chiles chipotles de la lata, en trocitos muy pequeñitos, y se agregan a la mezcla junto con el tocino que se reservó para usarse hasta este momento. Se prueba la sazón, y si le falta sal o pimienta, se le agregan. Ya está lista la discada. Sólo falta esparcir encima las hojitas del cilantro ya lavadas y cortadas. Para comerla, se necesita una nadita de hambre, porque al verla se le va a antojar, y si tiene cerquita tortillas de maíz o de harina, pos, al ataque, hasta que se acabe, o hasta llenar… Je, je, je…

Variantes

- Hay quienes le agregan también dos o tres pechugas de pollo cortadas en cuadritos.
- Aparte de las salchichas para asar, hay quienes le agregan salchichas de las que se usan para hacer los "hot-dogs", cortadas en rodajas. Digamos que ¼ de kilo.

Enchiladas

Las enchiladas son un platillo tradicional mexicano que todas las regiones del país lo ofrecen, y debido a tanta variedad, sencillamente ya adquieren nombres distintos, según la preparación y la región. Así, tenemos: enchiladas poblanas, enchiladas oaxaqueñas, enchiladas norteñas, enchiladas tradicionales, etc. En el norte, las enchiladas se preparan con queso tipo panela, fresco, rallado y mezclado con cebolla cortada en cuadritos minúsculos, y las tortillas se doran en manteca de cerdo. Sin embargo, el estómago de mucha gente no tolera lo pesado de las enchiladas preparadas de esta forma, por lo que en lugar de la manteca, se usa aceite regular para dorar las tortillas. Prepararlas con pollo deshebrado, es una costumbre de rellenar las enchiladas proveniente del centro y sur del país, y poco a poco se fue adquiriendo esta costumbre por acá, en el norte. En seguida se presenta una buena variedad en la preparación de las enchiladas que conocemos y comemos por acá. Observar que los ingredientes son casi los mismos, excepto por el relleno. Las tortillas rojas las encuentras también de muchas variedades. Las muy delgadas, se usan para ser fritas en aceite, y las más gruesas, para ser fritas en manteca.

1.- Enchiladas tradicionales

Ingredientes para 10 personas

Tortillas rojas, las necesarias, generalmente 6 por persona
1 k de queso enchilado, o queso tipo panela, fresco
1 cebolla
Aceite o manteca de cerdo a su elección
1 lechuga
2 jitomates
2 betabeles
1 manojo de rábanos
3 papas
4 zanahorias
Sal al gusto
Chiles en vinagre, jalapeños o serranos, opcional
Chiles serranos verdes para ser toreados, opcional
Cueritos de cerdo en vinagre, opcional

Procedimiento

Se prepara una ensalada de lechuga con rebanadas de tomate en gajos y rodajas de cebolla. Y se pone en el refrigerador, para servirla bien fresca. El queso se ralla y la cebolla se corta en cuadritos muy pequeños, para ser mezclados ambos ingredientes y dejarlos listos para usarlos en el relleno de las tortillas. Los betabeles se ponen a cocer, y cuando estén listos, se sacan, se secan y se pelan. Se parten en rodajas y se ponen en un plato que adorne en medio de la mesa. Los rabanitos, se extraen del manojo y se lavan. Se secan y se parten a la mitad, en forma de estrellita. Justo a la mitad del rabanito, se mete la punta de un chuchillo delgado y filoso, en diagonal hasta la mitad de la esfera del rabanito. Seguido a ese corte, se vuelve a meter el cuchillo en diagonal opuesta, y luego otra vez, en diagonal opuesta a la anterior, y así hasta acabar. Se separan las esferitas en dos mitades con la apariencia de estrellitas. Se servirán dos estrellitas o tres encima de la ensalada en cada platillo. Las papas se ponen a hervir hasta que se cuezan. Sacarlas, pelarlas y partirlas en cuadritos pequeños. Las zanahorias primero se les limpia la piel y se ponen junto con las papas a hervir e igualmente se sacan, se secan y se parten en rodajas, y luego cada rodaja se parte en 4 partes, de manera que queden como triangulitos. Ambas, papas y zanahorias se fríen en manteca de cerdo. Si se quiere hacer chiles toreados, solamente se agregan a esta misma sartén y se sacan hasta que se pongan suaves y arrugados. Uno o dos chiles toreados, para aquellos que les gustan, irán en cada plato. Las tortillas se pasan por aceite caliente, o manteca de cerdo, pero que no se endurezcan. Se van poniendo en un plato, una encima de la otra, y al tener las 6, se aplanan con una palita para que suelten el exceso de aceite. Se les pone el queso del ya preparado con cebolla, que queden bien rellenas, y se enrollan. Se van poniendo de la primera a la sexta en un plato plano grande. Encima de las 6, se espolvorea más queso con cebolla. En un lado se le pone ensalada con dos rebanadas de tomate. En el otro lado se le pone papas y zanahorias fritas, y encima de la ensalada, unas dos piezas de rabanitos, y dos o tres rebanadas de betabel. Opcionalmente, sólo para el que le guste, se pone un recipiente con chiles y zanahorias en escabeche, para los exigentes. También se pueden poner unos cueritos de cerdo en un recipiente al centro de la mesa, para quienes quieren combinarlos con sus enchiladas, ver receta de la preparación de botanas en "Cueritos en vinagre".

2.- Enchiladas con masa pintada de chile

En este tipo de enchiladas, la masa se tiene que preparar previamente y se tienen que hacer las tortillas en tortillera, manualmente en casa. Ya sea que se compre la masa en un molino de nixtamal, o bien, que se compre la harina de maíz en polvo, para hacer la masa en casa.

Ingredientes para 10 personas

Son los mismos ingredientes que en la receta anterior, más....
1 k de harina de maíz para tortillas
6 chiles colorados anchos

Procedimiento para hacer las tortillas

El chile colorado se pone a hervir hasta que quede bien suavecito. Se va a moler en la licuadora con un poco de sal y agua bien caliente hasta que quede bien molido. La harina se ha de amasar con esta mezcla caliente, poco a poco, no se vaya a pasar. Aunque esta masa tiende a secar muy fácilmente, de manera que al hacer el testal para hacer la tortilla, a veces se tendrá que poner agua en la mano. Un testal es una bolita de masa que se hace con la mano. Para las tortillas de maíz, simplemente se pone el testal en el polietileno de la tortillera, y se aplana como normalmente se hace con la palanca de la tortillera. Para las tortillas de harina de trigo, el testal hecho bolita, se va ahuecando de uno de los lados, y se va a colocar en la tabla de madera para extenderlo. Cuando esté en la tabla, con los tres dedos de en medio de la mano se aplasta para que quede extendido, y luego se procede a extenderlo con un palote de madera, tanto cuanto sea necesario para que quede una tortilla suave, pero de buen grosor, para que no se parta. Cuando la masa esté hecha, echarle toda la salsita de chile colorado a la masa y amasar de nuevo, de manera que se mezcle bien el chile y pinte por igual todos los lugares en la masa. Cuando ya esté bien mezclado, empezar a hacer las tortillas. Y mientras tanto se pone el comal a calentar. Se hace de una en una porque no se pueden almacenar crudas unas encima de otras, porque se pegan. Así que se harán de una en una y se van poniendo en el comal.
Para hacer las enchiladas, es el mismo procedimiento que en la recetas anteriores, pero con estas tortillas recién hechas.

3.- Bañadas con salsa de chile colorado

Para estas enchiladas, se usarán tortillas de maíz normales, sin color. Y los ingredientes son prácticamente los mismos que en las recetas anteriores, con la diferencia de que aquí las tortillas ya se compran hechas en su tortillería preferida, de las normales, y el chile colorado no se usará para batir la harina de maíz para hacer la masa porque no se harán las tortillas a mano.

Ingredientes para 10 personas

6 chiles colorados anchos
2 dientes de ajo
Sal al gusto
Manteca de cerdo

Procedimiento

Es el mismo procedimiento y con los mismos ingredientes de la receta 1: hacer la ensalada de lechuga, dorar las papas y las zanahorias, cocer los betabeles y partir los rábanos, etc. Pero aquí habrá que hacer algo más que no se hizo en esa receta, y es lo siguiente: hervir y cocer los chiles, y luego, ponerlos en la licuadora para molerlos con la sal y el ajo. Poner en una sartén un poco de manteca para dorar un poco esta salsa, sólo hasta que hierva, meneando un poco y luego apagar la flama. Cuando se van a dorar las tortillas, las cuales ya dijimos que van a ser tortillas normales, sin color, una vez de pasarlas por el aceite caliente o manteca, a su elección, y darles vuelta, se sacan, y se pasan por la salsita de chile colorado ancho, dejándolas que allí reposen unos 5 segundos. Hacerlo cuidadosamente usando una palita como utensilio y un tenedor para ayudarle. Preferentemente usar utensilios de madera, para que no se rompan las tortillas. De una en una se rellenan con el queso encebollado, y al completar el número de enchiladas para un plato, agregarles con una cuchara, un poco más de la salsita de chile colorado encima. Si se desea, agregar arriba, más queso encebollado. Se adorna igual que en la receta 1, con los mismos ingredientes y con los mismos agregados.

4.- De pollo con mole

Ingredientes para 10 personas

Tortillas normales, sin color, las necesarias
2 pechugas de pollo grandes
1 cebolla grande
1 bolsita de ajonjolí
Frijoles refritos
Totopos
Aceite
1 botecito de mole o mole casero

Procedimiento

Primeramente y con bastante tiempo de anticipación, puede ser desde un día antes, poner a cocer las 2 pechugas de pollo. Una vez que estén bien cocidas y secas, deshebrarlas completamente, pues esto se usará para rellenar las tortillas más adelante. Preparar mole, según la receta del "Mole". El mole es una pasta preparada de una gran variedad de chiles, semillas, y nueces, y se usa para hacer comidas típicas muy mexicanas. Los hay de muchos tipos, según los ingredientes que se usen para hacerlos. Ya los venden preparados en los diferentes supermercados, embotellados, colocados en los estantes generales, o a granel, en los departamentos donde venden las salchichas, chorizos y embutidos. Que sea el mole un poco consistente con el que se van a revestir las enchiladas, de manera que al cubrirlas no se caiga el mole y se vaya al fondo de la base del plato. La cebolla cortarla en rodajas, para luego adornar el platillo. En esta receta, es opcional dorar las tortillas o dejarlas sin dorar, sólo calentarlas en un comal para que se suavicen y poder rellenarlas. En caso de la opción primera, entonces, dorarlas ligeramente en aceite caliente, con solamente una vuelta al otro lado, para que queden suaves. Se sacan y se ponen una encima de otra en un plato extendido, para poder aplastarlas y quitarles el exceso de aceite. De una en una ponerles pollo deshebrado y enrollarlas, colocándolas en un plato plano y grande. Generalmente se sirven 4 ó 5 enchiladas de este tipo a cada comensal. Una vez las enchiladas en el plato, se bañan con la pasta del mole. Tostar ligeramente el ajonjolí y luego, con él, se espolvorea el mole que va encima de las enchiladas. Se adornan con unos aros de cebolla encima. Y se le ponen frijoles refritos a un lado, con unos totopos encajados sobre ellos. Los totopos son triangulitos de tortilla tostados en aceite. Se cortan las tortillas en cuatro partes, y se van poniendo en una sartén con aceite, hasta que se doren y queden bien tostados. Se les pone un espolvoreado de sal encima. Sirven para acompañar algunos complementos de comida, para paladearse como botana con frijoles refritos, o con salsitas ricas y picositas, o con guacamole.

5.- Enchiladas con huevo

Ingredientes para 10 personas

Tortillas normales, sin color, las necesarias
5 huevos
1 cebolla
3 jitomates
Frijoles refritos
Totopos
2 chiles verdes serranos o una cucharita de chiles piquines del monte
3 dientes de ajo
Manteca de cerdo
Sal y pimienta negra en polvo al gusto

Procedimiento

Se ponen a hervir los huevos, para que se hagan huevos duros, o sea hervirlos en agua por 10 minutos. Molerlos en el molcajete con sal y con uno de los chiles serranos o chile piquín del monte. La cebolla se parte en rodajas. Los tomates y el otro chile serrano, con los ajos, la sal y la pimienta, molerlos en la licuadora hasta que queden muy bien molidos. Luego pasarlos a una sartén con un poco de manteca de puerco, hasta que se dore bien la salsa y que no queden ni grumos ni burbujas del tomate y del ajo. Las tortillas dorarlas ligeramente en aceite, volteando una sola vez. Escurrirlas y rellenarlas con un poco de huevo. Enrollarlas. Se sirven 4 ó 5 por platillo. Se cubren con la salsita y con unos aros de cebolla. Se ponen frijolitos refritos a un lado con totopos encajados.

6.- Enchiladas entomatadas

Ingredientes para 10 personas

Tortillas normales, sin color
1 queso enchilado, o panela
1 cebolla
4 jitomates
Frijoles refritos
Totopos
Manteca de cerdo
Sal al gusto

Procedimiento

Se hace una salsa con los tomates y la sal en la licuadora. Esta se pone en una sartén con sólo unas gotas de aceite para dorarla, meneando hasta que suelte el hervor. Debe de ser espesita. Cuando se empieza el proceso de dorar las tortillas, primero se meten a esta salsa para que se absorba en la tortilla, se saca la tortilla de allí y se pasa a otra sartén con aceite caliente. En este proceso, se debe de tener cuidado, pues la tortilla con la salsa está húmeda, y al ponerla en el aceite caliente, pueden saltar gotitas de aceite caliente. Se dora ligeramente volteando sólo una vez. Se pone en un plato extendido y plano, y se va rellenando con queso que fue rallado y mezclado con la cebolla partida en cuadritos muy pequeños. Al completar 5 entomatadas, se forma el platillo completo. Se adorna con más queso con cebolla encima. Y se le ponen frijolitos refritos al lado, o bien, ensalada de lechuga y tomate, y todos los demás ingredientes, como en la receta n°1. Es a elegir el modo de cómo se quiera servir.

7.- Envueltas de picadillo

A estas enchiladas también se les llama Envueltos de Picadillo. Para hacerlos, nos auxiliamos con la receta del "Picadillo", que es con lo que van a rellenarse las tortillas.

Ingredientes para 10 personas

Tortillas normales, sin color
Picadillo
1 cebolla
4 jitomates
Frijoles refritos
1 diente de ajo
Sal y pimienta al gusto

Procedimiento

Se prepara una salsa como sigue: Se corta la cebolla en trocitos muy pequeños, y los tomates se muelen en la licuadora junto con el ajo, algo de pimienta y la sal. La cebolla se dora en una sartén con poco aceite, y cuando se ponga transparente, agregar lo molido en la licuadora, menear y seguir meneando, dejando que hierva hasta que se le vayan los grumos y las burbujas. Para esta receta, se tiene la opción de dorar o no las tortillas para ser rellenadas con el picadillo. Si no se quieren dorar, solamente se calientan en el comal para suavizarlas y que no se trocen cuando se rellenan con el picadillo y se enrollan. Si se prefiere dorarlas, hacer como en las recetas anteriores. 5 por platillo. Se recubren con la salsa de tomate con cebolla, aunque este recubrimiento es opcional, habrá personas que no lo prefieren. Los agregados pueden ser frijoles refritos con totopos, o la ensalada de la receta n°1.

Ensalada de pollo

Esta receta también proviene de los antiguas notas escritas por las abuelas, pero es tan rica y popular, que se sigue haciendo muy frecuentemente en nuestros días. Es muy aceptada para presentarla en las fiestas y reuniones, pues a todo mundo le gusta. Mi esposa me pasó la receta y creo que le queda muy bien y muy sabrosa. Pues aquí les hago una copia fiel. Es una comida típica, y por ser del tipo pasta como es, se come en emparedados de pan blanco, o con galletas saladas. Se acompaña generalmente de una ensaladita ligera de lechuga y tomate, y al otro lado del platillo, otra ensaladita de coditos de pasta, preparados con mantequilla, pimienta negra y queso amarillo. Con sólo esto, se cumple perfectamente con el gusto de los paladares de las personas. Especial para una cena que deseas tomar al mismo tiempo de estar frente a la televisión, para no perderte tu programa preferido. O para irse de día de campo sin tener que preparar tanta cosa para llevarse.

Ingredientes para 10 personas

2 pechugas de pollo cocidas y desmenuzadas con los dedos en pedacitos muy chiquitos, no usar procesador de alimentos, porque le cambia el gusto a la comida

4 papas cocidas, peladas y cortadas en cuadritos como de ½

centímetro

4 zanahorias cocidas, peladas y cortadas en cuadritos de ½ centímetro

1 latita, la más chicha, de chile morrón rojo cocido y cortado en cuadritos de ½ centímetro

2 varas de apio cortadas en cuadritos miniatura

1 lata grande de chícharos cocidos

1 bote de mayonesa mediano de cualquier marca

1 cucharada de mostaza

1 cucharada de pimienta negra en polvo

1 cucharada de sal

Procedimiento

Se ponen todos los ingredientes en una bandeja suficientemente grande, para que no se rebasen al estar revolviéndolos y pudieran tirarse. Hasta al final se le agrega la mayonesa y la mostaza, porque éstas les deben de dar el punto justo a la mezcla para que quede bien adherida y compacta. Recordar que será como una pasta que se unta al pan o a las galletas, y si para lograr esta consistencia se necesita agregar un poco más de mayonesa, agregarla, pues un exceso de mayonesa no desmejora el sabor, al contrario, lo mejora, pero no debe de llevar más de la justa y necesaria. Hacer la prueba del sabor, y si le falta sal, agregarle un poco más. Y ahora sí: ¡A entrarle con ganas...! Por ahí dice un dicho que *"El que tiene buenas ganas, poco apetito le basta."* Y no coma usted mucho, pues acuérdese que un dicho dice: *"Cena larga, vida corta; cena corta, vida larga."*

Variantes

- Hay muchas personas que nos gusta que esta ensalada tenga un poco de sabor a pepinillos agrios, por lo que se recomienda tener en un recipiente pepinillos picados finamente, para que aquél que le gusten y desee agregarles a su platillo, que lo haga, pero no se recomienda previamente mezclarlos con la mezcla general, porque no a todo mundo les gusta su sabor. Hay muchos que por haber comido, todo les sabe feo, y será mejor que ayunen, a que digan que no les gusta una suculenta comida, por ya haber comido. Que al cabo que *"dejar de comer por haber comido, no es pecado, y no está nada perdido."*

- Igualmente, a mucha gente le gusta esta ensalada con chile jalapeño en escabeche y sin semillas, cortado en cuadritos, mezclado en ella. Pero no a todo el mundo le gusta que la ensalada pique, por lo que se recomienda lo mismo que en el caso de los pepinillos, tener un recipiente con chile jalapeño finamente picado, y que cada quién le agregue a su porción lo que desee.
- Una porción de papitas fritas de botana, son una buena opción para acompañar esta comida junto a la ensalada de lechuga y a los coditos con queso. Ver la receta de la "Ensalada de coditos".
- Esta ensalada se transforma en Ensalada de Papa, con los mismos ingredientes, todos, excepto el pollo.

Filete de res con soya y vegetales

Esta receta parece del tipo de comidas orientales, y por los ingredientes que lleva hasta podría pasar por una receta dietética, pues no lleva ningún tipo de grasas, y se come preferentemente con arroz blanco, también sin dorar. Además, el filete de res, casi no tiene grasa entreverada, y eso hace aún más ligera esta comida, pues la van a rodear puros vegetales de bajas calorías. Y mientras se discuta si tiene o no aceite, que si es dietética, o que si no, y *"mientras son peras o son manzanas"*, yo paso a explicarles la receta, que *"este es mi mero mole"*, ya usted sabrá a quién se la da y a quien no se la da…

Ingredientes para 8 personas

1½ kilos de filete de res, cortado en cuadritos de 2 cm
½ jícama pelada y cortada en cuadritos
2 tallos de apio cortados en rebanaditas gruesas
1 lata de elotillos miniatura
1 ramo de brócoli bien lavado y separados los arbolitos
½ cebolla cortada en cuadros grandes
100 gramos de champiñones limpios y frescos
1 chile morrón rojo cortado en cuadros grandes
1 chile morrón amarillo cortado en cuadros grandes
1 chile morrón verde cortado en cuadros grandes
1 cucharadita de pimienta negra molida
¾ taza de salsa de soya
Sal al gusto

Procedimiento

Comenzaré por darle un **Consejo**: Para cortar la carne con facilidad, póngala en el congelador de su refrigerador un par de horas antes de cortarla. Ahora a la preparación de la receta: Se pone la carne en trocitos con la jícama, con ¼ de taza de agua, no más, en una olla honda que tenga tapa. A fuego lento se deja hervir hasta que cambie el color de la carne del rojo fuerte que tenía, a un marrón suave, en ese instante, agregarle todos los demás ingredientes, excepto la soya, los elotillos, pues ya están cocidos, y los champiñones, que por ser tan suaves, se agregarán al último, y tapar. Un **Consejo** sobre los champiñones: A los champiñones se les reconoce su frescura por su blancura y por su tallo bien pegado a la cabeza. Los vegetales se irán cociendo con su propia agua y el jugo de la carne. Si es que necesitaran un poco más de agua, agregarle sólo un chorrito más. Se agregan los champiñones, los elotillos y la soya a la mezcla. Volver a tapar. Dejar cocer por 10 minutos más, o hasta que el brócoli ya esté bien cocido.

Probar el juguito, y si le falta sal, agregarle un poco más. Esta comida exquisita, se sirve con arroz blanco, tanto cuanto se desee. Será una gran experiencia para su paladar comer esto para la comida o para la cena.

Variantes

- Puede agregar los vegetales que desee, pero saber determinar a qué hora es cuando se deben agregar. Si son duros, como la zanahoria, agregarlos junto con la carne. Y si son suaves, como las calabacitas, agregarlos al final, con la soya.
- También se puede usar para acompañar esta comida, el arroz verde o el dorado. De todas formas sabe muy bien, pero para los dietistas y exigentes deberán de saber que les aumentará el número de calorías por porción en 100. Y no crea que lo engaño, por eso *"las cuentas claras y el chocolate espeso."*

Guisado de bacalao

El guisado de bacalao es una receta proporcionada por una hermana del esposo de mi Prima Laury, de Pablito Gutiérrez. Ellos son de Guanajuato, del centro de México, y esta receta ellos la acostumbran preparar para los días de las navidades y años nuevos, porque en esos días es cuando se consigue con mayor facilidad el bacalao en los supermercados. Sin embargo, aquí en el norte del país ya se ha popularizado y también se prepara con frecuencia, aunque no precisamente para las celebraciones de esos días, porque aquí la costumbre en las navidades es preparar, tamales, o pavo, o menudo, o cabritos asados, o pozole. Se recomienda preparar esta comida desde un día antes y refrigerarla. Se come en tortas de pan birote, pan blanco, o pan francés, del tipo de pan que para prepararse no lleva manteca ni mantequilla, sino sólo levadura y agua.

Ingredientes para tantas personas como se alcance de tortas

¾ kilo de bacalao
4 jitomates
8 dientes de ajo
1½ cebolla
1 chile morrón verde
1 chile morrón rojo
¼ taza de aceitunas
¼ taza de alcaparras
10 papitas de Galeana
Aceite de oliva
2 latas de chiles güeros en vinagre
½ cucharadita de tomillo
½ cucharadita de mejorana
6 hojas de laurel
1½ cucharadita de orégano
Sal y pimienta negra al gusto
1 cucharadita de pimentón
Pan blanco

Procedimiento

Se pone a remojar el bacalao desde la noche anterior, y durante el siguiente día se mueve con frecuencia y se le cambia el agua cada hora para quitarle lo salado. Luego se pone a secar, y antes de cocinarlo, se desmenuza, asegurándose de que no vaya alguna espina. Sólo por seguridad, pues generalmente nunca trae espinas. En una sartén grande y extendida se pone ¼ taza de aceite de oliva. Cuando esté muy caliente se pone a dorar la cebolla cortada en cuadritos, la mitad de los ajos picaditos y los chiles morrones cortados en cuadritos, luego se le agregan los jitomates molidos en licuadora con los dientes de ajo restantes, todas las especias, y la sal y la pimienta al gusto. Esto se agrega a la sartén, y cuando empiece a hervir, se agrega el bacalao desmenuzado, las aceitunas, las alcaparras y las papas de Galeana, cada una de éstas, cortada en dos partes. Se deja hervir por 15 minutos y luego de eso, se le ponen los chiles güeros incluyendo el vinagre que contienen las latitas. Se le revisa la sazón de sal y pimienta, si le falta, agregar la cantidad necesaria. Se deja tapado para que repose por media hora. Sírvase con arroz del tipo que usted guste, y con un puré de papa, con pan blanco rebanado, o con galletas saladas.

Variantes
- Mucha gente prefiere comer esta comida recalentada y en tortas de pan blanco.

Guisado de carne de puerco con harina de trigo

Ingredientes para 6 personas

1½ k de espinazo de puerco, o lomo
3 cucharadas de harina de trigo
10 chiles secos cascabel
5 tomatillos de fresadilla
3 dientes de ajo
1 cucharadita de orégano
2 hojitas de laurel
Sal y pimienta al gusto
Manteca de cerdo

Procedimiento

Se cuecen los chiles y los tomatillos de fresadilla en agua caliente. Luego de cocerse se ponen en la licuadora. O si ya se tiene este chile en polvo, solamente agregarle 5 cucharadas a la licuadora. Se agrega el ajo, el laurel, la sal, el orégano y la pimienta, se muele todo muy bien y se reserva para usarse después. En una cacerola ancha con manteca de cerdo, dorar la carne cortada en trocitos, hasta que esté bien crujiente de tan tostadita. Espolvorear la harina sobre esta carne, y seguir dorando un poco más, hasta que se tueste también la harina. Cuando esté lista, agregar la salsa y revolver con una cuchara para integrar la salsa a la carne y la harina. Debe de quedar espesa, como el asado de puerco, o como el mole. Recordar que todas las harinas cocinadas con alimentos, al irse enfriando, van espesando poco a poco. Se sirve con frijoles de la olla y encima de éstos, cebollita de rabo picada con todo y rabo verde.

Guisado de ejotes con masa de nixtamal

Receta de una excelente comida, especial para la Cuaresma, en las Semanas Santas. La hacía Doña Martina, que provenía de Sabinas. Juanita, su hija, nos pasó la receta y desde entonces, se hizo popular y gustó a todo mundo.

Ingredientes para 8 personas

1 kilo de ejotes
3 jitomates
1 cebolla
3 chiles verdes serranos
1 chile colorado ancho
1 bolita de nixtamal del tamaño de una bolita de pin-pón o 3 cucharadas rebosadas de harina de maíz
4 dientes de ajo

1 cucharadita de comino
1 cucharadita de pimienta
Sal al gusto

Procedimiento

Se les cortan los extremos a los ejotes, pero no sea usted tan desperdiciado, solamente córtele la orillita, y se parten en 3 partes cada uno, que queden como de 1 pulgada de largas las partes. Se ponen a hervir con sal. Ya cocidos se escurren y se dejan reservados para usarlos después. En otro recipiente se hierve el chile colorado ancho hasta que se cueza. En una cacerola poner a dorar la cebolla y 1 chile serrano en cuadritos pequeños. Cuando la cebolla esté transparente, agregar los ejotes, y mover para que se doren un poco uniformemente. En la licuadora se prepara la salsa que se va a agregar a los ejotes, que será con los jitomates, las especias, el chile colorado ancho ya cocido, y la masa, o si no tiene masa, la harina de maíz. Esta salsa se agrega a los ejotes, y al empezar a hervir, se le agregan los dos chiles serranos enteros que faltaban. Esto va a ir espesando un poco, debido a la masa de maíz. Pero del agua donde se hirvieron los ejotes, agregar un poco más. Probar la sazón, para asegurarse que no quede desabrido. Debe de quedar espeso, un poquito menos que el mole. Se sirve con arroz dorado y con aguacate, y tortillas tostaditas o quemaditas.

Guisado de flor de palma

Las palmas de los climas semi-desérticos, como los de aquí del norte, son un tipo de palmas cuyas hojas no cuelgan, como las palmas datileras. Son de mechones cortos, pero la particularidad que tienen es que durante marzo y abril, todos los años, florean, dando un racimo largo de flores blancas, que nosotros los norteños aprovechamos para hacer comidas muy ricas, como las recetas que van a continuación. Por eso, esta comida es muy popular para los tiempos de Cuaresma, en la Semana Santa.

Ingredientes para 10 personas

1 racimo de flores de palma
3 jitomates
1 cebolla
3 dientes de ajo
4 chiles verdes serranos
1 cucharadita de comino
1 cucharadita de pimienta negra
2 cucharaditas de sal
Aceite

Procedimiento

A cada florecita se le va quitando su centro, donde están el pistilo y los estambres, porque si se dejan, luego la comida va a salir amarga. Los pétalos se separan y se van guardando en un recipiente. Se lavan y se escurren bien. Se pasan a una cacerola con aceite junto con la cebolla picada. Se hace en la licuadora una salsa con el jitomate, 1 chile, y las demás especias. Se le agrega una taza de agua. Esto se pasa a lo que se está dorando, y se espera a que empiece a hervir. Se tapa y se deja cocinando hasta que los pétalos de las florecitas, ya estén cocidos. Se sirve con frijolitos refritos y con arroz. O en taquitos de tortilla de maíz, o en empanadas norteñas, como uno de los rellenos.

Variantes

- Cuando las florecitas se ponen a hervir, al escurrirlas es muy fácil apelmazarlas. Se pueden hacer tortitas con ellas agregándoles sal y pimienta. Luego se pueden lamprear, para que queden como albóndigas.

- También a las florecitas, después de hervidas, mezclarlas con cebollita, sal y pimienta, y con un huevo, o dos, o tres, depende de la cantidad que sean, para hacer un preparado que se usará para freír por cucharadas, en aceite caliente. Es muy semejante a las tortas anteriores que se lamprean, pero en esta receta, los pétalos ya van inmersos en el huevo.

Guisado de los sobrantes de la carne asada

"De hambre a nadie vi morir, de mucho comer, cien mil." Luego de la gran comilona de la carne asada preparada ayer, o el fin de semana, generalmente sobra mucha, y sobra salchicha gruesa, y sobra cebolla de la que se pone en la parrilla envuelta en aluminio. Precisamente estos sobrantes nos servirán para hacer una comida exquisita, que se puede comer a medio día o en la cena, para los que no les afecta comer pesadito. Se sirve con frijoles refritos o con guacamole. Y aunque sean sobrantes, la comida es sabrosa, pero la mera verdad es que *"el hambre es la buena, no la carne que se coma en el desayuno, o en la comida, o en la cena."*

Ingredientes para los que alcancen, depende de la cantidad de sobrantes

Carne ya asada y cortada en cuadritos como de 2x2 cm y sin hueso
Salchicha ya asada y cortada en cuadritos también
La cebolla asada que sobró cortarla a pedacitos más pequeños
1 cuchara de manteca de cerdo
1 cebolla cortada en cuadritos
1 chile morrón verde cortado en cuadritos

4 chiles verdes serranos enteros
3 ó 4 chiles jalapeños en escabeche, cortados en cuadritos y sin semillas
3 jitomates
1 queso panela como de 200 gramos, cortado en cuadritos
1 cucharada de salsa inglesa
1 cucharada de salsa de soya
2 dientes de ajo
1 cucharadita de pimienta negra molida
Sal al gusto

Procedimiento

En una cacerola de preferencia de barro a la lumbre, se pone la manteca de cerdo hasta que esté bien caliente, se agrega todo lo que es fresco para dorarlo: la cebolla, el chile morrón y los chiles serranos enteros. Ya dorado esto, se agrega la carne cortada y la salchicha, moviendo hasta que la mezcla se haya adherido bien. Luego se agrega la cebolla asada partida en cuadritos y se revuelve la mezcla unas cuantas veces, no sea que se vaya a quemar la parte de abajo, y aunque así fuera, ¿qué?, no pasa nada, pues dicen que *"a la mejor cocinera también se le humea la olla"*. En la licuadora se prepara una salsa con los jitomates, los ajos, la pimienta negra, la salsa inglesa, la soya, y la sal. Ya bien molidos se le agregan a la cacerola donde está todo lo demás, moviendo nuevamente. Una vez que esto comience a hervir, se le echan los chiles jalapeños en escabeche ya cortados, y luego se cuentan otros 10 minutos más... Y ya está listo, pero antes de tapar, se le agrega el queso cortado en cuadritos, y se deja reposar tapado otros 5 minutos antes de servir. *"Si son tortillas de harina, ni me las calienten"*, je, je, je, je, o bien de maíz. Si son de maíz, que queden quemaditas... Con esta comida saben muy sabrosas las quemaditas...

Variantes

- Aquí cada quién le pone lo que quiere, lo importante es aprovechar los sobrantes de la carne asada. Unos le ponen más salchicha, pero de la que va en los "hot-dogs", y jamón también.
- Otros le ponen un par de chorizos.
- Otros le ponen queso para derretir encima.

Hígado de res o de puerco encebollado

Ingredientes para 6 personas

1 kilo de hígado de res, o de cerdo, a su elección
3 cebollas
1 cucharada de pimienta negra molida
1 cucharada de orégano
2 dientes de ajo
1 cucharada de sal
Manteca de cerdo

Procedimiento

En el molcajete se ponen las especias y se muelen muy bien con suficiente agua, para hacer una salsa. El hígado se parte en lajas o rebanadas delgadas. Se pasa cada rebanada a la salsita de especias del molcajete, y se ponen en un plato de una en una, hasta que todas se tengan una encima de la otra, dejándolas marinar por 1 hora, para que se les penetre el sabor de las especias. Se reservan para usarse enseguida. En una cacerola recubierta de teflón, se ponen en manteca las cebollas, pero previamente rebanadas en rodajas, hasta que se doren. En otra sartén se pone más manteca, y se ponen a dorar las piezas de hígado. Cuando se hayan cocido por un lado, y se volteen al otro lado, agregar toda la cebolla encima de las piezas y tapar la cacerola. Dejar a fuego lento. Al cabo de 15 minutos, revisar que ya estén cocidos los trozos de hígado. Si ya lo están, se sirven así, con mucha cebolla encima. A un lado se pone arroz, y unos frijolitos refritos.

Variantes

- Si se quiere en salsa, se le puede agregar una salsa hecha con 2 jitomates, dos dientes de ajo, sal, y un buen pedazo de hígado ya cocido, para que la salsa sea espesa, y además, tenga el sabor del hígado. Mmmmmmm, esto me gusta… *"De lengua me como un plato…"* Bueno, mejor de la receta que sigue…

Lengua de res

1.- Lengua lampreada

Ingredientes para 8 personas

2 lenguas de res
3 dientes de ajo
Sal y pimienta al gusto
Huevo esponjado
Salsa para lampreados
Aceite

Procedimiento

Las lenguas de res, con todo y pellejo, se ponen a hervir con sal y ajo hasta que estén cocidas. Mientras se cuecen las lenguas, haremos dos operaciones: 1. Preparar la "Salsa para lampreados" y "Esponjado de huevos" según recetas. Cuando las lenguas ya estén cocidas, hay que quitarles los pellejos. Luego cortarlas en rodajas alargadas, como de 1 centímetro de grueso cada una. Ya están listas para enharinarse y luego lamprearse. Cuando ya estén listas las rodajas ya lampreadas, sacarlas del aceite entonces, y ponerlas en un recipiente con servilletas absorbentes. Al servir, ya sea una rodaja, o dos por platillo, dependiendo del hambre de cada persona, se bañan con la salsa encebollada caliente. Se acompañan con arroz dorado y frijolitos refritos.

2.- Lengua en salsa de chile guajillo

Ingredientes para 8 personas

2 lenguas de res
2 cebollas
1 cucharada de salsa inglesa
1 chile morrón rojo
1 chile morrón amarillo
Salsa de chile guajillo
2 chiles jalapeños
3 dientes de ajo
Sal y pimienta al gusto
Manteca de cerdo

Procedimiento

Las lenguas se cuecen en agua con sal y ajo hasta que ya estén bien cocidas. Sacarlas, secarlas y quitarles el pellejo. Cortarlas en rebanadas inclinadas de 1 cm de espesor. Ponerlas en una vasija muy ancha a dorar con aceite de oliva, se le agregan las cebollas cortada en cuadritos muy pequeños. Al transparentar la cebolla, se le agrega la "Salsa de chile guajillo", ver receta. Se le agrega la salsa inglesa, la sal y la pimienta, y si le falta un poco de agua, se le agrega sin excederse, sólo para que quede caldosita, pero no aguada. Al final se agregan los chiles morrones cortados en rebanadas delgadas encima de todo. Se tapa y a fuego lento y se deja hervir por 15 minutos. Se sirve con frijoles refritos, con papas fritas, o puré de papa. Se le acomoda bien una ensalada verde con tomates rebanados.

3.- Lengua en barbacoa para tacos

"En la forma de agarrar el taco, se conoce al que es tragón." Eso dice el dicho, pero de lengua yo solamente lo agarro de la orillita, y tan sólo me como 10, no creo que sea pecado…

Ingredientes para 10 personas

4 lenguas de res
2 cebollas
3 chiles serranos verdes
4 dientes de ajo
Sal de grano
1 manojo grande de cilantro
Salsa verde, receta sencilla
Salsa roja regular

Procedimiento

Las cebollas y los chiles verdes se pican finamente y se pone lo picado en un recipiente para ser usado en los taquitos. Separadamente las hojitas de cilantro ya lavadas y escurridas, también se pican y se colocan en otro recipiente. Las lenguas se parten alargadas, pero dejando la base sin cortar. A lo largo se acomodan unos granitos de sal de grano, y un ajo partido y repartido en cada lengua, o sea, cortado finamente. Se cierran las lenguas, y luego se parten en rebanadas, pero no cortando hasta el fondo, sino hasta un poquito arriba, para que no se separe la carne. Se envuelven en papel aluminio. Y si se puede se envuelven dos veces para conservar mejor su calor, y se colocan en una olla de presión bien acomodadas, quedando encima del nivel de la rejilla. Agregar cerca de 2 litros de agua, cuyo nivel debe quedar por debajo del nivel de la rejilla, si excede el nivel, quitarle agua. Cerrar la olla de presión y empezar a calentar. Cuando suelte el primer vapor, bajarle la flama al mínimo posible, y así dejar hirviendo por 7 horas. Se sirven las lenguas a la mesa envueltas en el papel aluminio, y de una en una, se van abriendo hasta que se termine, y luego abrir la siguiente. Se hacen taquitos en tortillas de maíz o de harina previamente calentadas y puestas en una canasta con un trapo de cocina cubiertas. A cada taco se le agrega cebolla picada y cilantro en trocitos. Se aderezan con "Salsa verde, receta sencilla" o "Salsa roja regular", que se preparan con las recetas que les corresponden, aunque dicen que *"la mejor salsa es el hambre..."* Yo digo que sí... Con hambre todo saber rico.

Menudo

Esta comida, cuya receta, me supongo que la trajeron los españoles cuando llegaron a México, proviene de sus "Callos", y contiene bastante colesterol, pues está preparada básicamente con panza de vaca, pero como nada más se come en ocasiones especiales, le damos una perdonadita al cuerpo para que coma y se satisfaga con este suculento platillo, ahora mexicano, que no necesita más que servirse en un plato hondo y comerse, acompañado de rebanaditas de pan blanco de panadería, no de barra, digamos pedacitos de pan tipo francés, *"que a pan duro, diente agudo"*. El menudo es una comida que acostumbran comer en las madrugadas aquellos parranderos que quieren que se les baje la borrachera. Hay en la región muchos restaurantes que trabajan durante la noche, y que venden esta comida. Se prepara menudo en las fiestas, para ofrecerlo ya en la madrugada; en las navidades y años nuevos, también se sirve en el almuerzo, en la mañana siguiente a estas fiestas.

Ingredientes para 20 personas

3 kilos de panza de vaca ya bien limpia y lavada
5 piezas de chile colorado ancho ya cocido y sin semilla
1 cabeza de ajo
3 cucharadas de orégano
Cebolla picada
Chile verde serrano picado
Limones partidos
Pan blanco cortado en rebanadas
Sal al gusto

Procedimiento

Desde que esta comida es para comerse con cuchara, debe de estar muy, yo diría, demasiado calduda, y debe de ponerse a hervir la pancita, cortada toda en trocitos de 1 pulgada, con suficiente agua en una olla honda, 10 litros. Al final se verá si se le agrega un poco más. Cuando se compre la panza, asegurarse de que ya se las vendan higienizada, muy limpia, y blanca. Es bastante dura de cocer, por lo que se lleva unas 6 ó 7 horas su cocción. Desde el principio se le pone la cabeza de ajos. Un par de horas antes de que esté listo se agrega una salsa que se hace en la licuadora con un poco del orégano, y el chile colorado ancho ya cocido, sin semillas y la sal, bastante, como 3 cucharadas soperas. Aunque la sazón con relación a la cantidad de sal, se le da casi al final, pues hay que probarla y determinar si se le agrega más sal. Al apagar la flama, estar bien seguros de que las carnitas se trozan al ser mordidas. Dejar reposar una media hora antes de servir. En la mesa se ponen varios recipientes con los ingredientes que faltan: un platito con cebolla picadita, otro con orégano, otro con limones partidos, y el otro con chile serrano cortado en rebanaditas. Cada quién opcionalmente le agregará a su plato tantos ingredientes como lo desea, a como le guste. Y una canasta con los pedazos de pan francés.

Variantes

- Algunas personas no les gusta ponerle el chile colorado ancho.
- Algunos le ponen al menudo maíz grueso, de ese que se revienta al ser cocido y que se usa en el pozole, que es una comida a base de carne de cerdo deshebrada y hervida con ingredientes tales como chile colorado ancho, pimienta, orégano, ajo, sal y comino, y además granos de maíz. Se compra en los supermercados. Se agrega este maíz, tanto al menudo como al pozole unas dos horas antes de servir. Aclaro que la receta del pozole no la puse, por ser una comida de las regiones del centro y sur de México. Pero como ya expliqué, es muy fácil de hacer.

Mole de olla

Ver la receta del "Caldo de res", y los variantes de la misma receta, en la siguiente sección.

Nopalitos

"Al que todos van a ver cuando tienen qué comer: El nopal", eso se canta en el juego de la lotería mexicana cuando aparece la carta del nopal con el número 39. Es una planta muy mexicana, un simple cactus, pero que felices nos hace. Ésta es una auténtica receta antigua, especial para los días de Cuaresma, en la Semana Santa, aunque se puede preparar cualquier día, siempre y cuando uno desee comer nopales, je, je, je. Es una comida de rancho, muy sabrosa y muy típica mexicana, no dejarían de ser los nopales unas plantas muy mexicanas,

pero cuando se preparan nos ponen *"de manteles largos."* Esta comida se prepara desde tiempos inmemoriales… Ya cuando yo era niño, y no se rían, que no soy tan viejo, je, je, je, nos íbamos al monte, y en cualquier lugar, nos encontrábamos un nopal con retoños, ésos eran los nopalitos, los que nos pedían nuestras mamás que les lleváramos para preparar la comida. Conociendo que tienen tantas espinitas, los sosteníamos con unas pinzas largas, los arrancábamos cortándolos de la base con un cuchillo filoso, para luego ponerlos en una canasta. Unos 30, y ya con ésos completábamos. Los traíamos a casa y nos los preparaba mi abuelita, con todo el proceso, desde quitarles las espinas por los dos lados y luego cortarlos en cuadritos, y luego todo lo demás… Dicen que *"al nopal lo van a ver sólo cuando tiene tunas."* Pues nosotros también lo íbamos a ver en Cuaresma, para arrancarle nopalitos, je, je, je. Y con tortillas de maíz recién hechas, y bien calientes, porque si no están calientes no me las como… Dicen que *"las tortillas y las mujeres, calientes han de ser…"* Je, je, je. Pues de esa forma se convertían los bocados en una delicia. En la actualidad, ya no necesita usted ir al monte a ver y saludar a los nopales, pues ya los venden en los supermercados, inclusive ya cortados, para llegar a casa y prepararlos de inmediato. Cuando prepara mi esposa nopalitos, y fíjense que no digo, "cuando yo los preparo", porque me apego a un dicho que dice *"los hombres y las gallinas, poco tiempo en las cocinas"*, y solamente me presento en la cocina para comerlos, y al igual que las gallinas, sólo se metían a la cocina para comerse las pininas que caían al piso, je, je, je… Y les diré que cuando ella cocina nopalitos, no como más que eso, y no los acompaño con nada más que con tortillas y más nopalitos, pues me sirvo un par de veces. Como son tan exquisitos, son suficientes, pero se pueden acompañar con frijoles en bola con cebolla, o con cualquier comida que tenga papas, ya sea puré de papas, albóndigas de papa, o papas con cebolla y chile, y por un ladito unas rebanadas de betabel cocido. Y háganse pa'allá, estense en un ladito, que voy a dictarles la receta en este momento, y no estorben, así como dice el dicho: *"mucho ayuda el que no estorba."*

Ingredientes para 6 personas

20 nopalitos libres de espinas y cortados en cuadritos pequeños, como de 1 centímetro por lado
2 huevos esponjados
6 chiles cascabeles secos, ya hervidos y molidos, o si los tiene molidos secos, pues entonces usar 4 cucharadas
2 dientes de ajo
1 cucharadita de pimienta
10 ramitas de cilantro, sólo las hojas ya lavadas
2 papas, ya cocidas, peladas y cortadas en cuadros pequeños
1 cebolla partida en cuadritos
1 jitomate
1 taza de camarón seco, ya pelados
Sal al gusto
Manteca vegetal para cocinarlos

Procedimiento

Poner una cacerola de barro con la manteca a la lumbre. Agregar los nopalitos en cuadritos, crudos, sin hervir. Van a soltar una babita, es muy característica de los nopales mientras se están dorando, pero se les va a acabar en un rato más, mientras se les está meneando con una cuchara de madera. Al momento de estar ya suaves y libres de toda baba, agregar la cebolla en cuadritos, las papas y el camarón. Seguir moviendo hasta que la cebolla se dore. En la licuadora poner los chiles cascabeles, el ajo, la pimienta, el jitomate y la sal, no le ponga agua, o sólo lo necesario para que no batalle la licuadora en moler todo eso. Agregárselo a la cacerola. Picar el cilantro ya las hojitas lavadas, no molerlo, y agregárselo junto con la salsa. Dejar hervir por un rato. Cuando la mezcla parezca ya consistente y uniforme, agregarle 2 huevos esponjados, según la receta de "Esponjado de huevos". Integrar los huevos esponjados poco a poco con la mezcla de la cacerola, moviendo desde las orillas hacia adentro los ingredientes suavemente, una y otra, y otra vez, hasta que el huevo se pierda y se uniformice con la mezcla. Cuando el huevo haya cuajado, se puede decir que la comida ya está lista, pero generalmente se deja reposar tapada por unos 15 minutos. Es tiempo de revisar la sazón en cuanto a la cantidad de sal, agregarle si le falta. Ahora sí, a disfrutar de esta delicia. Yo recomiendo que se tenga bastante hambre para disfrutar doblemente su sabor, que *"a buen hambre no hay duro pan."* Se puede servir con albóndigas de papa a un lado, o con frijoles en bola bien calientes mezclados con cebolla picada de rabo y cilantro. Obviamente no pueden faltar las tortillas de maíz tostaditas y que estén algo quemaditas, *"Las tostaditas para Papá, las quemaditas para Mamá..."* O recién hechas, eso ya sería un delicado premio para la pancita...

Variantes

- En lugar de chile cascabel, se puede usar chile colorado ancho, que le da también muy buen sabor a esta receta. Se pueden también mezclar los dos chiles para mejorar la sazón.

Pastel de carne

Ingredientes para 8 personas

1 kilo de carne de res molida
1 kilo de carne de puerco molida
4 huevos
2 cucharadas de mostaza
½ kilo de tiras de tocino
2 zanahorias

2 papas
½ taza de chorizo casero, o 2 chorizos comprados
¾ taza de aceitunas sin relleno y sin semilla
1 cebolla
½ chile morrón verde chico
½ chile morrón amarillo chico
½ chile morrón rojo chico
1 cucharada de sal
1 cucharada de pimienta
2 dientes de ajo
3 hojas de laurel
2 cucharadas de aceite de oliva

Procedimiento

Se revuelven las carnes con los huevos, la pimienta, la sal y la mostaza. Se dejan marinar en reposo por 15 minutos. Aparte todos los demás ingredientes se parten en cuadritos pequeños, inclusive las hojas de laurel, se parten en pedacitos. Al tenerlo todo ya cortado, y pasados los 15 minutos, se revuelve todo usando sus manos como mezcladores. Se le agrega el aceite de oliva y se vuelve a revolver. Todo se coloca en un recipiente refractario donde quepa toda la mezcla, y se lleva al horno que previamente se ha prendido y mantenido a una temperatura de 200 grados. Se hornea por 45 minutos. A este momento abrir el horno y revisar la cocción. Si ya está, se saca y se corta en cuadros para servir un cuadro por platillo. Se sirve con ensalada verde, y con una pasta preparada a su gusto. También puede agregar puré de papa o ensalada de repollo con aguacate.

Variantes

- Ingredientes para otros gustos y otros paladares y sólo para la mitad de comensales: 1 k de carne de res, 1 zanahoria cocida, 1 lata de chícharos, 1 papa cocida, 3 tiras de tocino, 2 rebanadas de pan de caja,

1 huevo duro, leche, ½ cucharadita de mostaza, sal y pimienta al gusto. Procedimiento: A la carne cruda, se le agrega el huevo duro cortadito en pedacitos muy pequeños, el pan remojado previamente en leche, la mostaza, los chícharos, la zanahoria cocida y cortada también en cuadritos pequeñitos, igual la papa bien cortadita y previamente cocida, la sal y la pimienta al gusto. Se mezcla todo muy bien hasta que queden los ingredientes bien integrados a la carne. Se pone todo en un refractario y se tapa con papel de aluminio. Se hornea por 40 minutos a fuego medio, 200 grados. Luego se destapa y se sigue horneando por 10 minutos más para que tueste la superficie.

Patitas de puerco en salsa verde

Ingredientes para 8 personas

1 kilo de patitas de puerco
½ kilo de tomates de fresadilla
2 chiles guajillos
2 dientes de ajo
½ cucharadita de comino
1 pizca de tomillo
1 cebolla
1 chile morrón verde
Sal y pimienta al gusto
2 papas
Aceite

Procedimiento

Se ponen a cocer las manitas. Y aparte, se ponen a cocer los chiles guajillos. Cuando las manitas ya estén cocidas, se parten por en medio de las pezuñas, para que queden en dos partes cada una. Se ponen a dorar con un poco de aceite, hasta que se vean de un color pardo pálido. Agregar la cebolla y el chile morrón cortados en rebanadas o rodajas delgadas, y las papas, ya peladas, también se agregan, cortadas en mitades de rodajas, pero un poco gruesas. Dejar que esto también se dore muy bien. En la licuadora, poner los tomates de fresadilla, así crudos, pero pelados y lavados. Agregar el chile guajillo ya cocido, los ajos, y las demás especias. Moler todo con media taza de agua de la cocción de las patas, que esté aún caliente. Esta salsa se le agrega a lo que se está dorando, y luego de que empiece a hervir, se prueba la sazón. Agregar sal si le falta. Dejar hirviendo por 25 minutos, revisando que si se evapora mucha agua, agregar un poco más, para que el guisado no esté tan demasiado espeso.

Picadillo

Esta es una receta que es muy probable que conozca toda la gente del norte y es muy fácil de hacer. La preparaban tanto mi suegra, como mi mamá, mi abuela y mis tías, con un ligerito cambio en la sazón, dependiendo de la mano en la cocina. Pero es muy rica para combinar, con frijolitos en bola, recién salidos de la olla, o bien, frijoles aguaditos recién guisados. No es una comida muy elegante, pero sí muy sabrosa. Y si se sirve, si usted así lo desea, con tortillas de harina, *"pues si son de harina, ni me las calienten…"*

Ingredientes para 6 personas

1½ kilo de carne de pescuezo de res, o pulpa negra, o chamberete, o simplemente carne de res para deshebrar.
Aceite
1 cebolla

3 dientes de ajo
1 papa grande
2 zanahorias
3 jitomates
5 chiles serranos verdes
1 cuadrito de consomé de carne, o de pollo
Sal y pimienta al gusto

Procedimiento

Se pone a cocer en agua esta carne hasta que se cueza bien. Luego que se enfría, se pone en una tabla de picar, y con un cuchillo grande y largo, se empieza el proceso de picar la carne, ver la receta del "Picado de carne". Debe quedar bien picadita. Posteriormente se empieza el proceso de dorarla con aceite en una sartén, si es cacerola de barro, mejor. Ya que esté doradita, se le agrega la cebolla, la papa y la zanahoria cortadas en cuadritos, hasta que se integren bien con la carne. Se agregan los chiles serranos verdes, enteros. Dejar todo esto dorando por unos 10 minutos. Aparte en la licuadora, poner los jitomates con la sal, la pimienta y los dientes de ajo con bastante agua, digamos medio litro. Esta salsa se le va a agregar a la cacerola, y debe de quedar aguadita. Si no está aguadita, ponerle un poco más de agua. Y revisar la sazón, porque al agregarle más agua, pierde sabor. Si es así, agregar más sal y pimienta. Se sirve en platos para sopa, y ya servida, se le puede agregar frijoles aguaditos o frijoles en bola. Se come con cuchara, acompañando con tortillas en forma de machito, o con tostadas con guacamole, con frijoles aguaditos, o salsa picante. O por supuesto, con tortillitas de harina… ¡¡¡Mmmmmmmm…!!!

Variantes

- Esta comida también se puede comer en envueltos de tortilla de maíz: Se llama Enchiladas de picadillo, o

- Envueltos de picadillo, buscar la receta en esta misma sección. Y buen apetito…
- Sólo para aclarar aquí, que esta comida, escurrida, es la que sirve de relleno para la receta de los chiles rellenos de picadillo. Ver receta de "Chiles rellenos" en esta misma sección.
- En el proceso de preparación de esta comida, se puede combinar con fideo. Se dora en otra cacerola el fideo al grado de tostado que se quiera. Ya frito, se trae ese fideo y se integra con esta mezcla al momento en que ya se le agregó la salsa con agua. En este caso, quizás le vaya a faltar más agua aún, para evitar que el fideo se apelmace, o sea, que no se haga atole con la carne. Se deja cocinando hasta que el fideo esté comible, y cuando está listo, ya se sirve en platos hondos, soperos.
- Hay quienes les gusta esta comida con chile chipotle. En este caso, se le agregan tantos cuantos se deseen, cuando se hace la salsa en la licuadora, o simplemente, enteros arriba de los ingredientes, cuando ya está en el proceso de hervir.
- Esta comida, bien seca, también sirve para hacer "Tortitas de picadillo lampreadas". Ver la receta.

Pollo

El pollo se prefiere siempre sin piel, por lo que en todas las recetas nos evitaremos repetir que le quite la piel, a menos que a usted le agrade cocinarlo con piel, haga caso omiso a este párrafo, o bien cuando la receta escrita dice que se use con la piel, como cuando se hace sólo chicharrón de piel de pollo, allí, sí, ni cómo hacerse para un lado, *"y no le ande buscando ruido al chicharrón"*.

1.- Pollo con fideo

Ingredientes para 8 personas

1 kilo de piernas y muslos de pollo
2 bolsas de fideo del más grueso, pero que no sea espagueti
6 jitomates
2 cebollas
1 chile morrón rojo
5 dientes de ajo
½ cucharada de comino
4 hojas de laurel
1 ramita de romero verde, o ½ cucharadita de romero en polvo
1 clavo de olor
1 cucharadita de pimienta
1 cucharadita de sal
1 cubito de consomé de pollo
10 chiles verdes serranos
Manteca de cerdo
Harina para espolvorear

Procedimiento

Las piezas de pollo se ponen a cocer en agua hasta que esté la carne semi-suave. Se sacan del agua, y se ponen a secar. En una cacerola ancha, se pone manteca de cerdo. Las piezas secas se enharinan y se ponen a dorar en esa cacerola. Cuando se doren se sacan y se reservan para usarlas más adelante. Se tira esa manteca y se pone manteca nueva en la cacerola, se doran las trenzas de fideo en la manteca, pero que no se doren mucho, que no se pongan de color café. Se sacan y luego se reservan poniéndolas en una servilleta absorbente, para usarlas después. Las cebollas y el chile morrón partidos en rebanadas, junto con los chiles serranos enteros, se doran en la manteca y allí se dejan dorándose hasta que la cebolla esté transparente. Se agregan las hojas de laurel y el clavito de olor. Mientras tanto en la licuadora se ponen los tomates, y las especias y la sal, el cubito de consomé, excepto el romero. Se agrega medio litro más del jugo donde se hirvieron las piezas de pollo. La mezcla se agrega a las cebollas y chiles en la cacerola. Debe de quedar muy caldosita, para dar cabida a que los fideos se hinchen. Si a su parecer necesita más líquido, pues agregárselo. Se agrega el fideo, trozando las trenzas en 2 ó 3 partes, hundiéndolas en la salsa, y se deja que hierva todo muy bien, tapando para conservar el vapor. Cuando el fideo tiende ya a suavizarse, esto es, como 10 minutos después de que se agregó, luego entonces, se traen todas las piezas de pollo y se integran a la salsa, cuidando de no desbaratar los fideos. Luego se tapa la cacerola. Se deja hervir un rato, pero revisando que el fideo no se troce fácilmente, de manera que no se vaya a suavizar mucho y a hacerse atole. En este punto, apagar la flama, y se deja en reposo unos 10 minutos, para que se suavice el fideo justo antes de servir. Espolvorear el romero, cortando con unas tijeritas las hojitas de las ramitas sobre todo el guisado, o bien, el polvito. Sólo revisar la sazón, por si le falta sal o pimienta. Se sirve con una ensalada y con papas fritas o puré de papa. *"Y ya se acabó la sopa de fideo, nomás quedó la de jodeo..."* Así dice el dicho cuando una persona ya no quiere prestar más ayuda.

2.- Pollo en limón y mostaza

Ingredientes para 8 personas

16 piezas de pollo de su gusto
2 cuadritos de consomé de pollo
½ cebolla
½ chile morrón amarillo
4 dientes de ajo
10 limones, su jugo

Sal y pimienta al gusto
3 cucharadas de mostaza

Procedimiento

Se ponen a dorar en una cacerola con aceite de oliva, las piezas de pollo hasta que su carne esté semi-suave y empiece a aparecer el color doradito en el exterior. Se van colocando las piezas bien acomodaditas en un refractario de un tamaño tal, que vayan a caber todas. La mantequilla, los cubitos de consomé de pollo, el limón, el ajo, la pimienta y la sal se muelen bien en la licuadora con 3/4 taza de agua tibia. Se agrega esta mezcla sobre los pollos, en el refractario. Y por último se ponen rebanaditas de cebolla y de chile morrón encima de todo. Se tapa con papel aluminio y se mete al horno por 20 minutos a una temperatura de 180 grados. Al sacarlo revisar la sazón, por si le falta sal o pimienta. Se sirve con arroz de cualquier tipo y puré de papa.

3.- Pollo en mole

Ingredientes

2 piezas de pollo por cada comensal
Mole
Ajonjolí, opcional
Aceite

Procedimiento

El pollo se pone a cocer en agua y cuando esté bien cocido, separar la piezas en un lugar para que sequen. En una cacerola grande, se pone un poco de aceite, y cuando esté caliente se agrega mole ya preparado. Ver la receta del "Mole". Cuando empieza a hervir se va haciendo un poco espeso. Cuidar que no espese tanto. Cuando ya hirvió lo necesario y su viscosidad quedó estable, entonces agregar las piezas de pollo, integrándolas con el mole, de manera que queden bañadas con él. Ayúdese de la cuchara para bañarlas. En este momento apagar la flama y tapar un rato, para que las piezas de pollo absorban su sabor. Al servir dos piezas cubiertas con mole en un plato ancho, se pueden poner frijolitos refritos con totopos a un lado, y arroz dorado. Al mole le puede agregar ajonjolí tostadito encima.

4.- Pollo en axiote

El axiote es una pasta de una mezcla de varios chiles, parecido al adobo, donde predomina el sabor del chile colorado ancho. Proviene del centro de México, pero en el norte se ha popularizado desde hace más de 60 años. Se vende en sobrecitos en los supermercados.

Ingredientes

2 piezas de pollo por comensal
Pasta de axiote
Sal y pimienta al gusto
Vinagre
Jugo de naranja

Procedimiento

Se ponen a cocer las piezas de pollo. Se ponen a escurrir. Cada 2 piezas se acomodan en un cuadrito de papel aluminio de tamaño suficiente para poder envolverlas completamente, más tarde. **Consejo**: Si usted ve, el papel aluminio tiene dos caras, pero una de ellas es brillante. Es así porque esta capa fue pulida y se le dio un tratamiento para que esté en contacto con los alimentos. La otra capa no tiene este tratamiento, por lo que puede desprender óxidos o sedimentos químicos, que puedan contaminar los alimentos que se estén cocinando. Se recomienda que la cara que vaya en contacto con los alimentos sea la brillante. El axiote se mezcla con jugo de naranja o vinagre, o con los dos, para disolverlo, pero que no se haga muy aguado, sino que quede espeso, agregarle sal y pimienta, y mezclar. Las piezas se bañan con esta mezcla preparada con axiote, y se colocan bien bañadas, en el cuadrito de aluminio. Se cierran los paquetitos, y será un paquetito por comensal. En una vaporera que tenga parrilla alta, ir acomodando los paquetitos. Agregar a la vaporera tres vasos de agua. Tapar y poner a fuego medio la lumbre. En unos 30 minutos ya estará lista la comida. Se sirve un paquetito en cada plato y se abre el aluminio vaciando las piezas al plato. Se sirve con arroz de cualquier tipo y puré de papa.

5.- Pollo con champiñones

Ingredientes

2 piezas de pollo por comensal
2 tazas de champiñones rebanados
150 gramos de tocino
1 cucharada de fécula de harina de maíz
1 cebolla
3 chiles verdes jalapeños
Sal y pimienta al gusto
2 hojas de laurel
1 pizca de orégano
1 ramita pequeña de romero, o ½ cucharadita de romero en polvo
1 chile poblano para rellenar, desvenado
Harina para enharinar
Aceite

Procedimiento

Los piezas de pollo se enharinan y se ponen a dorar en aceite. Cuando ya doraron, se sacan y se reservan para usarse después. En el mismo aceite, dorar la cebolla cortada en cuadritos, los chiles jalapeños cortados en rodajitas, sin semilla, los champiñones y el tocino. Cuando el tocino dore bien, se agregan encima las especias, incluyendo el romero. En 1½ taza de agua se disuelve la fécula de maíz y se agrega a la licuadora junto con el chile poblano ya desvenado. Ver receta del "Desvenado de chiles." Se muele bien y luego se agrega a cacerola. Se deja hervir para que espese, y cuando ya esté hirviendo, se agregan todas las piezas de pollo y se tapa. Se deja hervir por 20 minutos más. Luego se apaga el fuego y se reposa por 10 minutos. Se sirve con arroz del tipo que lo prefiera.

Le doy un **Consejo:** Para comprar champiñones que estén muy frescos: se les reconoce su frescura por su color blanco y por su tallo bien pegado a la cabeza.

6.- Pollo a la hierbabuena

Ingredientes para 6 personas

1 pollo cortado en piezas, o 1½ kilo de piezas de pollo de su elección
1 cebolla
1 chile morrón verde
2 jitomates
1 cucharadita de comino
2 dientes de ajo
Sal y pimienta al gusto
12 hojitas de hierbabuena

Procedimiento

Las piezas de pollo, con todo y pellejo, se ponen en una cazuela con ½ taza de agua y 1 cucharadita de sal. Van a hervir, y luego se van a dorar en su propia grasita. Cuando ya estén doraditas las piezas, agregar la cebolla y el chile morrón ya picados en cuadritos. En la licuadora hacer una salsa con el jitomate, y las especias, y la mitad de las hojitas de hierbabuena. Agregar esta salsa al pollo. Cuando hierva, agregar las hojitas faltantes de hierbabuena. Tapar y dejar cocer a fuego lento por 20 minutos más. Antes de servir, probar la sazón, puede faltar sal o pimienta, para que se los agregue. Se sirve con arroz dorado y un puré de papa.

7.- Pollo a la naranja

Ingredientes

1 pollo cortado en piezas, o 1½ kilo de piezas de pollo de su elección
3 dientes de ajo
1 clavo de olor
Canela molida
1 cebolla
2 naranjas, su jugo
2 naranjas, en rodajas, para adorno
1 tronquito de azafrán
25 gramos de almendras, mitad enteras y mitad en rebanaditas
Sal y pimienta al gusto

Procedimiento

Se espolvorean las piezas de pollo con todo y pellejo, con sal y pimienta. Se fríen en aceite con el ajo y cuando empiece a soltar jugo, se agrega la cebolla cortada previamente en rodajas. El jugo de las dos naranjas, el clavito de olor, media cucharadita de canela y el azafrán se licúan a manera de salsa, que se agregará al pollo cuando ya está bien dorado. Se deja cocinar tapando por 20 minutos, y después, se le agregan las almendras enteras y en rebanaditas. Dejar cocinar por otros 10 minutos para que tome la sazón y el gusto. Se sirve adornado con rodajas de naranja delgadas con todo y cáscara, y rodajas de cebolla.

8.- Piernas de pollo con higaditos en salsa verde

Ingredientes

2 kg de piernas de pollo
¾ k de higaditos de pollo
2 papas
1 chile morrón verde cortado en tiritas
½ cebolla cortada en tiritas
½ kg de tomate fresadilla cortado en mitades
2 dientes de ajos
½ cucharadita de pimienta
½ cubito de consomé de tomate
½ cubito de consomé de pollo
Sal al gusto

Procedimiento

Las piezas de pollo, con todo y pellejo, se ponen en una cazuela con ½ taza de agua y 1 cucharadita de sal. Van a hervir, y luego se van a dorar en su propia grasa. Cuando ya estén empezando a dorar, se le ponen las papas ya peladas y cortadas en mitades de rodajas. Dejar que se doren un poco. Luego se agrega la mitad de los hígados, previamente cocidos en agua, y cortados en cuadritos pequeños para que se doren junto con lo anterior. Al mismo tiempo agregar las rodajas de cebolla y de chile y la mitad de los tomates fresadilla cortados en rebanadas gruesas, para que se doren también un poco. En la licuadora, poner el resto de los tomates fresadilla, los ajos, el resto de los higaditos, la pimienta y sal y los medios cubitos de consomé con ¾ de taza de agua. Cuando esté todo bien molido, y lo de la cazuela todo bien dorado, se agrega esa salsa, y se deja hervir por 20 minutos. Listo. A comer...

Repollo

1.- Con costillitas de puerco

Ingredientes para 10 personas

1 kilo de costillas de cerdo cortadas de canto en pedacitos pequeños, como de 1 pulgada.
1 repollo
Sal y pimienta al gusto
½ cucharadita de comino
2 dientes de ajo
3 jitomates
1 cebolla

Procedimiento

Mientras se ponen las costillitas en una cacerola de barro grande, aunque puede ser en una olla honda recubierta de teflón, a dorar, se parte el repollo y la mitad de la cebolla en cuadritos pequeños. Se ponen en un recipiente ambas cosas para tenerlas listas al momento de necesitarlas. Por otra parte, se prepara la salsa en la licuadora que consiste en moler el tomate, lo que falta de la cebolla, el ajo, el comino, la sal y la pimienta con ½ litro de agua. La cocción de las costillitas debería de ser en manteca de cerdo, pero en aceite regular puede estar bien el sabor, y debe de ser completa, que se vea bien café del dorado que van a tener antes de agregarles todo lo demás. Al estar en este punto, agregarle el repollo y la cebolla cortados. Meneando para que se integren al sabor y al aceite de las costillas. Finalmente agregar la salsa, y volver a menear un poco para esparcirla a todos los lugares de la cacerola. Dejar que se cueza el repollo, y esto se lleva unos 25 minutos a fuego lento, luego de que empieza a hervir, y se tape la cacerola. Se sirve con unos frijolitos de la olla, recién hechos, caerían bien para combinar. Y tortillas tostaditas con guacamole encima.

Variantes

- El repollo guisado puede prepararse de múltiples formas con múltiples ingredientes. En lugar de carne de puerco, puede ser pollo, o carne de res molida, o chorizo, o lo que usted guste. Por cierto, con chorizo sabe muy bien. Los ingredientes generalmente son cebolla, tomate, chile, pimiento morrón, ajo, sal, pimienta y comino: siempre son los mismos, sólo cambia el tipo de carne. De su gusto se hará la variedad de guisos que desee con el repollo.

2.- Repollo con garbanzo y chorizo

Ingredientes para 8 personas

½ kilo de garbanzo natural, o bien 3 latas de garbanzos ya cocidos
1 repollo
2 chorizos de puerco, o 1 taza si es casero
1 jitomate
1 cebolla
Aceite
Sal y pimienta al gusto

Procedimiento

Se fríe el chorizo con un poco de aceite, y al estar dorado, se saca de la sartén. En la misma sartén y con la misma grasa, se fríen la cebolla junto con el repollo, que ambos previamente se cortaron en cuadritos. Se agrega el jitomate también cortado y se sazona con sal y pimienta. Cuando ya está a punto, se le van a agregar los garbanzos, habiendo eliminado la piel. Si se compró natural, primero se debió haber cocido en agua, luego se debió haber enfriado y luego quitado la piel; y si se compraron las latas, solamente hay que escurrirlos y quitarles la piel. Luego se agrega el chorizo que se había separado. Se le agrega agua suficiente para que tome un buen gusto como sopa.

3.- Repollo en rollos

Ingredientes para 8 personas

1 k de carne de res molida
¼ k de tocino cortado en cuadritos
3 cucharadas de salsa inglesa
3 cucharadas de jugo concentrado de consomé de botellita
½ cebolla
2 dientes de ajo
Sal y pimienta negra al gusto
1 repollo
2 tazas de consomé de pollo ya preparado

Procedimiento

Los ingredientes siguientes se juntan en una sartén: la carne, el tocino, la salsa inglesa, el jugo concentrado de consomé, la cebolla cortadita, igualmente cortadito el jitomate y el ajo, la sal y la pimienta. Se calientan a fuego lento por unos 5 minutos, no más. El repollo se pone dentro de una olla honda y ancha, donde se está calentando agua. Debe de ponerse con el rabillo hacia arriba, para que al empezar a soltar las hojas, debido a que con el agua caliente se suavizan, se puedan tomar fácilmente y cortarlas del repollo las hojas enteras. Cada una de ellas rellenarlas con el contenido de la sartén. Ir poniendo los rollitos muy bien formados y acomodados en un refractario para horno. Cuando ya se termine el relleno que se preparó, y sin más rollos por agregar, entonces bañarlos con el consomé de pollo ya preparado. Luego se meten al horno por unos 40 minutos, habiéndolo prendido con anticipación a 180°. Esta comida se sirve como platillo fuerte, o bien como complemento. Depende de los demás platillos que usted prepare. Se puede servir con arroz de cualquier tipo, o con cualquier tipo de ensalada, puede ser "Ensalada de coditos", o macarrones, ver receta.

Sangre de puerco, o morcilla

Comida súper deliciosa, para adquirir muchas vitaminas, minerales y proteínas, y tener un cuerpo robusto, je, je, je. Desde tiempos antiguos, se viene haciendo esta comida en los hogares del norte de México, y es tan sabrosa, que mejor no les platico nada más, deberán probarla. Es definitivo... Pues el dicho popular que *"El que no mata cerdo no come morcilla"*, y yo digo que tienen razón pues la morcilla, al igual que los chicharrones, y en general, todas las partes del cerdo son muy sabrosas, sabiéndolas cocinar.

Ingredientes para 8 personas

1½ kilo de sangre de puerco
5 dientes de ajo
1½ cucharaditas de comino
1½ cucharaditas de orégano
3 hojitas de laurel
1 cucharadita de pimienta negra molida
2 jitomates
½ cebolla
5 chiles serranos
Manteca de cerdo
Sal al gusto

Procedimiento

La sangre, así, tal cual, se pone a hervir en agua con sal. Se va a aglomerar formando un grumo gigante, o varios. Dejar enfriar. Escurrir con un colador. En la licuadora, moler estos grumos con todas las especias y más sal, agregar 1 chile serrano. En una cacerola grande, dorar con manteca la cebolla cortada en cuadritos, dejar que se ponga transparente, luego agregar los tomates cortados en cuadritos también. Cuando esté suave el tomate, agregar lo de la licuadora, mover con una cuchara de madera hasta que empiece a hervir. Va a ir espesando un poco, y efectivamente, debe ser espesa, como el mole, o un poco más. Encima agregar los chiles serranos enteros faltantes, pues nada más se había usado 1. Tapar y dejar hervir por unos 20 minutos. Se come con arroz dorado, y rebanadas de aguacate.

Variantes

- Puede agregar medio kilo de carne de cerdo, sea pierna o lomo, se corta en cuadritos pequeños y se dora muy bien, antes de agregar la cebolla, y luego todo lo demás como dice la receta.

Sesera de res lampreada

Esta es una receta que mi mamá acostumbraba prepararle a mi papá. Sinceramente, a mí no me gustaba el sabor ni la textura de los sesos de vaca, pero cuando me hice adulto, me di cuenta de lo sensacional de su sabor, y me gustó bastante. De ahí en adelante la saboreo de vez en cuando.

Ingredientes para 8 personas

1 sesera de res completa
4 dientes de ajo

3 huevos para lamprear

Procedimiento

En una olla honda, se pone a hervir la sesera entera con sal y dos dientes de ajo. Al cocerse, se pone consistente, un poco durita. Se saca de la olla y se deja escurrir un rato. Se parte luego en rebanadas alargadas, y luego estas hay que cortarlas quizás a la mitad, para que las piezas no estén tan grandes. Se dejan secar un poco y se espolvorean con harina. Se lamprean según la receta de "Esponjado de huevos y lampreado". Cuando se sirven las piezas en los platillos, se bañan con la "Salsa para lampreados", de la receta, y se acompaña con arroz dorado a un lado. Puede servirse guacamole también, sin olvidarse que en todo pueden ir los frijoles refritos.

Tamales

El dicho que habla sobre una comida, dice que *"si está bien o si está mal, es que es tamal…"* Los tamales vienen a ser una comida imprescindible para festejar las fiestas de todo tipo, sean cumpleaños, graduaciones, bodas, etc., pero más para la Navidad y las fiestas de Año Nuevo. A diferencia de otros lugares, donde se hacen envueltos en hoja de la planta del plátano, aquí en el norte se envuelven en hojas secas de la mazorca del maíz, porque aquí se nace para hacer tamal, no para ser tamal, no obedeciendo al dicho que dice que *"el que nace para tamal, del cielo le caen las hojas"*, que significa que al tonto, las cosas siempre se le acomodan y no sabe ni por qué, je, je, je. En ambas formas saben exquisitos, pero lo que más les determina el sabor son dos cosas: primero, pues que están hechos con mantequita de cerdo: *"por las hojas se conoce al tamal que es de manteca"*, y segundo, por su relleno, el cual puede ser carne de cerdo, chicharrón, frijoles, quesos, pollo, etc., y hasta dulces y mermeladas. De todas formas son exquisitos y es, como dije, una comida que es muy bien acogida por todo comensal, sea de la casa o convidado a la casa, o que esté de "gorra" en la casa... Puede usted calcular para cuántas personas alcanzarían los tamales, si consideramos que cada persona se puede comer, de 4 a 7 u 8 tamales, dependiendo si son poquito tragones, o muy tragones. Si te haces de la boca chiquita, y nada más te comes unos 3, es mejor que comas más de una vez, porque al rato que pases por la cocina cuando el olorcito te llame, te agarrará tu esposa *"con las manos en la masa"*, comiéndote uno o dos más, justos los que te faltaron pa'llenar panza cuando debías de comértelos, y te vas a exponer a que ella te regañe, je, je, je.

1.- Masa para los tamales

Ingredientes para 150 tamales

3 k de masa de nixtamal amartajada, ya sea de molino, o molida en casa en su propio molino casero. Ver la receta de la preparación de "Tortillas de nixtamal".
650 gr de manteca de cerdo
300 gr de manteca vegetal
10 chiles colorados anchos
2 cucharadas de sal, y si hace falta agregar más

Procedimiento

Se limpian los chiles lavándolos y quitándoles las semillas y los rabos, luego se ponen a hervir hasta que se suavicen. La cantidad de chiles sólo influyen en la masa para el color que debe de agarrar, y si le pone usted 5, o si le pone 10, no importa. Se muelen con la sal en el molcajete con un poco de agua. Luego se amasa todo, incluyendo las mantecas, que debieron haberse derretido calentando al fuego, y así, calientes, de manera que se pueda aguantar con las manos, se amasa, agregando también la molienda de los chiles colorados del molcajete. Después de que se sienta bien integrado todo y el color que dan los chiles esté uniforme en toda la masa, es que ya se amasó correctamente. Se deja reservada esta masa para luego ser embarrada en las hojas de elote.

2.- Relleno de carne de cerdo

Ingredientes para 150 tamales

3 k de carne de cerdo, pierna o lomo
2 cucharaditas de pimienta
6 dientes de ajo
2 cucharaditas de comino
4 chiles colorados anchos
Sal al gusto
Hojas secas de elote
Manteca de cerdo

Procedimiento

Con un tiempo de 10 horas, se ponen las hojas de elote a remojar en agua, y allí se dejan hasta que se vayan a usar. Se lavan los chiles y sin las semillas, se ponen a hervir en agua hasta que se suavicen. Se escurren, y luego se van a licuar con el ajo, la pimienta y el comino, o molerlos en el molcajete. Separadamente la carne se hierve también en agua hasta que esté bien cocida. Se escurre y se pica en una tabla de picar hasta que quede bien desbaratada. Luego se coloca en una sartén con manteca de cerdo. Cuando esté bien doradita, se le va agregando la mezcla de la licuadora poco a poco, además de agregarle sal para que quede bien al gusto, bien sazonada. La carne debe de quedar casi seca, de manera de poder con ella rellenar los tamales sin que escurra ningún líquido. De las hojas que se estaban remojando, sacar las que se vayan usando y escurrirlas unos 10 minutos antes de usarlas. Cuando estén listas, se embarran con la masa para dejarle a la hoja un espesor delgado, donde se les colocará la carne ya fría. Se envuelve la hoja, dándole la forma del tamal. Luego, en una vasija honda se coloca medio vaso de agua y se ponen muchos sobrantes de las hojas remojadas, y un recipiente que haga que los tamales que vayan a colocarse se pongan inclinados sobre ese recipiente. Mi abuelita usaba algunos huesos de la cabeza del cerdo para ponerlos abajo, por dentro de la olla, ya que hacían los tamales de cabeza. Pero se pueden usar otras cosas, como cucharas o un par de platos hondos volteados hacia abajo. Los tamales se acomodan con la parte que no tiene el doblez, hacia arriba, y al terminar de acomodarlos, se cubren con un pedazo de polietileno y un trapo encima. Tapar, y luego ponerlos a fuego medio por alrededor de 2 horas y 45 minutos.

Variantes de rellenos
- Relleno de chicharrones de puerco bien picados en lugar de la carne, todo lo demás es lo mismo, especias y procesos de preparación. Que queden resequitos.
- Relleno de queso panela con rajas de chile jalapeño en vinagre. Se compra suficiente queso para que al cortarlo en pedacitos se hagan 150, de 1 pulgada de ancho, $\frac{1}{2}$ de pulgada de grueso y $4\frac{1}{2}$ pulgadas de largo, depende del largo del tamal. Rellenar con una tira, y una o dos rajitas de chile. Estos no llevan especias.
- Relleno de frijoles refritos para tamal. Según la receta "Frijoles para tamales para los domingos".
- Relleno de pollo. 10 pechugas hervidas, secas y luego deshebradas. El tratamiento del guisado es igual que el de la carne, los mismos ingredientes, menos el chile colorado. Que quede resequito el guisado.

- Relleno de asado de puerco. Seguir la receta del "Asado de puerco". Pero en lugar de costilla, es espinazo o pierna. Que quede resequito el guisado.
- Relleno de chorizo casero hecho con trocitos de carne, y no con carne molida. Ver la receta del "Chorizo casero estilo norteño". Previamente prepare 3 kilos de chorizo con 3 días de anticipación. A este guisado, solamente dorar el chorizo, sin agregarle ningún ingrediente extra, pues propiamente el chorizo ya está bien condimentado. Que se dore bien, y que quede resequito el guisado para rellenar los tamales sin que escurran líquidos.
- Relleno de lonja de cerdo. La lonja de puerco es la piel del marrano. Se compra ya procesada, limpia y sin pelos, y ya sea que se parte en lajas antes de su cocción o después. Las lajas serán del tamaño de las lajas de la receta del relleno de queso. Hervir la lonja por, mínimo 3 horas, o hasta que se pueda trozar con los dientes fácilmente, que esté blandita. Luego procesar las lonjas con los ingredientes del relleno de carne. Pero sin chile colorado. No dejar las lajas mucho tiempo en el proceso de guisado, para que no se adelgacen porque se les sale la manteca. Para rellenar, colocar una laja por tamal.

3.- Tamales dulces

Procedimiento

Acuérdese de recomendar mi libro a sus amigos, no sea usted malo o mala, y ayúdeme a promover esta joyita, recuerde que *"el que no obra bien, para obrar mal, un día se le pudre el tamal"*. Y aquí le regalo esta receta para ver si con lo dulcito se le suaviza el corazón... Cuando se van a hacer tamales de dulce, hay que calcular cuántos, porque con saberlo se separa la masa necesaria que se usará, pues se le dará un tratamiento extra a como sigue: A esta masa, que se calculó separar para 20 tamales, se le va a mezclar ½ taza de pasitas de uva secas, sin semillas, ½ taza de nueces en trocitos, ½ taza de coco rallado, 2 rebanadas de piña de lata, bien escurridas y cortadas en cuadritos muy pequeños, 1 cucharadita de canela, y azúcar al gusto, yo diría que 1 taza. Para hacer los tamales, simplemente se les pone a las hojas la cantidad necesaria de esta masa ya mezclada con todas las dulzuras. Se hace un tamal gordito, que no llevará relleno. Se envuelve y luego se les da el mismo tratamiento de acomodado y cocido, como a los tamales de las recetas anteriores.

4.- Tamales borrachos

Procedimiento

Se separa una cantidad de harina según el número de tamales borrachos que se vayan a preparar, digamos 15. Considerar al separar la masa, que cada tamal borracho es de 10 veces más grueso que un tamal regular. A esta masa agregarle tanta carne como desee, de la ya preparada para tamales. Agregarle también, ½ taza de chiles piquines del monte verdes, sin el rabito. Todo mezclarlo con sus manos, hasta que queden los ingredientes bien distribuidos dentro de la masa. Ahora se hacen los tamales, para lo que se habrán de buscar las hojas más grandes que haya, para ponerle una cantidad bastante generosa de esta masa, como equivalente a 10 ó 12 veces más grande que los tamales normales. Deben de quedar bien gordotes, como de 2½ pulgadas de diámetro. Se envuelve el tamal, y luego ya se le da el mismo tratamiento en el acomodo y en el cocido que a cualquier tamal. Estos tamales se comen de la siguiente manera: ya que estén fríos, se van haciendo rebanadas o rodajas de ellos, de un espesor como de ¾ de pulgada, y éstas se fríen en poco aceite. Se sirven las rebanadas a su plato y se les agrega aguacate y salsa de la que usted elija. A mí me gusta con salsa de jitomate y chile serrano en el molcajete, y por supuesto, con cafecito bien caliente con leche y azúcar.

Tortitas de picadillo lampreadas

Esta receta sí que resultó fácil de exponer, pues todo ya está predicho en algunas recetas de este libro, como el "Esponjado de huevos" y el "Picadillo".

Ingredientes

Picadillo
Huevos esponjados
Aceite

Procedimiento

El picadillo escurrido y bien aplanado a propósito, para que quede bien seco, se agrega por cucharas al huevo esponjado. Y se procede a lamprear. 3 tortitas por comensal es buena cantidad. Se sirven con arroz de cualquier tipo y con puré de papa, si gusta, o con frijoles refritos, o con ensalada de repollo con aguacate, o con guacamole, o en taquitos, o en tortas de pan, o, como usted quiera…

Segunda parte:
Caldos, sopas, cremas y arroz

"Esta gallina ya no se cuece al primer hervor."

"De grano en grano, llena la gallina el buche."

"Veremos si hay pollo para hacer la sopa, y luego veremos qué pieza a ti te toca."

Arroz

El arroz es muy nutritivo si se come integral, pues contiene entre muchas cosas, niacina, vitamina B6, tiamina, fósforo, zinc, cobre, ácido pantoténico y potasio, aunque si me preguntan que para qué sirven todas esas extrañas cosas que contiene, les contestaré que no lo sé, pero entre más cosas contenga, puede ser que ayude más a la nutrición y a la salud. Mas, es por demás decirlo, pero el arroz que consumimos cotidianamente en casa, es refinado y no integral. Y la verdad es porque se ve muy bonito cuando está preparado, ¿o no? pues como dice el dicho, *"la comida primero entra por los ojos."* Así que el arroz que comemos, puede ser que contenga un mínimo de los nutrientes y sustancias medicinales que se dice que contiene el integral, ni hablar... El cultivo del arroz es tan antiguo como la antigüedad de las primeras civilizaciones, y definitivamente es proveniente de Asia, pues parece que los chinos fueron los primeros que lo cultivaron y lo llevaron a las civilizaciones vecinas. Después del trigo, el arroz es el cereal que más se consume en el mundo, y es el alimento básico en muchos países. Los tipos que más se usan, son: El de grano largo, grande, que es 4 veces más largo que ancho, requiere más agua para su cocción que el arroz normal, y resulta en un grano elástico, pero firme; El de grano medio, utilizado generalmente para la paella, que luego de cocerse queda el grano blando y pegajoso; El arroz de grano corto, que es con el que hacen el sushi, porque luego de la cocción queda muy pegajoso; El glutinoso, o pegajoso, necesita menos agua para su cocción, tiene mucho almidón y se usa muchas veces para platos dulces; Y el arroz precocido, o vaporizado, al cocinarlo hace que se cueza muy rápidamente. Pues a mí me gusta el arroz con leche, y ni sé con qué arroz se hace, je, je, je... Como dice el dicho: *"Arroz con leche, me quiero yo casar, con una mexicana que sepa bailar..."* Usted compre el arroz que más le convenga para sus gustos y maneras de cocinar. Según las recetas de mis colaboradoras, hay tres maneras de preparar el arroz blanco.

1.- Arroz blanco

Ingredientes

2 tazas de arroz
1 cucharada de mantequilla
2 cubitos de consomé de tomate
1 diente de ajo
¼ cebolla
Sal y pimienta al gusto

Procedimiento

Se le pone a la cacerola un poco de aceite del que se esprea, de lata. Se doran dos tazas de arroz ligeramente, un poquito más después de que ya todo el arroz se calentó, antes de que aparezcan los colores cafecitos que adquiere al empezar a dorar. Recordar que por cada taza de arroz son dos de agua. En la licuadora se deben de haber preparado las 4 tazas de agua, con una cucharada de mantequilla y un par de cubitos de pollo, con un poco más de sal y pimienta y el ajo y la cebolla. Al haber sido molidos y luego colados, se le agregan al arroz y se espera a que hierva con una flama regularmente alta. Al soltar el hervor, se le baja a la flama para que quede muy pequeña y se tapa. Esperar unos 15 minutos y revisar si el arroz ya tiene consistencia robusta y que esté cocido. Si ya lo está, apagar la flama y dejar reposar una media hora antes de servir, para que termine de hincharse.

Variantes para arroz blanco

- En baño maría. Arroz el necesario, ajo y sal al gusto se ponen a hervir hasta que el arroz se pueda partir con los dedos. Se escurre y se pone en un recipiente como un colador encima de una olla con agua que

hervirá para pasarle el calor al arroz que está encima. Alrededor de 15 minutos más y el arroz se aglomera, es cuando ya se puede servir para cierto tipo de comidas, como las asiáticas, por ejemplo.
- Al horno. Se tuesta un poco el arroz sin aceite en una cacerola ancha y con teflón. Que no se ponga café. Pasarlo a un refractario. Agregarle medio litro de caldo de consomé de pollo hirviendo, o sean 2 tazas, por cada taza de arroz, y una cucharada de mantequilla, sal al gusto y 1 diente de ajo picadito. Se tapa y se hornea a 200 grados por 25 minutos. Revisando seguido, después de los primeros 15 minutos, no vaya a ser que esté cocido antes.
- Arroz blanco, pintado de verde. Igual que la primera receta de arroz blanco, pero además, en la licuadora se agrega un chile morrón verde sin semillas, cebolla y un diente de ajo, 3 chiles poblanos desvenados. Ver la receta de "Chiles desvenados". Al servir se le pone crema agria encima ya en el plato.

2.- Arroz dorado

Ingredientes para 6 personas

2 tazas de arroz
1 cebolla
1 jitomate grande y maduro
Consomé de pollo ya preparado
Sal y pimienta negra al gusto
1 pizca de comino
¼ chile morrón verde
1 clavito de olor, opcional
2 dientes de ajo
2 chiles serranos verdes

Verduras en cuadritos pequeños a su elección.
Elote desgranado

Procedimiento

Generalmente se usan recipientes extendidos cuando se quiere preparar arroz dorado, pero que tengan tapa de su mismo tamaño. Pues bien, en uno de éstos, se pone a dorar en un poco de aceite el arroz. Cuando está doradito, con un color ligeramente pardo, o café, se le va a agregar la mitad de la cebolla finamente picada. A la licuadora agregar 3 tazas de consomé previamente preparado, un jitomate, los ajos, la otra mitad de la cebolla, la sal, y la pimienta negra, una rebanada de chile morrón verde, sólo para el sabor. Opcional: una pizca de comino, y un clavito de olor. Si se requiere que pique un poquito, agregue uno o dos chiles verdes serranos, o jalapeños, sin las semillas. Todo se revuelve en la licuadora hasta que esté bien molido. Se va a colar y a agregar al arroz ya dorado. Por eso es preferible este licuado hacerlo y colarlo previo a empezar a dorar el arroz, para tenerlo ya listo. Una vez que se agregó, se le ponen 2 tazas más de consomé, para completar 5 tazas, y se deja que hierva. Ustedes se preguntarán por qué 5 y no 4 tazas de agua, siendo que por cada 1 de arroz debe de llevar 2 de agua… Pues en el caso del arroz dorado, se prefiere un poquito más hinchadito y un poco húmedo. Esa es la razón. Pero puede solamente llevar las 4 tazas previstas anteriormente, pues a algunas personas les gusta muy seco. Cuando se le han agregado ya sea una o dos tazas más de agua a según se eligió, se debe de tapar y bajar la flama.

Variantes

- Si se requiere que al arroz vaya presentado con algunas verduras, elija chícharos, zanahoria cortada en cuadritos pequeños, y elote, igualmente rodajas delgadas de chile morrón rojo, verde, anaranjado o amarillo, a su elección o combinados. Puede en lugar

- de estos vegetales, ponerle ejotes y garbanzos sin pellejo.
- También puede agregarle un par de chiles serranos o jalapeños verdes, si se requiere que pique un poquito. Estos se habrán de agregar enteros al arroz un momento antes de ser tapado.
- A esta misma receta se le puede agregar higaditos de pollo, o de puerco, o de res. Cortados en trocitos pequeños, se le agregan al momento de dorar la cebolla encima del arroz. Al servir se le pueden poner rebanadas de plátano normal, o del macho, frito.
- A esta misma receta se le pueden poner mariscos, los que desee usted. Solamente que no lleva las verduras que se le ponen al empezar a hervir y antes de tapar, en su lugar van los mariscos, sean almejas, camarones, callo de hacha, filete de pulpo o de calamar, "surimi" natural, etc. Y si quiere le agrega aceitunas y alcaparras. Pero no tantas aceitunas porque dicen que hacen daño, ya hay un dicho de sabiduría popular que lo dice: *"Fortuna y aceituna, a veces mucha, y a veces ninguna..."* Si desea agregar pescado a su elección, pida los filetes gruesos, y pártalos en trozos grandecitos, para que no se deshagan si hierven de más. Se agregarán a la olla 10 minutos antes de servir. Al servir puede ponerle hojitas de perejil, o de romero verde encima.
- A esta misma receta, pero sin las verduritas, y respetando las mismas especias, tomate, cebolla y chile morrón, se le puede acomodar carne molida de res, nueces y almendras. Dorar ½ kilo de carne de res con manteca de cerdo, ajo, comino, sal y pimienta. Luego agregarse al arroz, en lugar de las verduras, al momento de hervir y tapar. Unos 3 minutos antes de que esté listo, agregar una taza de corazones de nuez.

- Al servir, agregar almendras cortadas en rebanaditas encima del arroz.
- A esta receta se le puede acomodar garbanzo. Aquí todo lo lleva menos el clavito de olor, ni las verduras que se le ponen al tapar. Simplemente cuando el arroz ya esté listo, agregarle 2 latas de garbanzos ya cocidos, pero sin pellejo. Revolver. Volver a tapar por 3 minutos, y ya está.
- A esta receta se le puede acomodar pollo. Quitar el clavo de olor. Las verduritas que lleva al tapar, son opcionales. Se dora 1 kilo de piezas de pollo, las que le gusten. Cuando estén bien doradas, hasta quemadita la parte exterior, se agregan al arroz, cuando ya se tapó, al empezar a hervir. Es todo.
- Se le puede acomodar a la receta, carne de puerco y salchicha. Lo único que se le quita es el clavito de olor. Pero aquí se agrega un camotito de azafrán al moler los ingredientes en la licuadora. Medio kilo de carne de puerco en trocitos, se ponen a dorar en manteca de cerdo. Se escurre la grasa y se agregan al arroz. Al final se agregan cortados en rodajitas ¼ kilo de salchichas.

3.- Un arroz diferente

Se prepara arroz blanco en baño maría, como en la receta de arroces blancos, y se deja listo para usarse.

Ingredientes

2 ó 3 tazas de arroz o según se necesiten
1 diente de ajo
Sal al gusto
¼ kilo de camarones
¼ kilo de piernitas de pollo chicas
¼ kilo de lomo de puerco

3 huevos
¼ piloncillo de caña de azúcar
1 botellita de salsa de soya mediana
1 cebolla de rabos verdes
1 pepino
Chile de botellita, opcional, ver adivinanza n°51
Mole, opcional

Procedimiento

Se doran en una sartén en poca manteca de cerdo, las piernitas de pollo y la carne de cerdo cortadita en pequeños cuadritos, cuando ya se hayan dorado estas dos carnes, agregar los camarones. Mientras tanto, en otra vasija, se ponen a guisar 3 huevos para hacerlos revueltos con muy poquito aceite. Aparte, en el molcajete, se muele un pedacito, como un tercio de piloncillo, que después de molerlo y pulverizarlo, se va a mezclar con medio botecito de la salsa de soya, el otro medio se usará después. Cortar una cebolla de rabo con todo y rabo en rodajitas pequeñas y delgadas. Cuando ya todo esté listo y preparado, el arroz blanco se agrega a las carnes que se están dorando. Se revuelve con las carnes y enseguida, se agrega el huevo ya guisado y revuelto. Se vuelve a revolver para integrarlo a lo demás. Agregar también la cebolla picada con sus rabitos también picados, y cuando esté todo bien mezclado, agregar la soya dulce del molcajete. Después de integrar todo, el arroz debe de adquirir un color amarillo o con tintes cafés. Agregar el resto de la soya directamente. Al mezclarse todo, ya se puede apagar, y está listo para servirse. Se adorna encima con pedacitos de pepino cortados en triángulos. O sea cortar rodajas del pepino con todo y cáscara, y cada rodaja en 4 partes, pero es opcional, pues a mucha gente el pepino se le hace indigesto. Si le gusta el chile picoso, se le agregan gotas de ese chile de botellita a su platillo particular, ver adivinanza n°51.

Variantes

- Hay una opción extra, de ponerle mole encima, para quienes les guste. Si es así, es preferible agregar el mole encima de cada platillo particular de aquel comensal que así lo desee. Ver receta del "Mole".

4.- Arroz estilo paella

Ingredientes para 12 personas

Aceite de oliva
10 piezas de pollo, piernas y muslos chicos
½ kilo de lomo o pierna de puerco
1 cebolla
1 litro de puré de tomate
2 litros de consomé de pollo ya listo
3 tazas de arroz
1 kilo de diferentes mariscos, o una bolsa de 1 k de mariscos combinados
½ k de salchichas para "hot-dog"
1 chorizo de Pamplona, macizo
1 pimiento morrón verde, 1 rojo, 1 anaranjado y 1 amarillo
1 lata de ejotes
2 dientes de ajo
Sal y pimienta blanca al gusto
Plátano regular o macho, opcional

Procedimiento

Para esta receta se usa como recipiente una paellera muy grande, que abarque dos flamas de la estufa, o bien, la flama del centro que es para el comal de la estufa. Puede usarse también el disco que se usa en la discada, y hacer la paella a las brazas, como la discada. Se le pone unos 100 ml de aceite de oliva para que se vaya calentando. Allí se fríen las piezas de pollo y la carne de cerdo en pedacitos, con la cebolla partida en gajos. Ya frito todo esto, se le pone el consomé de tomate, y moviendo un poco, se deja hasta que el consomé cambie color, del rojo que tiene, a oscurito. Luego de esto, se le pone como 1½ litros del consomé de pollo ya preparado, el resto se deja para ver después si se necesita, ya se le agregará. Se agrega todo el arroz, y enseguida los mariscos, que como ya dijimos, serán los que usted quiera y guste: filete de calamar en trozos, camarones grandes y chicos, pulpa de jaiba, almejas, callo de hacha, y más, de acuerdo al presupuesto que se tenga. Agregar la salchicha de "hot-dog" en rodajitas. Agregar los chiles morrones de todos los colores, excepto el rojo, que ése se usará al final, ya cortados en cuadros, y los ejotes. Vigilar como va hirviendo todo, y como se va chupando el arroz todo el líquido. Aquí hay que vigilar el hervor contra el exceso de caldo y el fuego, para asegurarse que el arroz se hinche y absorba bien la humedad. Se prueba para determinar la sazón de sal o pimienta. Ya que está lista la mezcla con el arroz hinchado, pero con algo de consomé por allí sobrado, se le pone encima la decoración con rodajas del chorizo de Pamplona y el pimiento morrón rojo cortado en cuadros. Se apaga el fuego, y se va a dejar reposar por unos 20 minutos, tapando con un de trapo o toalla húmeda para que termine de absorber el consomé, y finalmente quede todo listo. Si es mucho el consomé, ponerle dos trapos encima, en lugar de sólo uno. Finalmente al servir, se puede agregar plátano rebanado, ya sea regular, o plátano macho preparado. Ver receta de "Plátanos machos". Y no se necesita más para acompañar, aunque una ensaladita verde le caería bien a la combinación.

Variantes

- Quizás para que este platillo parezca una verdadera paella, deberá llevar algún colorante artificial o ponerle azafrán.

Caldos

1.- Caldo de carnero

Ingredientes para 10 personas

1½ k de carne de carnero o borrego, magra
1 papa
2 zanahorias
2 latas de garbanzo cocido
1 taza de arroz
2 chiles morrones verdes
3 jitomates
1 cebolla grande
5 dientes de ajo
1 cucharada de sal, o más si necesita
1 cucharadita de pimienta

Procedimiento

En una olla honda y grande, se ponen alrededor de 6 litros de agua, y allí se pondrá la carne a cocer con un poco de ajo, sal y un trozo de cebolla. Mientras se cuece la carne se hacen las operaciones siguientes: se sacan los garbanzos de las latas y se despellejan. Se parten en cuadritos todos los ingredientes: la papa sin quitarle la piel, las zanahorias ya lavadas y peladas, los chiles morrones, los jitomates, la cebolla y el ajo. Dejar todo listo para cuando se vaya a necesitar. Sólo hay que esperar a que la carne esté bien cocida, y entonces agregar todos estos ingredientes a la olla, excepto los garbanzos. Cuando vuelva a empezar a hervir, se le agrega el arroz, y se tapa la olla. Se le da una meneada antes de tapar. Esperar 20 minutos hasta que el arroz esté cocido. Y recuerde que, *"nadie sabe lo que hay en la olla, mas que la cuchara que la menea."* En ese momento apagar el fuego, y destapar para agregar finalmente los garbanzos, pues ya se compraron cocidos y no se deben agregar antes. Probar la sazón, para determinar si le falta un poco de sal y de pimienta. Tapar por otros 10 minutos para que todo se concentre, y luego de esto, ya se puede servir en platos para caldo. Se come con tostaditas de maíz con guacamole, o con frijolitos semi-refritos. Y el caldo se come caliente, pero no tanto, no sea que le vaya a pasar lo que a *"aquél que con caldo se quemó, hasta a la sandía le sopló…"* Bueno, eso es ser un poquito precavidos…

2.- Caldo de res

Esta receta es de mi esposa, y con su sazón, que es la que se expone enseguida: le sale riquísima. Esta comida exquisita, que se prepara acá en el norte de México desde hace muchos años, es una de mis favoritas. En otras regiones de México la comida más parecida a ésta, se llama "Puchero de res". Cuando mi esposa prepara esta comida, le pido que haga de más, porque quiero seguir comiéndola en los días siguientes. Y no nada más a mí me encanta este caldo, sino a mucha gente, y si le encanta a la gente, por el gusto de comerla, luego la gente canta, porque dicen que *"la buena mesa hace que el que a comer se presente, cuando come también canta"*, pero también dicen que *"el que come y canta, loco se levanta"*. Es en realidad un caldo con varias verduras, y por supuesto, con carne de res, de ese tipo de carnes que viene pegada al hueso grueso que en medio contiene tuétano, o sea médula, que es uno de los atractivos primordiales para degustar esta comida. Se sirve bien caliente, en platos bien hondos, especialmente hechos para esta comida. Si vas a una carnicería de pueblo, puedes pedir la carne como simplemente: "carne con hueso para caldo" y te dan lo que se requiere para que el caldo salga sabroso. No sé realmente cómo llamarle a esta carne, pero la carne de pescuezo y el chamberete con hueso dan muy buen resultado. También la pulpa negra. Es un tipo de carne fibrosa, que al ser cocida puede deshebrarse con los dedos. Dicen que *"el caldo cura todos los males y todos los dolores, que endereza a débiles y engorda a flacos, y a gordos pone más gordos"*, y yo digo que este caldo sabroso de res bien se apega a un refrán que dice: *"Al dolor de cabeza, el comer caldo de res le endereza."*

Ingredientes para 12 personas

2½ kilos de chamberete con hueso, que tenga tuétano, o pulpa negra con grasa, o carne de pescuezo con grasa
3 elotes tiernos cortados en 4 rodajas por elote
8 papitas de Galeana enteras
4 zanahorias peladas y cortadas en 3 partes cada una
3 calabacitas tiernas lavadas y cortadas en rodajas gruesas
1 repollo cortado en 4 gajos
15 hojas de hierbabuena bien lavadas
1 manojo de cilantro bien lavado, y separadas las hojas
1 cabeza de ajo
1 cebolla
5 jitomates
1 chile morrón verde
2 cucharas de sal
1 membrillo o manzana, opcional

Procedimiento

En una olla muy grande, como para 15 litros, se pone suficiente agua a hervir, unos 8 litros, y tapar. Ya que el agua esté bien caliente y a punto de soltar el hervor, se le agrega toda la carne en piezas grandes, la cabeza de ajo y 2 cucharas de sal y se vuelve a tapar. Los elotes en rodajas y las papas, se agregarán justo cuando el agua ya con la carne, nuevamente haya vuelto a soltar el hervor, y volver a tapar. En un rato más se hace la prueba de tocar la carne, a ver si ya está cocida. Si ya lo está, agregar las zanahorias, las hojas de hierbabuena y de cilantro. En la licuadora moler el jitomate, la cebolla y el chile morrón, y se agregan a la olla también en esta ocasión.

Enseguida revisar que no le haga falta más agua, y si así fuera, agregarle. Recordar que es caldo, y debe tener mucha agua. Volver a tapar. Se deja hervir otros 20 minutos más y después se agrega el repollo. 10 minutos después se agrega la calabacita en rodajas. Como se ve, éstos se agregan hasta el final porque son muy suaves y rápidamente se cuecen. En 15 minutos hacer la prueba de revisar una rodaja de calabacita a ver si ya está cocida. Si ya lo está, sólo faltaría revisar la sazón de sal, haciendo el ajuste necesario. Apagar la flama, y dejar reposar el caldo tapado por unos 10 minutos. Cuando se sirva, es común que se busquen las piezas que a uno le gustan, y en ese movimiento se puede desbaratar el repollo, por lo que se recomienda que se saquen las cuatro rodajas a un plato, y ahora ya pueden menearse los ingredientes para sacar los que les gusten. Se acompaña con un platito de arroz dorado y con un molcajete de salsa picosa, para agregarle a los tacos de carne y de tuétano, que los comensales se prepararán. Por eso, prepararse con muchas tortillas calientes... De este caldo, *"imposible comenzar a comerlo por la segunda cucharada"*, yo creo que es seguro que las dos primeras cucharadas se dan al mismo tiempo, je, je, je...

Variantes

- Hay a quienes les gusta agregar un membrillo en cuatro gajos, y a otros también les gusta con una manzana. El membrillo se agrega junto con la zanahoria, por ser muy duro. En cambio la manzana se agrega al final, con la calabacita, por ser suave y fácil de cocer. Le dan al caldo un sabor muy delicado, fino y agradable.
- Y *"a darle, que es mole de olla..."* Esta comida cambia de nombre al agregarle 6 u 8 chiles colorados anchos cocidos y molidos. Todo lo demás es lo mismo. Pasa a llamarse "Mole de Olla".

3.- Caldo de pescado

"El que por su boca muere, aunque mudo fuere", ¿qué es? El pescado. Así se canta al salir la carta con el número 50 cuando juegas a la Lotería mexicana.

Ingredientes para 8 personas

1 kilo de filete de su pescado preferido o bien 1 kilo de pescado cortado en postas
2 jitomates rojos
½ cebolla
2 zanahorias
1 vara de apio
1 manojo de cilantro
Comino, sal y pimienta al gusto
1 cucharadita de chile de árbol en polvo
2 dientes de ajo

Procedimiento

Si es pescado cortado en postas, debe de venir sin interiores, ni escamas. Cortado en postas significa cortar el pescado transversalmente en varios trozos, para que se puedan ver los gruesos de la carne a los dos lados del corte. Primeramente se pone a hervir en una vasija honda, la salsa con bastante agua hecha en la licuadora que contenga: los jitomates, la cebolla, un pedazo de apio, ½ cucharadita de comino, sal y pimienta al gusto, 1 cucharadita de chile de árbol en polvo y el ajo. Deben ser 3 litros de líquido, si falta, compensarlo con más agua. Se deshojan unas ramas de cilantro y las hojas se lavan bien. Se cortan en cuadros muy pequeños las zanahorias, y el apio que quedó. Todo se pone a hervir y cuando la zanahoria se suavice, entonces agregar el pescado. Tapar hasta que el pescado esté cocido. En ese momento apagar el fuego, y ya está listo para servirlo. Generalmente se sirve con limón, y para quienes les gusta, se come con galletas saladas recubiertas con mayonesa o con salsa tártara, ya sea preparada o comprada. Si es preparada, ver mi receta. Unas gotas de chile de botellita de la más picosa, sin importar la marca, no le caerán mal. En lugar del chile de árbol que es un poco picoso, se puede usar otro tipo de chile, como por ejemplo, chile morita, guajillo, o cascabel, cualquiera de éstos le dan muy buen sabor, y no son picantes.

Variantes

- En lugar de pescado pueden ser mariscos de su elección, o además del pescado. Pero si lleva mariscos, primero se agregan éstos, y luego el pescado, que pos su suavidad, va casi al último. Aquí no llevaría zanahoria. Y los mariscos suelen ser camarones pacotilla y camarones grandes, callo de hacha, filete de calamar, pulpo bebé, o pulpo adulto cortado en trocitos, almejas y "surimi" natural.

4.- Caldo de pollo

Para el caldo de pollo, unos prefieren meterlo a hervir con pellejo y otros lo prefieren sin pellejo. El hecho de meterlo a la olla con pellejo es que suelta más grasa, y pues, al enfriar un poco el caldo, cuando ya está hecho, esta grasita se va a la superficie, y la sensación de comerse la pura grasa en las primeras cucharadas, no es muy buena, pero hay a quienes así les gusta. Mi recomendación es quitarle el pellejo, porque lo que se pretende al comerlo es realmente saborear el caldo. Dicen que *"En lunes ni las gallinas ponen, parece que sólo se dejan de tristeza morir, y con una de ellas que media muerta quede, ni hablar, en lunes caldo se habrá de comer...."* Y es curioso, pero el caldo de pollo se estila hacerlo los lunes. Tengo este recuerdo de mis días infantiles. Esta receta la prepara mi esposa, y le queda deliciosa…

Ingredientes para 6 personas

1½ pollo grande, sin pellejo y cortado en piezas
1 cebolla en trocitos muy pequeños
1 jitomate en trocitos muy pequeños
½ taza de arroz
1 taza de trocitos de zanahoria, ya lavada y pelada
½ taza de chícharos verdes
1 taza de papa ya cortada en cuadros pequeños
2 cucharadas de apio cortado en cuadros pequeñitos
5 dientes de ajo cortados en cuadros diminutos
1 pizca de comino en polvo
1 ramita muy pequeña de romero verde
1 chile puya entero seco
Sal y pimienta negra al gusto

Procedimiento

En una olla grande, como para 6 litros, se ponen 3 litros de agua a hervir y se le agregan las piezas de pollo, ya lavadas y sin pellejo. Al mismo tiempo se le agrega el ajo, el chile puya entero y la sal. Cuando el pollo se vea ya a medio cocer, agregar los chícharos verdes y el arroz. Si los chícharos son ya cocidos, o sea, de lata, se le agregan hasta el final. Unos minutos después se le agregan todos los demás ingredientes ya cortados en cuadritos y las especias faltantes, y se tapa la olla para que se terminen de cocer. Hay que probar el caldo para determinar si está bien la sazón, sobre todo en la cantidad de sal y pimienta. También ver la cantidad de agua, si le falta, agregarle. Se sirve bien caliente. Para acompañarlo, se hace un guacamole en el molcajete y se hacen tostadas con él, o que cada quien las haga a su gusto, según la cantidad de aguacate que se desee poner a las tostadas. O bien, en lugar de guacamole, pueden ser frijoles refritos. Estas tostadas se pueden bañar con una salsa que se haga de jitomate hervido y molido con el chile puya que estaba en el caldo. Sólo que agregarle un poco de sal y un diente de ajo a la salsa, y si se quiere, un chorrito de aceite de oliva. ¡Buen provecho...!

5.- Caldo tlalpeño

Ingredientes para 8 personas

3 pechugas grandes de pollo
1 taza de arroz
½ kilo de jitomate
1 lata chica de chiles chipotles
1 cebolla
½ cucharadita de comino
1 lata de garbanzos
2 dientes de ajo
Sal y pimienta al gusto
1 cubito de consomé de tomate
1 cubito de consomé de pollo
3 litros de caldo de pollo
3 ramas de cilantro, las hojas
2 aguacates maduros
1 queso panela
Frituras de tortilla

Procedimiento

En 5 litros de agua se cuece el pollo con sal. Una vez cocido y escurrido, se deshebra todo y se reserva para usarlo después. En una olla grande se dora el arroz con un poco de aceite, para luego agregarle 4 litros del caldo que quedó del pollo hervido. Se licúan el jitomate, la cebolla, los dos cubitos de consomé, 1 cucharadita de sal y otra de pimienta, la mitad de las hojas del cilantro y 2 chiles chipotles. Cuando esta salsa esté bien molida, se agrega a la olla. Se tapa dejando la flama a fuego lento. Cuando ya esté cocido el arroz, se le agrega el pollo deshebrado. Se deja que hierva nuevamente, pero no tanto, porque si hierve mucho, sucede lo que dice en el dicho siguiente: *"Olla que mucho hierve, sabor pierde"*. Se apaga la flama y en este momento se le agregan los garbanzos previamente pelados. Se vuelve a tapar, pero ya sin fuego. Las hojitas que sobraron del cilantro, se cortan en pedacitos pequeños, y se ponen en un platito al centro de la mesa, así mismo, el queso panela y el aguacate, ambos cortados en cuadritos se colocan en un plato, también al centro de la mesa, junto con las frituras de tortilla, que previamente se debieron de haber hecho como se muestra en seguida. Se parte la tortilla en tiritas delgadas, como de medio centímetro, y de largo como 5 ó 6 centímetros. Se fríen en manteca de cerdo o aceite, hasta que estén bien tostaditas. Luego se pasan a una servilleta absorbente y se dejan secar. Ya secas se ponen en la mesa a un lado del aguacate y del queso cortado. Se sirve el caldo en platos hondos para caldo y se come con pan, o con tortillas de maíz. Cada quién le pone tanto aguacate, cilantro, queso, y tortillitas doradas, como guste.

Variantes

- Se pueden servir rodajas muy delgaditas de chile cascabel, ya tostaditas en aceite y posteriormente escurridas y secas, para que el comensal le agregue a su plato, si le gusta.

Cremas

Es muy fácil hacer una crema. Lo importante es elegir el ingrediente que le gustaría para hacer la crema con su sabor: sea elote, champiñones, brócoli, habas, ejotes, espárragos, calabacita, inclusive frijoles, etcétera. Los ingredientes que van extras, casi siempre son los mismos en todas las cremas. Ilustremos estas palabras con unas recetas, las que más me gustan para preparar las siguientes cremas.

Ingredientes comunes

¼ lt de crema agria
½ cuadrito de consomé de pollo
1 rebanada de chile morrón
1 rebanada de cebolla
1 diente de ajo
1 cucharada de mayonesa
1 trocito de queso crema, ver adivinanza n°49
Sal y pimienta negra al gusto
½ chile chipotle, u otro de su elección, opcional
150 gr de la verdura a su elección, a saber:

- Elote. 5 elotes tiernos se pelan y se rebanan con un cuchillo filoso, pero no se vaya a cortar, tenga cuidado. Use guantes resistentes. Moler los granos con los demás ingredientes. Colar y luego calentar y menear por 15 minutos.
- Calabacitas. Hervir 5 calabacitas sin las orillas y cortadas en trocitos. Se licúan con los demás ingredientes. Colar, y luego el proceso de cocción igual que el anterior.
- Frijoles. Moler 2 tazas de frijoles de la olla junto con los ingredientes, excepto la crema, y además, 1 cucharada de soya y otra de salsa inglesa. Colar, y el proceso de cocción es igual a las anteriores. Cuando se sirva la sopita, adornar con la crema agria haciendo un circulito con el chorrito que sale del bote de crema al plato.
- Sobrantes de caldos. De los sobrantes del caldo de la comida de a medio día, sea caldo de res, o de pescado, o de pollo, extraer algunas verduras y 2 ó 3 tazas de líquido, según la cantidad de comensales, para

preparar la crema. Igual que en las anteriores, todo se licúa con los ingredientes comunes. Luego se cuela y se sigue el mismo proceso de cocción. Si queda espeso, agregar algo más del caldo.

- Otra manera de hacer cremas: 2 tazas de leche, 1 cucharadita de harina de fécula de maíz, o de trigo, mantequilla, sal, pimienta y ½ cubito de consomé de pollo. Y lo principal, 150 gramos de su vegetal elegido para hacer la crema. El vegetal se hierve en agua y luego se licúa con la sal y la pimienta, que se van a agregar después a una cacerola donde previamente con la mantequilla se doró la harina. Cuando se agrega lo licuado, también se agrega la leche, y se deja hervir meneando con una cuchara. La crema al irse enfriando va espesando. Es todo.
- Otra manera, y ésta es la manera más natural, sin grasas, ni leches, ni cremas agrias, ni quesos. Igualmente se escoge su vegetal preferido. Se pone a hervir para que se cueza. Ya cocido, se pone en la licuadora, y se le agrega sal, pimienta y ½ diente de ajo. Se licúa, viendo que tenga una viscosidad propia de una crema. Se pasa todo bien colado, a un recipiente donde volverá a hervir por unos minutos para que se adapte el sabor de la crema con la sal, la pimienta y el ajo. Y ya… Se sirve calentito, y a comerlo con pan tostadito.

Sopas

1.- Sopa de pan y cebolla con queso

Ingredientes para 8 personas

6 cebollas
1 cuchara de aceite de oliva
1 cucharada de azúcar
3 dientes de ajo
3 hojas de laurel
½ cucharadita de tomillo
1 pizca de mejorana
1 pizca de orégano
½ k de carne de pescuezo de res
½ taza de vino blanco seco
3 panes birotes, o pan blanco estilo francés. Del que se prepara sin manteca ni mantequilla
Aceite en spray para tostar los panes
300 gr de queso gruyere para rallar
300 gr de queso parmesano para rallar
Sal y pimienta al gusto

Procedimiento

Se cortan las 6 cebollas en rodajas muy delgaditas y se ponen a dorar con un poco de aceite de oliva a fuego muy lento. Se les agrega una cucharada de azúcar. Menear para que la cebolla no se queme, y seguir meneando hasta que la cebolla adquiera un aspecto meloso y acaramelado con el azúcar cuando ésta se derrita. Este proceso de estar meneando la cebolla y que prácticamente se haga miel, durará unos 20 minutos. En seguida se pica el ajo finamente y se le agrega a la cebolla. Después de esto, agregar el tomillo, la mejorana, de ambos sólo una pizca, el orégano, muy poquito también, y las 3 hojitas de laurel. La carne se cuece en 6 tazas de agua con un poco de sal y pimienta, y este caldo que previamente se debió de haber preparado y colado, se agrega a la cazuela de la cebolla, al mismo tiempo que ½ taza de vino blanco seco. La carne del caldo de carne, ya no se usará para esta receta, se puede reservar para hacer posteriormente tacos. Se sazona con un poco más de sal y pimienta al gusto. El pan se corta en rebanadas y se pone a tostar en el comal, sin aceite, hasta que su tostado sea el máximo, o sea bien deshidratadas, pero sin que lleguen a quemarse. Para que adquieran cierta consistencia, las rebanadas de pan las puede tostar en una cacerola ancha, recubierta de teflón, con un poquito de aceite, pero del esperado, para que no se deposite mucho en la cacerola. Una vez tostado el pan, y cuando la mezcla ya está empezando a hervir, ésta se pasa a un refractario de vidrio resistente y grande, que tenga tapa. Flotando sobre la mezcla se colocan los panes. Se les espolvorean los quesos que debieron de haberse rallado previamente. Se tapa el recipiente y se pone al horno, que debió de encenderse previamente para tener una temperatura de 180°. Se hornea por 15 minutos, al cabo de los cuales se saca para que repose fuera del horno de 5 a 8 minutos, y posteriormente se sirve. Al servir, cuidar de incluir una rebanada de pan con queso derretido para cada plato, o más, si se desea.

2.- Sopa de pasta de espagueti con salsa de carne

Ingredientes para 8 personas

2 bolsas de pasta de espagueti
2 latas de puré de tomate
2 jitomates
1 k de carne molida de res
8 rajas de tocino

1 cebolla
4 dientes de ajo
Sal y pimienta al gusto
1 cucharadita de orégano
Cebolla, sal y aceite para hervir el espagueti
Aceite de oliva

Procedimiento

Se troza el espagueti en pedacitos chicos, como de una pulgada de largo. Se pone a hervir con un poco de sal, un poco de aceite y un trozo de cebolla. Cuando el espagueti ya esté a punto de comerse, entonces se apaga el fuego. Se escurre. Se lava, y se vuelve a escurrir, se reserva en una vasija ancha, para luego agregarle allí la salsa que se va a preparar con la carne de la siguiente manera. En una sartén se cocina la carne con el ajo y la cebolla bien picaditos con un poco de aceite de oliva. Cuando empieza a dorarse se agrega el puré de tomate y la misma cantidad de agua. Además, se le agrega el jitomate previamente cocido en agua, y luego molido en la licuadora con ½ taza de agua, el orégano, y la sal y la pimienta al gusto. Así, se deja hervir a fuego muy suave por 10 minutos. Entonces esta carne con esta salsa que aún está hirviendo, se le agrega a la fuente donde se colocó el espagueti así. El tocino se dora hasta que quede bien tostado, escurrido y seco, y luego se desmorona o se parte en cuadritos muy pequeños, agregándolo al final sobre la fuente del espagueti y la salsa de carne. Y ya está lista la sopa, para servirse en platitos soperos.

Tercera parte:
Almuerzos o cenas

> *"Desayuna como rey, almuerza como príncipe,
> y cena como pordiosero."*
>
> *"El que come hasta enfermarse,
> que ayune hasta reponerse."*
>
> *"Ajo, cebolla y limón, amigos del corazón,
> déjate de inyección."*

Chicharrones en salsa verde

"Y aquí nomás mis chicharrones truenan..." Los chicharrones a los que me refiero, son los chicharrones típicos que venden en las carnicerías, y no a las lajas de lonja de puerco hechas chicharrón, que venden como botana en los supermercados. Hacer una carne chicharrón, es dorarla hasta que esté crujiente. Se pueden hacer chicharrones de carne de res, de puerco, de pescado, de pollo, etc. Pero la generalidad obedece a reconocer como chicharrones a los que están hechos de carne de cerdo. También la lonja de cerdo se hace chicharrón, pero no tiene carne, es sólo la grasa de la piel del cerdo, y de ésta también se pueden preparar ciertas comidas, sobre todo con salsa picante. Generalmente estos chicharrones de lonja se usan como botana. Y para esta comida, precisamente me estoy refiriendo a ese tipo de chicharrones que hacen los carniceros de los pueblos con pedazos de carne de puerco en un caso de cobre, de los que se extrae la manteca de cerdo que se usa para cocinar; de ésos que luego venden por kilos o medios kilos y te los dan en las bolsas típicas de papel "craft" delgado. Son bolsitas de papel de color cafecito muy claro, del color de la tierra seca, que luego de que te ponen los chicharrones, se mojan con la manteca, y el que las ve dice: "Ése lleva chicharrones en la bolsa", y se le abre también el apetito, je, je, je. Con este tipo de bolsas, en los tendajos de pueblo acostumbraban ponerte los productos que comprabas, y el pan de las panaderías. Generalmente cuando compras chicharrones es porque quieres disfrutarlos comiéndotelos en tortilla de maíz recién hecha, y con una salsita de chile piquín con ajo, sal y orégano. Con dos o tres que te comas, ya completaste de comer en una comida, pero sobra mucho chicharrón, y éste es el que se va a usar para la receta que aquí va a mostrarse. Esto se puede servir en cualquiera de las tres comidas, sea almuerzo, o comida o cena, y se acompaña con

frijoles en bola, o guisados, o refritos. Y las tortillas, *"si son de harina, ni me las calienten"*, como ya lo hemos repetido varias veces. Y lo diré varias veces más para que no se les olvide, pues este refrán tan popular, es de los que más se usan en el norte.

Ingredientes para 6 personas, o depende de la cantidad de chicharrones que hayan sobrado

10 chicharrones de cerdo, o si son más, mejor, cortados en cuadritos pequeños
2 aguacates no muy maduros cortados en cuadritos
½ cebolla cortada en cuadritos
½ chile morrón cortado en cuadritos
½ kilo de tomate fresadilla
4 chiles verdes serranos enteros
1 cucharadita de pimienta negra molida
1 cucharadita de orégano
2 hojas de laurel
Aceite
Sal al gusto

Procedimiento

Se prepara la salsa para dejarla reservada para cuando se necesite, y consiste de moler los tomatillos fresadilla sin cocer, pero lavados, con el orégano, el laurel, la sal y la pimienta negra. En una cacerola de barro o de metal recubierta con teflón, se pone el aceite, y cuando esté muy caliente, se le agregan los chicharrones de puerco en trocitos, y se doran hasta que chillen por lo tostadito. Dice un refrán *"No le busques ruido al chicharrón"*. Porque si se lo buscas, lo encuentras, pero seguro te puedes quemar, je, je, je. Y estos chicharrones, no dejan de tener su encanto culinario y *"son una chulada"*, como diría mi papá, pues son muy sabrosos. En ese momento, o sea cuando los chicharrones estén a punto de chillar, o como dice el anterior dicho, de hacer ruido, por lo tostado, agregar todo lo que está cortado, que es la cebolla, el chile morrón, el aguacate, y los chiles verdes serranos enteros. Revolver bien hasta que la cebolla se vea algo transparente. Finalmente se le agrega la salsa ya preparada en la licuadora con sal y pimienta, y se asegura que tenga suficiente agua, para que quede relativamente aguadito, y sabroso para poder comerlo con los frijolitos refritos. Y las tortillas, dije que es mejor con las de harina, pero si son de maíz, el sabor igualmente es exquisito.

Variantes

- Hay quienes les gusta con salsa roja, o sea de jitomate, en lugar de tomatillo de fresadilla.
- Hay quienes no le ponen aguacate.
- Hay quienes le agregan un cubito de consomé de pollo de cualquier marca a la preparación de la salsa.
- Hay quienes usan manteca de puerco, en lugar de aceite. Y obviamente, le mejoran el sabor.
- Este guisado de chicharrones, pero más seco, se puede usar para rellenar tamales. Ver la receta de los "Tamales".
- En el paso en que los chicharrones se ponen en el aceite hasta que chillen de tostaditos, se puede parar la operación, y comerse estos chicharrones solamente en tortillas de maíz calentitas, con salsa de molcajete de jitomate rojo, chile verde, sal y orégano. 5 ó 6 tacos y queda uno bien servido, o como dice la gente *"Queda uno bien pastel".*
- Cuando éramos chicos y no había chicharrones, simplemente se untaban las tortillas de maíz recién hechas con manteca de cerdo, se les ponía un poco de sal, se hacían machitos, y remojados con la salsita del molcajete, vaya que quedaba uno bien satisfecho. Ver la receta de las "Chalupas de masa de

maíz". Los machitos de tortilla son simples tortillas enrolladas. Cuando están recién hechas las tortillas, y obviamente, preparadas en casa, machitos con sólo sal, y aplanaditos con el puño de la mano, son una delicia. Y si les digo que le pongan mantequilla, y de paso, piensan en mí, se van a enamorar, je, je, je... Claro, no de mí, sino del sabor que probarán, y porque les dije este secreto...

Frijoles para toda la semana

El frijol es originario indiscutiblemente que de América, y para ser más específicos, de Mesoamérica, que comprende toda la región de México y otros países centroamericanos, donde se desarrollaron las primeras civilizaciones de este continente. Pero en México está el origen base de algunas setenta, de sus múltiples variedades, las cuales se reconocen por su color, a saber: negros, amarillos, blancos, morados, bayos, pintos y moteados. Acá en el norte, es difícil encontrar más de 4 ó 5 variedades, entre ellas contamos a los frijoles negros, bayos, peruanos, flor de mayo y pintos, y de vez en cuando, negros. Cada quién compra el que le gusta y le agrada. Sin embargo, para las comidas de estas recetas yo considero que el frijol pinto americano es el que más se asemeja a lo que yo he tenido en mente al escribirlas, pero como *"en gustos se rompen géneros"*, por supuesto, y cada quién comerá el frijol que más le guste. Total que no habrá diferencia en el poder nutriente, pues todos, sin excepción, son una rica fuente de proteínas e hidratos de carbono, además de que contienen vitaminas del complejo B, y hierro, cobre, zinc, fósforo, potasio, magnesio y calcio, aparte de que son una fuente de ácidos grasos poli-insaturados. Pero cuidadito, no coma muchos, porque se le sube el ácido úrico en su sangre, y más cuando usted ya pasa de los 50... Je, je, je. Por todos estos beneficios y bondades, nuestro frijol es un excelente alimento, que aparte de ser muy barato, es un alimento fundamental en la dieta de todo mexicano. Podremos dejar de comer carne, o pollo, o pescado, pero seguramente nunca dejaremos de comer frijoles. Como dijimos ya, la selección de la variedad del frijol depende del gusto del que los va a comer. Sin embargo, para las recetas que aquí se describen, se recomienda el frijol "rosa de mayo", el "pinto americano" o el "bayo". En los estados del sur de México se utiliza mucho el frijol "negro", mas no aquí en el norte. Estas recetas que siguen no son muy dietéticas, pues llevan considerable cantidad de aceite para su preparación, pero no se apuren, como quiera el aceite es bueno. Decían los antiguos que *"el aceite es armero, relojero y curandero..."* Pues quién sabe si será cierto... Lo que sí es bien cierto es que no se necesita ser un experto o experta para preparar frijoles, pues como dice el dicho, *"que a la mejor cocinera se le queman los frijoles"*, y quiere decir que bien te puedes excusar cuando no te salgan como debería de ser.

Y aquí le van un par de **Consejos:** Sobre frijoles: 1.- Entre más frescos, o mejor dicho, más nuevos, se cuecen más rápido. Más viejos, es igual a más duros, y tardan más en cocerse. 2.- Para evitar gastar mucho gas al cocerlos, se recomienda ponerlos a remojar en agua durante toda la noche anterior a la cocción. Antes de ponerlos a cocer, desaguarlos y lavarlos muy bien, y agregarles nueva agua para ponerlos ya en la lumbre, así tardan menos en cocerse. 3.- Si desea que salgan en el menor tiempo posible, utilice una olla de presión en lugar del jarro de barro o cualquier otro recipiente, los tendrá listos en unos 40 minutos. 4.- Los frijoles generalmente se deben de espulgar, o sea limpiar, a ojo y mano, pasándolos al jarro los que se vayan ya seleccionando, limpios y sanos, porque se encuentra uno de repente cuando los estás comiendo, un par de piedritas, que al intentar mascarlas sin darte cuenta, te pueden quebrar un diente. 5.- Cuando se van a preparar frijolitos aguaditos, no espulgue los frijoles, sólo lávelos para ponerlos a cocer. Ya después, los cuela después de molerlos en la licuadora, puesto que van a estar muy aguaditos, y la operación del colado se facilita. Así se asegura que no irán piedritas.

1.- Frijoles aguaditos para el lunes

Los frijoles en cualquiera de sus variedades y maneras de prepararlos, siempre serán el alma de las comidas mexicanas. Son el acompañante ideal para casi todas las comidas. En esta receta se preparan frijoles especiales para comerlos con tortillas de harina de trigo, y se recomienda que éstas estén recién preparadas para poder sacarles a los frijoles el máximo provecho de su sabor. También se le pueden agregar miguitas de tortillas de maíz y se come como una sopa. Migas son los pedacitos de tortilla que uno mismo va haciendo pellizcando la tortilla con sus dedos índice y pulgar. Hay gente que parte las tortillas con un cuchillo haciendo cuadritos pequeños.

Ingredientes para 10 personas

1 k de frijoles de la olla ya cocidos
1 jitomate
½ cebolla chica
¼ de chile morrón verde
3 dientes de ajo
1 hoja de laurel
1 pizca de orégano
2 cucharadas de salsa de soya
2 cucharadas de salsa inglesa
Agua, o bien, jugo de los mismos frijoles
Aceite, el necesario, pero si es manteca de cerdo, es mejor el sabor, o combinados
Sal y pimienta al gusto

Procedimiento

Se licúan todos los ingredientes, excepto el aceite, y se le va agregando poco a poco agua, o bien, jugo de los mismos frijoles, hasta que la mezcla de lo que se está licuando adquiera una viscosidad semejante a la de una crema preparada. Se pone el aceite en una vasija honda que ya debe estar en la lumbre, y luego se le agrega la mezcla de la licuadora pasándola primero por un colador grande, como dijimos en el consejo que les proporcioné. Si la mezcla quedó muy espesa, ir agregando más líquido a medida que hierve; si quedó muy aguada, dejarla que hierva por unos minutos para que adquiera viscosidad, meneándole con una cuchara de vez en cuando para evitar que se peguen sedimentos de frijol en la base de la vasija. Se sirven en plato hondo y se acompañan con tortillas de harina de trigo recién hechas, o de maíz, según su preferencia.

Variantes

- Hay a quienes les gusta ponerles encima unos chorritos de crema agria.
- Otros prefieren ponerle unas gotitas de aceite de oliva.
- Otros le ponen pedacitos de chile jalapeño encima, y otros, otro tipo de chile embotellado picante.
- Si se le agrega una cucharada de mole, a lo que se está licuando, el sabor de los frijoles aguaditos cambiará muy dramáticamente. Obviamente para mejorarlo.
- Otros a esta comida le llaman Crema de Frijoles, y se la comen con cuchara y unos pedazos de pan, y en este caso, la viscosidad es factor fundamental, pues debe tenerla como si fuera una crema cualquiera. Ver receta de "Crema de frijoles". Les voy a compartir 7 poemas, sobre los días de la semana de mi autoría. Aquí va el primero.

Lunes

Y porque es Lunes, yo no quiero llorar,
Tampoco quiero llorar por otras razones,
Porque dicen que el que llora en Lunes,
Larga semana lo espera para disimular.

Ay qué amargo es en Lunes despertar,
Qué angustioso es una semana comenzar...
¿Pero qué tal, y si fuera para descansar?
Siempre en Lunes me gustaría empezar.

Cierto es que en Lunes ni las gallinas ponen,
Parece que sólo se dejan de tristeza morir,
Y con una de ellas que media muerta quede,
Ni hablar, en Lunes caldo se habrá de comer.

Pero no hay Lunes que no tenga su tarea,
Y en menos de que presto se acabe el día,
Penas y angustias se fueron y se disiparon,
Adiós opresiones, las tristezas se acabaron.

Al Lunes, la diosa Luna cedió su nombre,
Diosa latina que nuestro satélite representara,
Mas la diosa griega Selene, ofuscada y celosa,
Abrazó a la Luna para que nadie se la quitara.

Muy profundo, por allá en nuestra mente,
Se esconde una pena de obligación inclemente
Que por una cruel pesadilla es despertada,
Casi siempre, los Lunes en la madrugada...

Lunes, Lunes, yo sé que tienes que llegar,
Vienes a verme una vez cada siete días,
Pero ingrato, no te pases tan de repente,
Porque el Martes ya empezaré a calentar...

Quiero verte, quiero sentirte y disfrutarte,
Como si fueras un alma que en estado latente

Cambia a sus tristezas por las confianzas
De cada siete días poder tenerte presente.

2.- Frijoles con huevo para el martes

En todos los preparados con huevo, su sabor depende de la cantidad de sal que se le agregue. Entre más salado es más sabroso, pero sólo hasta el límite máximo para que no quede incomible, este consejo se volverá a repetir en las recetas de "Huevos". Esta es una receta muy sencilla, muy antigua y muy sabrosa para servirse durante el almuerzo o durante la cena. Especial para comerse con tortillas de harina de trigo recién hechas, o si se prefiere, de maíz, también recién hechas. Pero si no son recién hechas, no quiere decir que no vayamos a disfrutarlos, no importaría realmente. No se necesita más que esto para quedar satisfechos en la cena. Y se recomienda comer poco, dadas las propiedades de digestión que tienen los frijoles y los huevos mezclados, juntos o combinados. Je, je, je, ya sabrán en la madrugada por qué se los digo…

Ingredientes para 10 personas

½ kilo de frijoles ya guisados a la manera sencilla
8 huevos
4 jitomates
2 chiles serranos verdes
Manteca de cerdo, la suficiente
Sal, la suficiente

Procedimiento

Calentar una cacerola de barro o una vasija extendida y recubierta con teflón, y agregarle la manteca de cerdo. Enseguida los huevos, que previamente fueron mezclados en un recipiente adecuado. La operación de mezclar los huevos afuera de la cacerola del guiso, es por seguridad, pues a veces resulta que nos sale un huevo huero, o sea echado a perder, cuyo contenido huele extremadamente mal, y puede echar a perder toda la comida de la cacerola. De esta manera sólo se pierde lo que ya se vació en el recipiente separado que contiene los huevos. Continuando con lo que se veía… Revolver la mezcla hasta que los huevos estén bien cocidos y mezclados. Agregar los frijoles a los huevos y mover lo suficiente para mezclar e integrar todo, hasta que la mezcla sea uniforme. Seguir meneando unos 15 minutos más, para que los frijoles adquieran un sabor de refritos, aunque no lo estén. En esto consiste la clave para su sabor. En un molcajete, previamente se muelen los chiles con la sal, y los tomates se parten en dos rebanadas cada uno, para procesarlos sobre el molcajete con un raspador. Los pellejos no se agregan. Aquí tenga cuidado de no rasparse un dedo, porque duele, je, je, je. Luego se les da una manita con el tejolote, para terminar de molerlos, y se les agrega un poco de agua. El tejolote es la piedra con que se muelen en el molcajete los ingredientes. Cuando se compran los molcajetes, traen cada uno su tejolote. Se agrega esta salsa a la cacerola y se menea para uniformizar la mezcla. Se deja hervir unos 10 minutos más. Deben quedar un poco aguaditos, no mucho… La cena está lista… ¿Fácil, no?

Variantes

- Unos prefieren los frijoles con huevo solamente, sin la salsa que se le agrega al último. Así también saben muy sabrosos.

Martes

Y menos cuando en calendario es día trece,
Si es Martes, ni te cases, ni te embarques,
Que a los malos agüeros, la estrella obedece,
Y a los supersticiosos, tal estrella embrutece.

Olvida qué tan bueno o malo sea un Martes,
Pues de estos días se viven en todas partes,
Y no te enojes, por no ser lo que pediste,
Al saber que en Martes el trabajo lo evitaste.

Si te enojas, ya que corra por tu cuenta
Usar tu yelmo encrestado y tu armadura,
Que con eso se demuestra a ciencia cierta,
Que el dios Marte te cedió su vestidura.

En Martes encuentras tumulto y confusión,
Y esto es un estorbo que tiene tu mente…
Puede que sea por angustia y desesperación,
Por llegar al fin de semana nuevamente.

Martes, realmente describes lo que siento,
Tú sabes que si de amores se tratara,
Ayer, hoy y siempre, te tendría presente,
Para que no te fueras y me dejaras ausente.

Aflora siempre un extraño sentimiento,
Y muy adentro se transforma en esperanza,
Hoy es Martes, y hoy tengo la añoranza
Que a mi alma quitarás su abatimiento.

Martes, bonanza para mis confianzas,
Sé que tú vendrás siempre a buscarme,
Miembro de nuestra ecuación de alianzas,
Me das el tiempo justo para equilibrarme.

Marte, tú que fuiste un gran enamorado,
Y que tus huellas has dejado en el pasado,
En Martes, enséñale a mi alma a amar…
Y aprendida la lección, déjame a ti imitar…

3.- Frijoles al estilo italiano para el miércoles

Aunque en Italia no creo que acostumbren cocinar frijoles para uso común, y menos como se cocinan en México; sin embargo, estos frijolitos representan una comida que si la probaran los italianos, se lamerían los dedos, por su exquisito sabor, y aunque quisiera uno seguir comiendo, es necesario detenerse, porque ya saben que los frijolitos producen gases, que luego nos hace que nos arrepintamos por haber comido demasiados... Je, je, je... Se sirven en platos para sopa y se acompañan con pan blanco rebanado, o tortillas de harina de trigo.

Ingredientes para 14 personas

½ kilo de frijoles en bola de la olla
¼ kilo de carne molida de res
¼ kilo de carne molida de puerco
6 salchichas para "hot-dog" cortadas en trocitos
2 chorizos de cerdo de cualquier marca, o ½ taza de chorizo casero
¼ de cebolla
3 dientes de ajo
1 jitomate rojo y bien maduro
¼ de chile morrón verde
1 queso crema, ver adivinanza n°49
¼ kilo de queso panela
¼ kilo de queso amarillo
¼ kilo de queso para derretir, tipo Chihuahua, o Oaxaca
2 cucharadas de mayonesa
¼ taza de vinagre de vino tinto
3 hojitas de laurel
1 cucharadita de orégano
1½ cucharadas de pimienta negra molida
1 latita, la más pequeña, de puré de tomate

Aceite de oliva, el necesario
Sal al gusto
Hierbas de olor italianas para espagueti, si las hay

Procedimiento

En una vasija honda, se ponen a dorar en el aceite de oliva las carnes molidas, y cuando se doren, agregarle las salchichas en cuadritos y los chorizos, para que también se doren después de la carne. Cuando ya estén, se le agregan la mitad de los frijoles en bola, se deja la otra mitad para molerlos en la licuadora, donde también se van a agregar: el tomate partido en cuadros, la cebolla, los ajos, el chile morrón, el queso crema, las dos cucharadas de mayonesa, el vinagre del vino tinto, el laurel, el orégano, la pimienta negra, el puré de tomate, y la sal, y si acaso consigue las hierbas de olor italianas, también agregar 2 cucharas. Que quede todo bien licuado y entonces agregarlo a la vasija honda donde está la carne, las salchichas y los frijoles en bola. Debe de tener una consistencia aguadita, pero no tanto, de manera que pueda comerse como una crema, a cucharadas, un poco más espesa que aguada. Después de que ya empezó a hervir, mover con una cuchara para evitar que los sedimentos de frijoles se peguen en el fondo de la vasija. Seguir hirviendo por 20 minutos más, y mientras tanto, no parar de moverle a la mezcla. Al apagarle, se le agrega el queso amarillo, el queso panela y el queso para derretir en cuadritos, y se tapa por un par de minutos. Después de eso ya se puede servir en platos tamaño sopero, hondos. Se usa pan o tortillas de harina de trigo, o con pura cuchara "si desea guardar la línea para no engordar", je, je, je.

Variantes

- Hay quienes se comen esta mezcla en panes tipo "medias noches", como si fueran los modernos y famosos "chilli-dogs", pero al estilo y sabor italiano.

- A algunos les gusta agregarle chile jalapeño en escabeche a su plato, ya sea en cuadritos o a mordidas, o echarle el vinagre del escabeche a la mezcla en su plato particular.
- A algunos les gusta agregarle más aceite de oliva virgen, sin cocinar, encima de la mezcla de su propio platillo, antes de comerla.

Miércoles

Una vez que subes la empinada joroba,
En Miércoles has de encontrar bajada,
Que Mercurio da la mano a desvalidos,
En medio de sus momentos decaídos.

Y yo tendré que tildarme de insensato
Pues quizás amargues un poco mi vivir,
Mas, súbitamente sin quererlo, resucito,
Soportando un dolor a punto de olvidar.

Largo es el camino que hay que recorrer,
Cuando de purgar culpas anda el pecador,
Y qué mejor que en Miércoles de Cenizas,
Empiece su penitencia y terminen sus risas.

Miércoles: me dejas mudo, sin palabras,
Me haces cambiar de la noche a la mañana.
En un momento sumido en una triste agonía,
Que ya se acaba, y al final me dejas alegría.

Los comerciantes, los viajeros y pastores
A Hermes van a brindarle sus honores
Donde las fronteras del pueblo comienzan
En Miércoles hacen cita a sus bienhechores.

Y por eso te espero, justo en cada ocasión
Para buscar en mi vida, tu acomodo,

¿Crees que podré superar esta tormenta
Que me tiene pelos y bigotes de punta?

Me aturden pensamientos que me dañan
Y ya no soporto vivir en este martirio,
En Miércoles me apuñalan a traición,
Y hacen que se doblegue mi corazón.

No es tan fácil recorrer este sendero
Con una carga de penas en la espalda,
Sólo sé que el Miércoles no es duradero,
Y justo a medias, me parece placentero.

4.- Frijoles refritos para el jueves

Ingredientes

1/2 k de frijoles de la olla
1 cucharadita de chile colorado ancho en polvo
1 cucharadita de chile cascabel en polvo
1 cucharadita de chile pasilla en polvo
2 dientes de ajo
1/2 cucharadita de comino
Sal y pimienta al gusto
Aceite o manteca de cerdo, a su elección

Procedimiento

Se muelen los frijoles en la licuadora con todos los ingredientes. La manera de hacer los chiles en polvo se extrae de la receta de "Chiles en polvo". Pero si no se tienen en polvo, pues poner a hervir en agua 1 chile, o 2 de cada uno de ellos hasta que se suavicen, y luego agregarlos a la licuadora con todo lo demás. Se pone todo en una sartén ancha, recubierta con teflón, con el aceite o la manteca ya bien caliente, de manera que chillen los frijoles al agregarlos al aceite. Aquí el proceso siguiente es estar meneando con una cuchara de madera, hasta que los frijoles se vayan secando poco a poco. El aceite que se le puso al principio, no será suficiente para lograr un refrito sabroso, por lo que la misma cantidad que se agregó al principio, agregarla nuevamente a la mitad del proceso, y otra vez, agregar la misma cantidad, cuando los frijoles ya presenten vista de semi-secos. El meneo y movimiento de los frijoles termina cuando se separan de la cuchara sin que queden pegados. Si al estar resecos no se separan de la cuchara, es que les falta aceite. Tener bastante cuidado, por seguridad, pues los frijoles al estar en este proceso de resecarlos, forman volcancitos de vapor, que al igual que los volcanes de la tierra, naturales, que expulsan lava y magma, éstos pequeños, también expulsan trazas de frijolitos muy calientes y vapor, que pueden quemar la piel de sus manos, o a veces pueden llegar hasta su cara. Este fenómeno sólo sucede justo a la mitad del proceso de hacer los frijoles refritos, no sucede ni al principio, ni al final, así que en esos momentos, tener mucho cuidado.

Variantes

- Hay quienes le ponen 5 ó 6 chiles jalapeños en escabeche, cortados en cuadritos cuando se están resecando.
- Hay quienes le ponen una cucharada de mole a la mezcla que se muele en la licuadora junto con los frijoles. De todas formas saben muy sabrosos.
- Hay quienes no le ponen ningún chile, sólo refríen los frijoles molidos, sin ningún agregado, sólo sal y ajo.
- A mucha gente le gustan los frijoles sólo fritos, y no refritos, como es esta receta. Eso quiere decir que los frijoles no llevaron todo el proceso de freírlos, sólo que empiecen a hervir y ya están listos. Quedan pastosos y pegajosos, pero ricos. De todas formas tienen muy agradable sabor.

Jueves

Júpiter y Zeus, los dioses de los dioses,
Cada cuál en su respectiva morada,
Se disputaron frente a frente su nombre
Para darle al día Jueves una alborada.

Júpiter, dios del rayo y del trueno:
Mándanos mucha bendición en Jueves,
Y si bien adornas mi Sol con un cejón,
Es seguro que antes del Domingo llueve.

Bien gratificados son mis sentimientos,
Los Jueves cuando fuerzas superiores
Del planeta que rige por estos días
Me colma de sustentos y alegrías.

Qué pronto me llevas hasta el final,
¿Qué no ves que no quiero envejecer?
Palabras de Jueves Santo, obra de carnaval,
Momento prohibido: me haces enloquecer.

Me invitas a meditar en tus tardeadas
Viendo las águilas volando en las alturas
Que entran y salen por nubes contorneadas,
Formando y transformando tus figuras.

Y yo en medio, entrometido en tus caminos,
Sin poder elegir cuál Jueves es más santo:
Si Jueves Santo, Corpus Cristi o la Ascensión…
Que mi alma les da cobijo en un rincón.

Si has de deshojar una blanca margarita
Y saber si de ti yo he estado enamorado,
Piensa en un Jueves frente a tu ventana,
Irá mi pensamiento a decirte quién te ama.

No llores más, la tristeza se abre camino,
Ya sé que tú te vas, y no sé si volverás…

Muy pronto se acabará un ciclo de siete,
Y pensar que otra vez vuelve el sonsonete.

5.- Frijoles de la olla para el viernes

Ingredientes

1 kilo de frijoles
½ cabeza de ajos
½ cebolla
1 cucharada de sal

Procedimiento

Primeramente, y repitiendo el consejo: no confiar en que los frijoles comprados en bolsa no contengan piedritas, por lo que es recomendable limpiarlos a ojo, sólo para asegurarse de que no se va uno a quebrar una muela por culpa de alguna piedrita que se muerda al momento de estarlos comiendo. Si se tiene un jarro de barro, para este fin, usarlo aquí. Se ponen los frijoles en el jarro y se les agrega agua hasta el tope. Se dejan remojando toda la noche, y durante este tiempo se van a hinchar. A la mañana siguiente se lavan con agua limpia y se les agregan 2 litros de agua aproximadamente, para ponerlos a hervir. Cuando empiece a hervir el agua, bajar la intensidad de la flama, y dejarla a fuego lento. Con los frijoles así humedecidos de toda la noche, pueden tardar unos 60 minutos en cocerse, y sin remojar toda la noche, llegan a tardar hasta 2½ horas para cocerse. De la primera forma se ahora gas. Pero de cualquiera de las dos formas, al principio de la cocción se le pone la cebolla, los ajos y la sal. Los frijoles producen espuma al estarse cociendo, y si se tapa el jarro mientras se cuecen, la espuma hará que la presión interna del jarro aumente y empujará la tapa hacia arriba, derramando líquido cada vez que esto sucede, que en un momento dado, puede apagar la flama, mientras que la válvula del gas se quedará abierta.

Esto puede traer consecuencias graves provocadas por algún accidente de incendio. Por lo que se recomienda no tapar completamente el jarro, para que no suceda esto, y no salir de casa mientras está usted cociendo los frijoles, para poder estar revisando la flama y el jarro. Si tiene usted olla de presión, pues allí los frijoles están listos en media hora, y es más seguro que cocerlos en el jarro. Luego de que los frijoles ya están cocidos, la cebolla y el ajo pueden ya no usarse, si no lo desea, pero hay gente que los muele junto con los frijoles cuando los van a guisar. Siendo así, a los ajos hay qué exprimirlos para extraerles la pulpa, y tirar la cáscara.

Viernes

Cuando llegas, Viernes, nos traes el jolgorio,
Ya el júbilo comienza desde en la mañana,
La mente espera tener un espacio promisorio
De alegría, en la verbena del fin de semana.

Que si lloras… ¿Para qué lloras en Viernes?
Mejor ríe en Viernes y luego llora el Domingo,
Que una semana volverá mañana a comenzar,
Y la angustia hará pronto tu pecho sofocar.

Y cómo no reiría, si es el Día de Venus,
Y ella, diosa del amor, del placer y la belleza,
Aunque con un ademán muy gentil e inocente,
Divirtiéndose con Marte este día se la pasa.

A pesar de una semana de no poder verte,
Extraño tu canto, la melodía de tu clarinete,
Todas las cargas y penas me parecen nada
Comparadas con las dichas que prometes.

Tómame de la mana y guíame esta noche,
Que esta noche perdure y nunca se acabe,

Es momento de divertirse y hacer derroche
Invade mi mente y olvido lo antecedente.

Brilla Sol, brilla... Brilla en Viernes,
Que te dure el brillo hasta el Domingo,
Que si aunque el Domingo aún brillas,
Ya en la tarde, el alma se me oscurece.

El aire que sopla, me trae tus fragancias,
Y no hay nada que se le pueda comparar,
Desde la madrugada, entra por mi ventana
Me despierta serenamente haciéndome cantar:

La alondra marca la pauta de la melodía,
Los palomos entonan su íntimo cucurrucar,
Ruiseñores y calandrias han de acompañar,
A mi hermoso canto que durará todo este día.

6.- Frijoles a la charra para el sábado

Esta comida es un auténtico manjar norteño, y aunque también es preparada en otras partes de México, la receta norteña, no tiene igual. Se sirve como complemento en las carnes asadas, en el cabrito asado, en los tamales, o simplemente comiéndolos solitos, pero en doble cantidad, je, je, je, dado que como es complemento, comerlos solitos se amerita que comamos más. Se sirven sobre platos soperos, con cuchara.

Ingredientes para 25 personas

1 de kilo de frijoles en bola
½ kilo de patitas de puerco cortadas en 4 partes cada una
½ kilo de lonja o cuero de puerco cortado en cuadritos
100 gramos de tocino cortado en cuadritos pequeños
1 cabeza entera de ajo
1 manojo de cilantro
6 jitomates cortados en cuadritos pequeños

2 cebollas cortadas en cuadritos pequeños
2 chiles morrones verdes cortado en cuadritos pequeños
1 cuchara de manteca de cerdo
5 chiles serranos verdes enteros, opcional
1/8 de taza de vinagre de manzana o de caña
1 copita tequilera de cerveza
Sal al gusto

Procedimiento

En una olla honda y muy grande, se ponen a hervir los frijoles con sal y la cabeza de ajo. Cuando empiecen a hervir, se les agrega ya la patita de puerco y los cueritos, por ser un poco duros. Deben tener suficiente agua, que se vea aguado todo lo que allí se ve. Cuando todo esto esté bien cocido, que se lleva como 3 horas, se le agregan 3 tomates, 1 cebolla y un chile morrón cortados en trocitos muy pequeños, que previamente fueron guisados con manteca de cerdo en otra cacerola, junto con el tocino también en cuadritos. Aquí vale la pena transmitirle un par de **Consejos:** Sobre la magia de no llorar al cortar las cebollas: 1.- Puede enfriarlas en el congelador media hora antes de cortarlas. 2.- Mojar el cuchillo con agua, luego de cada corte. 3.- Aún mejor que la anterior: en lugar de agua, leche. Continuando donde nos quedamos... Se agrega también la mitad del manojo de cilantro, pero sólo las hojitas, no las varitas, ya bien lavadas y cortaditas en pedacitos pequeños. Se le agregan los chiles serranos enteros. En la licuadora se ponen otros 3 tomates, 1 cebolla, 1 chile morrón todo en trozos, y las hojas que quedan del manojo de cilantro, lavadas. Además, se le agregan dos tazas de los frijoles que están cocidos en la olla, pero asegurarse que no se vaya algún huesito de las patitas, porque esto al molerlo en la licuadora puede quebrar su vaso. Puede llevar pedacitos de cueritos. Todo se muele con suficiente sal, y se agrega a la olla. La sal es indispensable para darle el sabor justo y adecuado, si le falta sal sabrá como desabrido... Al final se le agrega un chorrito de vinagre y la copita de cerveza. Se deja hervir hasta que las verduras se hayan cocido muy bien. Se le apaga el fuego y se deja todo tapado a reposar por 1 hora. Y listos para servir... *"¡Al ataque...!"* Como ven, ya que no lleva aceites ni mantecas, se pueden considerar dietéticos, je, je, je.

Variantes
- Hay quienes le agregan una buena dosis de rebanaditas de chiles jalapeños en vinagre a toda la mezcla, digamos unos 20 chiles en rebanaditas, lo cual le da un sabor exquisito; aunque, algunos no toleran el mucho picor del chile.
- A mucha gente les gusta que los frijoles reposen todo un día, y al siguiente día los comen como recalentados, que son una delicia.
- Muchos prefieren, por sus motivos personales, no ponerle patita de puerco, ni cueritos, y en su lugar le ponen salchicha para "hot-dogs" cortada en cuadritos. Esta opción a mí, no me gusta mucho.

Sábado

"Abran, que la renta les vengo a cobrar."
Venga en Sábado, hoy no hay para pagar.
"Niño, hoy es Sábado, y vengo por el abono."
Pues dijo mi mamá, que en casa no está...

En Sábado el Sol saldrá y alegrará el corazón,
Que no hay Sábado sin Sol, ni doncella sin amor,
Ni vieja sin dolor, ni hay cura que no case,
Ni mal que dure cien años, ni nada que no pase.

De Saturno, el Sábado, y de éste, el descanso,
Del Sol, el Domingo, y de éste, los borrachos;

*En Sábado el ascenso y el Domingo el descenso,
Y si no te enfermas de fiebre, será de empachos.*

*Sábado, día de repartir abrazo tras abrazo,
La alegría rellena espacios en los corazones
Y el que no ríe, canta, y el que no afina, danza,
Y el que no trabaja, todo el día rellena la panza.*

*Hoy los dioses se reúnen y celebran bonanzas;
Los diablos velan para lanzar acechanzas...
Los buenos se hostigan practicando templanzas;
Los malos se divierten enviciando esperanzas.*

*¿Ay amor de mis amores, por qué te fuiste,
Si sólo los Sábados podía verte y saludarte?
Desde que te fuiste mi corazón sufre penas,
Y Sábado tras Sábado va uniendo condenas.*

*¿Cómo detenerte y preservarte para siempre?
Te vas tan rápido como todo lo placentero,
Desapareces antes que el gallo vuelva a cantar,
Y me dejas dormido en la espera del lucero.*

*El cálido céfiro que esta mañana brinda
Tan delicados perfumes de campos y huertas,
Me dice: "Hoy es día de alegrarse, a levantarse,
El día poco dura y no ha de desaprovecharse."*

7.- Frijoles para tamales los domingos

Si pruebas estos frijoles, no me dirás que no vas a querer otra tortilla, y otra, y otra, y otra más... Y si son de harina, mmmmm, mejor. Es la receta de la Abuela para hacer tamales de frijoles, pero en esta receta sólo se preparan los frijoles sin que se vayan a hacer los tamales. Que de tamales ya hablaremos después. Pero por ahora sólo diremos que los tamales son unos "burritos" preparados con masa de nixtamal repartida en una hoja de maíz seca, y al envolverla para cerrar la hoja, en medio se les pone carne de cerdo preparada para eso, o frijoles, también preparados para eso. Posteriormente llevan un proceso de cocción. Generalmente estos frijolitos son para untar en pan tostado, en tostadas de maíz, o comerlos como un aderezo para botana, con totopos, dada su excesiva cantidad de ingredientes, que aunque no son muchos, sí los lleva en cantidades grandes. Claro que también se usan para acompañar alguna comida, como si fueran frijoles refritos.

Ingredientes para 20 personas

½ kilo o más, lo que se tenga, de frijoles en bola ya cocidos
4 chiles colorados anchos, ya hervidos y sin semillas, o 4 cucharadas de este chile en polvo
1 cucharada sopera rasa de comino molido
1 cucharada sopera rasa de pimienta negra molida
6 dientes de ajo
Manteca de cerdo, la necesaria
Sal al gusto

Procedimiento

En la licuadora se muele todo. Una cacerola extendida y que tenga teflón, o bien, una cazuela de barro, se pone en la lumbre y se le agrega la manteca de puerco. Allí se va a agregar la mezcla de la licuadora y se empieza a menear con una cuchara de madera a medida que comienza a hervir. Le recuerdo que las cucharas de madera se usan para no lastimar el teflón de las cacerolas. Se sigue meneando durante el tiempo necesario para que los frijoles tomen una consistencia espesa, sin llegar al estado de los refritos. Una señal es cuando ya no aparecen los volcanes que se forman durante la cocción. No limitarse con la manteca, que tenga suficiente para que adquieran el mejor sabor.

Variantes

- La única variante que pudiera modificar a esta receta sería agregarle chile, para aquellos que les gusta que la comida esté picosa. Y para tal efecto se le agrega algún chile seco y molido que se tenga en la despensa, como por ejemplo chile piquín, o chile de árbol, que ambos son suficientemente picosos y no modifican la receta original.

Domingo

Por el camino decorado de Tulipanes
Van caminando una niña y sus perritas,
Ella lleva en su cabeza un sombrerito,
Y en su brazo una canasta de margaritas.

Es Domingo, y como todos, día de fiesta,
Van allá, al campo, debajo de los álamos,
Donde el Padre espera entonando un canto,
Mientras llegan los feligreses a la floresta.

Un rayo de sol juguetea con mariposas,
Que jubilosas coquetean con las rosas,
Cuyos aromas perfuman el aire matutino,
Y su fragancia hace a las almas dichosas.

Hoy es Domingo y es el Día del Señor
Hoy el que trabaja, no cosecha su fruta,
En este día Él espera tu alma con amor…
Ven acá, y de las cosas de Dios disfruta…

Constantino lo bautiza, como el Día del Sol,
Pues del brillante y ardiente Carro de Fuego,
Que el dios Helios conducía bajo el cielo,
Iluminaba igual a dioses que al mortal solariego.

Amanecer, Ardiente, Ígneo y Resplandeciente,
Eran los nombres de los caballos gigantes,
Que sólo Helios a través del cielo conducía,
Quedaron para siempre simbolizando este día.

Cuando estás conmigo mi alma se inflama
Pero has de irte y mucho sufro de desaliento,
Mi pecho se oprime, al irte tú con el viento,
La angustia crece al ver que tu luz desaparece.

A pesar de que te disfruto desde que el sol sale,
Y hasta que se oculta detrás de esa montaña,
Y a pesar de que te espero cada séptimo día,
Si te vas, Domingo, me lleno de melancolía...

Guisado de flor de Jamaica

Esta receta es de mi prima Ana Laura. Prácticamente era una receta desconocida aquí en el norte, o mejor dicho, no existía, y parece ser que ella fue la primera que la preparó y la dio a conocer. La idea le surgió pensando en qué se podría hacer para aprovechar los pétalos de la flor de Jamaica que sobran después de usarla primeramente para preparar la rica, fresca y clásica agua de Jamaica natural. En vez de tirarlas, como se acostumbraba hacer, se van guardando en recipientes tapados en el refrigerador, que ahora las llamaremos "flores de Jamaica recuperadas", hasta tener la cantidad que consideren suficiente para guisarlas, según la cantidad de comensales. Ahora sí y con los datos siguientes, prepárense para cocinar un delicioso platillo al estilo norteño cuyo sabor exquisito, ha tenido mucho éxito, y además es muy saludable, pues la flor de Jamaica tiene muchas cualidades curativas y diuréticas.

Ingredientes

4 tazas de flores de Jamaica recuperadas
½ barrita de margarina
1 cuchara de aceite de oliva
½ cebolla picadita en cuadritos
½ chile morrón amarillo o anaranjado en rajas
2 dientes de ajo
2 jitomates
2 chiles anchos secos
2 chiles guajillos secos
300 gr de queso asadero
300 gr de queso panela en cuadritos
Sal y pimienta al gusto

Procedimiento

En una sartén se pone la media barrita de margarina a derretir con un poco de sal, si es que la margarina viene sin sal. Puesto que algunas ya la traen, en ese caso, no ponerle. Se le agrega una cuchara de aceite de oliva, para evitar se queme rápidamente la margarina. Entonces se le agrega la cebolla previamente cortada en cuadritos, y el chile morrón rojo, anaranjado o amarillo en tiras. También los dientes de ajo muy finamente picaditos. Cuando ya esté lo anterior guisado, se le agregan, los chiles anchos rojos secos y los chiles guajillos secos, los cuales, primeramente se debieron de haber cortado con unas tijeras de cocina en tiritas muy delgadas y pequeñas. A estos chiles secos se les da muy poco cocimiento, porque si se pasan de tiempo, producen un saborcillo amargo, aunque no es desagradable, pero en este caso no es la finalidad, sino que tengan un sabor muy agradable y bueno. Inmediatamente después de haber sido agregados los chiles secos, se le agregan los pétalos de las flores de Jamaica y se incorporan con todos los ingredientes para que todo tome el sabor integral que se pretende. Se le da el buen sazón con un poco de sal y pimienta molida, y si se quiere un sabor más fuerte, se le agrega un poco de polvo sazonador de hierbas finas molidas, que regularmente venden en cualquier supermercado. Al final se le agregan los dos jitomates cortaditos en cuadros pequeños. O dependiendo de la cantidad de flor de Jamaica que se agregó, si es mucha, se le puede agregar más jitomate para balancear el sabor. Ya cuando hierva todo, se dice que ya está lista para servirse, pero antes, se le agregan los quesos: el asadero en tiritas y el panela en cuadritos. Puede servirse en tacos, o como complemento a un platillo fuerte, que creo lo adorna muy bien, ya que queda el guiso de un color rojo oscuro.

Variantes

- En lugar de usar los pétalos de la flor de Jamaica recuperados en esta receta, se pueden usar para ser agregados a las ensaladas verdes, a las que le da un sabor especial y le adornan adecuadamente por ser de color rojo.

Huevos

1.- Huevos con cebolla y chile

Esta comida es una comida de rancho que complace el gusto de los paladares más exigentes de comidas raras, pero sabrosas. Para cenar es una de mis recetas preferidas. Para quienes no les gusta la cebolla, ni siquiera *"le echen un ojo"*, pues lleva demasiada. Voy a darle algunos **Consejos:** Sobre el huevo: 1.- El secreto del buen sabor en los guisos que contienen huevos es la sal. Así que siempre agregarle un poquito de más. 2.- Los huevos deben vaciarse en un recipiente anticipadamente a ser usados para integrar claras con yemas, pero también por seguridad, pues alguna vez sale un huevo huero, echado a perder, y le puede arruinar su guisado.

Ingredientes para 6 personas

8 huevos
2 cebollas picadas en cuadritos pequeños
8 chiles verdes serranos
1 cuchara de cocinar de manteca vegetal
Sal al gusto

Procedimiento

En una cacerola de barro a la lumbre, se agrega la manteca vegetal hasta que se derrita y esté muy caliente. Primero se agrega la cebolla picada y se dora hasta que esté transparente. Luego los huevos, vertidos previamente en un recipiente y mezclados con un tenedor, se vacían en la cacerola. Se comienza a revolver todo con movimientos circulares despacio, hasta que el huevo quede cuajado. En este momento se agrega la salsa que se hace en el molcajete, moliendo los chiles verdes serranos con la sal y con ½ taza de agua. Si no lleva suficiente sal, quedará desabrida la comida Generalmente se acompaña esta comida con frijoles en bola bien calientes y fritos con un poco de manteca vegetal, semi-machacados con un machacador, en la misma cacerola donde se calientan. Y obviamente con tortillas, ya sea de maíz o de harina.

Variantes

- Unos le ponen en el guiso, aguacate partido en cuadritos.
- Unos le agregan chile morrón cortado en cuadritos al momento de dorar la cebolla.
- Unos le ponen un poco de mayonesa encima, luego de que se lo sirvieron.
- Unos se lo comen con pan, en lugar de tortillas.
- En lugar de chile verde serrano, unos lo guisan con chile pasilla, que le da todavía un sabor más ranchero.

- Huevos, arroz del que haya sobrado en la mediodía, cebolla, chile morrón, champiñones y soya y sal y pimienta. La abuela nos enseñó que la soya, aunque proviene de Asia, va muy bien con muchas comidas mexicanas dándole un sabor exquisito. Se fríen los vegetales cortados en cuadritos con aceite de aerosol. Se agregan los huevos y se fríen hasta que cuajen. Después el arroz. Sal y pimienta al gusto, luego soya encima. Cuando se sirve, los que no quieren adelgazar, le pueden agregar una cucharada de mayonesa. Y si quiere que le pique, pues póngale salsa picante. Si le quiere poner aguacate cortado en cuadritos, pues adelante. Se come con pan.

2.- Huevos con varios quesos

Esta es una de las comidas que hace que te chupes los dedos, y no quieres dejar de comer, a pesar de que ya te sientas lleno. Es exquisita para un buen almuerzo, o para la cena, especialmente cuando quiere sorprender a alguien de paladar exigente, con algo diferente y extremadamente suculento. Y si le piden la receta... No, por favor... ¡No se las dé...! Mejor recomiéndeles mi libro para que lo compren, y así me ayuda a que mis finanzas crezcan por sus ventas. Así podrá llegar el día en que *"se venda como pan caliente"*, je, je, je... Generalmente se come con tortilla de harina, pero muchos prefieren con pan, o bien tortilla de maíz. A su lado pueden ir frijoles en bola o refritos. Pero aquí lo que hace sabrosa a esta comida son los quesos, cómala calmadamente, a gusto y tranquilo, y no se me desespere por querer terminársela súbitamente, por lo sabroso que está, y se vaya a dar usted un atracón y luego me vaya a andar diciendo: *"Ya no quiero mi queso, sino salir de la ratonera."* Como dijo el ratoncito atrapado y en problemas.

Ingredientes para 8 personas

10 huevos
150 gramos de jamón cortado en cuadritos pequeños de un centímetro
10 tomates de fresadilla ya cocidos
2 chiles verdes serranos
¼ de cebolla
¼ chile morrón verde
150 gramos de queso panela
50 gramos de queso crema, ver adivinanza n°49
50 gramos de queso amarillo
50 gramos de queso tipo Chihuahua, o Oaxaca
1 cucharada de mayonesa
1 cucharadita de pimienta negra molida
1 chorrito del vinagre de los chiles en escabeche
Sal de uso común al gusto
Aceite de oliva

Procedimiento

En una cacerola ancha con recubrimiento de teflón se pone aceite de oliva a calentar. Cuando ya esté a punto, se le agrega la cebolla, el chile morrón y el jamón en cuadritos, que todo se ha de dorar. Luego los huevos. Le recuerdo que los huevos previamente se ponen en un recipiente y se revuelven con un tenedor, luego de esto, entonces se agregan a la cacerola. Se usa una cuchara de madera para menear la mezcla. En la licuadora se ponen los tomates de fresadilla ya cocidos, el vinagre de chile, y los chiles serranos, también ya cocidos, junto con la sal y la pimienta negra. También agregarle la mayonesa y el queso crema de una buena vez. Licuar. Este producto se agrega en la cacerola una vez que el huevo ya haya cuajado bien. Se deja hervir meneando con la cuchara para que no se pegue. Agregar al final el queso para derretir, el queso amarillo y el queso panela en cuadritos. Hacer la prueba del sabor, y si le falta sal, agregarle un poco más. Tapar y dejar reposar por unos 5 minutos. Servir en un plato extendido con frijoles en bola, o refritos, o bien, con guacamole.

Variantes

- Si por allí se tiene de casualidad una botella empezada de vino blanco seco, agregarle una media copita tequilera a la licuadora en lugar del vinagre. Le da excelente sabor a esta comida.
- A mucha gente le gustaría que llevara aguacate, entonces, agregarlo en cuadritos encima, al final, al momento en que se le agrega el queso para derretir y el queso amarillo.

3.- Huevos revueltos

El secreto del sabor en los huevos que se preparan sólo con salsa, es la sal, como lo dice el dicho: *"Mas vale que zozobre y no que fafalte..."* Je, je, je. Siempre que se preparen huevos así, se procura que tengan un poquito más de sal. Y los doctores andan detrás de uno, para que le eches un poquito menos de sal de la que acostumbras normalmente. Bueno, nomás los domingos en las mañanas. También existe la alternativa de usar un tipo de sal vegetal, en lugar de la sal común. Búsquela en sus supermercados.

Ingredientes para 8 personas

8 huevos
3 jitomates rojos bien maduros
3 chiles serranos verdes
Sal al gusto
Aceite o manteca de cerdo a su elección
Tortillas de maíz

Procedimiento

Cuando esté el aceite en una sartén extendida y puesta al

fuego medio, pero ya bien caliente, agregar los huevos que ya fueron previamente agregados a un recipiente y revueltos con una cuchara o tenedor. Cuando estén los huevos muy bien cuajados, agregar la salsa que se hizo en el molcajete. Los chiles bien molidos con una y media cucharadita de sal, y los tomates raspados, dejando la cáscara fuera de uso. Revolver con el tejolote para uniformizar la salsa con la sal y el chile. Agregar un poco de agua a la salsa, y enseguida agregarla a los huevos ya cuajados. Mover con una cuchara para que se mezcle con el huevo, pero no tanto para que el huevo no se haga atole. Dejar que suelte el hervor, y luego apagar la flama. En otra cacerola con aceite, dorar las tortillas, 3 por cada platillo, pero que no queden duras, sino suaves. Se pondrán en el plato del comensal, y encima se pone una porción del huevo revuelto con salsa en cada una. Si se tienen frijoles refritos, se le ponen a un lado.

Variantes

- Los huevos revueltos pueden llevar gran variedad de ingredientes, tales como chorizo, jamón, champiñones, salchichas, chicharrones, carne molida, etc. Lo que se le antoje a quien los va a comer. Pero antes de agregar los huevos al aceite, se debió primeramente dorar el ingrediente escogido, excepto cuando le va a agregar frijoles, que van después de que cuaje el huevo.
- En base a esto último, hay personas que prefieren solamente los huevos con el ingrediente elegido, sin ponerles salsa.
- Por otro lado, hay quienes prefieren solamente los huevos revueltos solos, sin ningún ingrediente, ni salsas, sólo con la sal.
- Si en vez de revolver los huevos, los quiere fritos, entonces no se revuelven en el recipiente antes de

echarlos a la cacerola, sino que de uno en uno se vacían a la sartén, para que no se desbaraten, y se deja que se frían por un lado, y luego si quiere voltearlos al otro lado, hágalo con cuidado, con una palita, para que no se revienten las yemas. A este platillo en el norte le llamamos: "Huevos volteados", y se sirven sobre un par de tortillas doradas en aceite, y encima de ellos una salsa que usted elija. Sin que falten los frijoles refritos a un ladito.

4.- Huevos perdidos

Ingredientes para 6 personas

6 huevos
3 jitomates rojos bien maduros
½ diente de ajo
1 rebanada de cebolla
3 chiles verdes serranos
Aceite
Sal y pimienta al gusto
1 bolita del tamaño de una bola de pin-pón de masa de nixtamal, o de masa de harina en polvo de maíz

Procedimiento

Asar los tomates, asar la rebanada de cebolla, y asar los chiles directamente sobre la flama, pero sobre una parrilla, y que el fuego sea lento. O bien, asarlos encima del comal. Luego de que se les quemó la piel a los tomates y a los chiles, ponerlos en la licuadora con la sal y el ajo, con todo y pellejos quemados. Agregar agua de manera que quede bien aguada la salsa. Agregarle la bolita de nixtamal para molerla con todo lo demás. Para preparar el nixtamal, ver la receta de "Tortillas de masa de nixtamal", o comprarlo en algún lugar donde haya molino para nixtamal. En una cacerola honda, con aceite, poner este batido, y esperar a que hierva. Los huevos ya pasados a un recipiente, se revuelven ligeramente. Se agregan a la salsa de la cacerola y se dejan sin mover hasta que parezca que suelta el hervor nuevamente la salsa. En ese momento mover ligeramente, como para partir la pasta que se formó o se está formando con los huevos. Cuando ya estén cuajados, mover un poco más de prisa, de manera de batirlos, pero no al grado de hacer atole, sino medianamente. Apagar el fuego y ya se pueden comer en un platito hondo, con tortillas de maíz tostaditas o quemaditas, por ser calentadas al fuego directo de las flamas de la estufa.

5.- Huevos ahogados

Ingredientes para 8 personas

10 huevos
6 jitomates grandes y maduros
5 chiles chipotles de lata
½ cebolla
1 diente de ajo
Sal y pimienta al gusto
Aceite

Procedimiento

Todos los ingredientes, excepto los huevos y el aceite se ponen en la licuadora y se muelen bastante bien. Agregar 2½ tazas de agua. En una olla honda que ya tenga el aceite, poner esta salsa y hervir hasta que los grumos y las burbujas del tomate desaparezcan por completo, que esto se lleva como 15 minutos moviendo constantemente. Probar la sazón, por si le falta sal o pimienta. Se sigue hirviendo, y ahora se agregan de uno en uno los huevos. Por encima de la olla se parte un huevo y se echa a un recipiente pequeño. Si no está huero, se deja caer a la olla que está con la cocción. Esperar un medio minuto. Meter una cuchara para moverlo un poco hacia un lado, pero no desbaratarlo, de manera que no se mezcle con el nuevo huevo que se va a agregar. Reventar otro huevo, y continuar con el procedimiento de la misma forma que el primero, esperando igual, medio minuto. Así seguir con el resto de los huevos hasta terminar con el último. Después del último. Esperar 3 minutos con el contenido hirviendo, y luego, apagar la flama. Esperar 5 minutos antes de servir, para asegurarse que no haya quedado el último huevo suave, que con este reposo se termina de cuajar. Luego servir en platos hondos. Se come con cuchara y se acompaña con pan blanco. Se le pueden agregar frijoles en bola encima.

6.- Huevos con papas

Ingredientes para 8 personas

8 huevos
3 papas
2 jitomates
2 chiles verdes serranos
Sal y pimienta negra molida al gusto
Aceite

Procedimiento

Se pelan las papas y se cortan en cuadritos pequeños. Se ponen en aceite en una cacerola, para freírlas completamente. Cuando estén fritas, agregar los huevos que previamente se abrieron en otro recipiente, y se revolvieron con un tenedor. Cuando cuajen los huevos, se les va a agregar una salsa de jitomate y chile serrano con sal y pimienta que se hizo en el molcajete, cuando hierva, deje un par de minutos más y apague la flama. Y así de fácil, ya está su cena… Y con tanta receta de huevos que aquí le presentamos, yo le pregunto: *"¿Quiere más, o le guiso un huevo…?"* Pues si no le fue suficiente, aquí le dejo otras dos o tres más con huevo…

Machacado con huevo

Se le llama machacado, o machaca con huevo, a la carne seca de res desmenuzada y frita en aceite, y revuelta con huevo. La carne seca ha sido una comida de siempre. Seguramente se inventó su forma de prepararla para que los viajeros la llevaran en los largos viajes que antes acostumbraban hacer a caballo o en carreta. Me supongo que también era una forma de preservar la carne de res, pues al no haber refrigeradores, habrían de encontrar un método para que no se echara a perder, y descubrieron que al estar recubierta de sal, y secada y tostada al sol, ya no se pudría, y tan sólo conservaba un mínimo de gérmenes y bacterias, de manera que en cualquier momento podía comerse, sin enfermar al cuerpo. Y esta costumbre de hacer la carne seca, perdura hasta nuestros días, y aquí en el norte es muy popular. En esta receta, que es clásica para los almuerzos o para las cenas, se usa la carne seca ya desmenuzada.

Ingredientes para 8 personas

200 gramos de carne seca desmenuzada
2 jitomates grandes
½ cebolla
½ chile morrón
2 chiles verdes serranos
8 huevos
1 diente de ajo
Aceite
Sal al gusto

Procedimiento

Primero se prepara la salsa que hay que tener lista, porque la carne seca inmediatamente se fríe, y para evitar que se queme, se le agrega la salsa de súbito. La salsa consiste en moler todos los ingredientes en la licuadora: tomate, cebolla, chiles, ajo y sal, con una poca de agua. Se agrega a la carne seca cuando ésta empieza a soltar espuma, que es casi de inmediato después de que se coloca en el aceite caliente en una cacerola ancha. Ya con la salsa, se deja que hierva por unos 6 minutos moviendo con una cuchara. Cuando se pierda la espuma es cuando se le van a agregar los huevos. Mientras tanto, se colocan en un recipiente y se mezclan con un tenedor. Luego se vacían a la cacerola que está en la lumbre, y se empieza el proceso de mover constantemente con la cuchara de madera, hasta que los huevos se integren a la carne y salsa, y se sigue moviendo hasta que los huevos queden bien cuajados y mezclados uniformemente con todos los ingredientes. La carne es salada, pero el sabor salado se pierde con la salsa y los huevos, de manera que es conveniente revisar la sazón en este punto. Se sirve con frijoles refritos, o con guacamole. Tortillas de harina o de maíz, pues con ambas sabe riquísimo.

Variantes

- Hay quienes después de que la carne seca se dora, enseguida le ponen los huevos, y mueven hasta que se cuezan. Encima le ponen todos los demás ingredientes cortados en cuadritos, sin molerlos, y se deja en la lumbre, moviendo de vez en cuando, hasta que todo esté bien cocido.
- Una variante extra puede ser que les guste con trocitos de aguacate macizo, o muy poco maduro, pero comible, que se debe agregar despuesito de los huevos, y antes del jitomate. Si ya se le pone el aguacate aquí, entonces se sirve con frijoles refritos.

- Se puede acompañar con más salsa, de la que usted elija, para rebosar encima del machacado en su plato particular.

Migas, o chilaquiles

"Hay que hacer buenas migas." Por eso cuando haga migas, invite a un amigo, para que comiendo migas, hagan entre los dos más migas… Las Migas, es una comida muy típica mexicana, muy conocida en diferentes regiones, sobre todo en el sur y centro de México, donde les llaman Chilaquiles. Lo curioso es que en cada región se preparan de diferentes maneras. Las recetas que aquí se describen son del norte, y generalmente se preparan para el almuerzo o para la cena. Para la gente del norte, se llama almuerzo a un desayuno que consiste en algo más que café, pan o cereal y frutas, digamos, huevos guisados con jamón o chorizo u otra comida un poco más pesada. En algunos lugares, el almuerzo es la comida que se toma a medio día. Se sirven con frijoles fritos, y si se prefiere, con aguacate molido en el molcajete o rebanado. Es común que se coman con tortillas de maíz, aunque a mucha gente nos gustan con tortillas de harina. De allí nació que mucha gente le llama a este platillo *"Nube contra nube"*, porque se come tortilla con más tortilla. Dicen que *"las migas es la comida de los pobres"*, pero a mí me parece que es una comida para reyes… Yo le digo a mi esposa: "cuánta variedad de guisos tan sencillos, pero tan sabrosos, que comemos nosotros, y que quizás los "gringos" como les llamamos a los americanos, nunca lleguen a probar…" Y entre esas comidas yo me refiero a las miguitas…

Ingredientes para 6 personas

12 tortillas de maíz cortadas en cuadritos de 2x2 cm
3 cebollitas de rabo verde

2 dientes de ajo
1 trozo de chile morrón verde cortado en cuadritos
2 chiles verdes serranos, opcional
4 jitomates
Manteca de cerdo
Sal y pimienta al gusto

Procedimiento

En una cacerola, preferiblemente de barro, o de metal recubierta con teflón, se doran los trocitos de tortilla sobre la manteca necesaria, debe de tener un pequeño exceso de manteca, porque las tortillas generalmente la absorben con facilidad. Pero si usted, compadre, está cerca de la cocinera, asegúrese que no *"le unte los bigotes con manteca"*, porque desde ese momento va a quedar cautivado por ella. Y si no por la unción de la menteca, va a ser por las miguitas, después de que se las coma. Seguimos... Moviendo con regularidad para que no se quemen. Cortar las cebollitas en rebanaditas, incluyendo los rabos verdes. Al ver los trocitos de tortilla bien tostados, agregarle la cebolla y el chile morrón para que también se doren y transmitan su sabor a las tostaditas. Previamente se debió haber molido en un molcajete el chile y el ajo con la sal, y después, raspar los cuatro tomates sobre lo molido. Cuando no se tiene molcajete, los ingredientes para la salsa se muelen en una licuadora. Cuando se muelen en la licuadora los ingredientes, agregarle ¼ taza de agua. Se recomienda poner la salsita a hervir en una cacerola aparte, para que se desbarate la espuma del ajo molido en licuadora, y una vez que hirvió y ya esto sucedió, se reserva para agregarla a la otra cacerola. Igualmente, si molió la salsa en el molcajete, también agregarle ¼ de taza de agua para que la salsa quede bien aguadita, se reserva para agregarla a las migas cuando ya estén bien doraditas. Se apaga al momento de que empieza a soltar el hervor. Se debe servir de inmediato, para que las tostaditas no se aguaden. Eso suele pasar, pues conforme pasa el tiempo la salsa las suele suavizar. Y para comerlas, tenga en la mesa, como dijimos, o tortillas de harina, o tortillas de maíz, o en tortas de pan blanco, saben deliciosas.

Variantes

- A mucha gente le gustan sus Miguitas con queso panela rallado encima, o en trocitos. A otros les gusta con pollo desmenuzado encima. A otros con crema agria encima. A otros con pedazos de aguacate encima. A otros con todo eso mezclado encima.
- Asegurarse de guisarlas con manteca de cerdo, así se obtiene un mejor sabor, y más típicamente norteño.
- Si en lugar de jitomates, se usan tomates de fresadilla, adquieren un especial sabor ácido que se suaviza al agregarle crema agria encima, para darle un sabor exquisito.
- Se pueden usar totopos de maíz de bolsa, de los que se compran para botana, en caso de no tener tortillas, y dan también muy buen resultado. Esto suele pasar cuando vives en otro país. Estos totopos o tostadas de maíz, te sacan del apuro para no quedarte con las ganas de comer miguitas.
- El chile cascabel exagera el sabor de las migas, llevándolas hasta el nivel de suculentas. Puede hacer la prueba en la siguiente ocasión que las prepare. Sólo agregue media cucharada de chile cascabel en polvo a la salsa.
- Otros prefieren las Migas sin ningún ingrediente, excepto las tortillas en aceite, sin que se doren, con huevos revueltos y sal. Éstas se pueden comer con pan blanco, poniéndole al pan una cucharadita de mayonesa untada en una de las paredes.

- Otra manera de hacerlas es, luego de que se han tostado y ya se agregó la cebolla, sin agregar los demás ingredientes de la receta, agregarle chorizo casero, tanto cuanto usted desee, y un poca de salsa verde. Ver "Salsa verde. Receta sencilla". No agregar pimienta, pues el chorizo ya la trae en cantidades grandes, sólo sal, si le falta.

Plátanos machos lampreados

Ingredientes

5 plátanos machos
Huevos esponjados
1 botecito de crema agria chico
1 queso crema, chico, ver adivinanza n°49

Procedimiento

Se pelan los plátanos y se parten justo a la mitad. Cada mitad se corta longitudinalmente en dos, de manera que cada plátano se va a hacer 4 partes, y con 5 plátanos ya tendremos 20 partes. Se procede a lamprearlos en aceite caliente según la receta del "Lampreado" en esta misma sección. Se pasan a servilletas absorbentes, y luego se sirven en el platillo que van a acompañar, se recubren con la mezcla batida en la licuadora de crema agria y queso tipo crema o doble crema, y opcionalmente se le puede agregar una pizca de sal y de pimienta molida negra.

Variantes

- Obviamente que los plátanos pueden solamente dorarse en aceite, sin que lleven el lampreado. Saben igualmente sensacionales, y también se les agrega la cremita de queso.

Quelites

Como dice la canción: *"Que bonito es el quelite, bien haya quien lo sembró..."* Los quelites son hierbas que solían crecer en los patios de las casas. Se aprovechaban las hojitas tiernas de las partes más altas, para cocinarlas. Ahora ni las casas tienen patios, y si tuvieran, no crecerían los quelites en ellos. Pero los venden en los mercados, o en los supermercados, en manojitos que usted puede comprar a precios ridículamente bajos, y puede hacer un guisado muy típico y tradicional, con sabor de rancho. *"Quelites y calabacitas, en las primeras agüitas"*, así dice el dicho, y tiene razón, porque en el mes de marzo se tapizaban los patios con estas yerbitas.

Ingredientes

3 manojos de quelites, las puras hojitas
½ cebolla
1 diente de ajo
8 chiles cascabel, o 2 cucharadas en polvo
3 tomates de fresadilla
Sal al gusto
1 pizca de pimienta
Manteca vegetal

Procedimiento

Se pone agua a calentar, y cuando suelte el hervor se le agregan las hojas del quelite. Se dejan solamente 2 minutos, para que se suavicen. Se sacan, se ponen a secar un poco, y se reservan para usarse más adelante. En la misma agua se pone el chile cascabel a hervir para que se suavice, a menos que lo tenga ya en polvo, y también cocer allí el tomate fresadilla. Ya cocidos, se muelen en el molcajete ambos, con el ajo, la pimienta, la sal. Ya listo todo, entonces ya se pone una cacerola, con manteca vegetal, donde se dora la cebolla cortada en cuadritos. Se le agrega el quelite para que adquiera un saborcito de guisado. Después la salsa, que quedó un poquito espesa. Y se deja hervir hasta que suelte el hervor. Se sirve con frijolitos, a como le gusten. O se pueden hacer empanadas norteñas con esta comida, o tacos de harina.

Quesadillas

A diferencia de las quesadillas del sur y centro de México, que son tacos de cualquier ingrediente, las de aquí, sí son tacos de queso, por lo que les llamamos quesadillas, obedeciendo a la palabra origen del ingrediente principal, que es el queso. Sin embargo la gente del centro de México, le dan el nombre de quesadilla a un taco cualquiera, porque la palabra quesadilla proviene de un vocablo náhuatl que quiere decir taco, precisamente. Por eso ellos, con justa razón, las llaman así. Sólo se necesitan tortillas de maíz o de harina, queso de derretir, tipo Oaxaca o Chihuahua, y si acaso para los que exigen que pique, un poquito de chile cortado en cuadritos.

Procedimiento

Simplemente cortar el queso en tiritas o rebanaditas delgadas. Cortar los chiles en cuadritos chicos. Calentar las tortillas en el comal para que se suavicen y no se quiebren al ser dobladas en forma de taco. Ponerles el queso y un poco de chile si se desea, y tapar el taco haciendo el necesario doblez. Seguir calentando en el comal hasta que se medio tuesten los dos lados y se derrita el queso por dentro. Usar alguna de las recetas de salsas para acompañar a las quesadillas. Cuando son de tortilla de maíz, a veces se prefiere dorarlas en aceite, en lugar de calentarlas en el comal, y creo que saben mejor al paladar, preparadas de esa manera.

Queso flameado o fundido

Ingredientes

1 queso en tiras tipo Oaxaca, o Chihuahua
1 chorizo de cerdo, si es casero es mejor, y sería ¼ taza
2 chiles poblanos para desvenar
Aceite
Tortillas
Sal al gusto

Procedimiento

Se desvenan los chiles, según la receta de "Desvenado de chiles", y se cortan en tiras. Se pone en un recipiente recubierto de teflón con muy poco aceite a dorar el chorizo, pero que no se tueste. Agregar las tiras y encima agregar todo el queso que previamente se debió de haber desvenado, o sea que las tiras se hacen reducir a tiras muy delgadas. Simplemente dejar que se derrita y apagar la flama. Esta comida generalmente se hace sobre las brazas, cuando se hace carne asada. Y en lugar de usar un recipiente de metal con teflón, se usa una cacerolita de barro, donde se ponen los ingredientes en el orden en que aquí se dijo, y se termina el proceso hasta que el queso esté derretido. Mucha gente no le pone las rajas de chile poblano, simplemente lo preparan con sólo queso y chorizo.

Queso en salsa

Ingredientes para 6 personas

5 jitomates
2 cebollas
1 queso fresco panela de vaca
Sal al gusto
Pimienta al gusto, opcional

Procedimiento

En una cacerola sin aceite, se pone una salsa que se hizo en la licuadora con todos los jitomates y la sal. Que hierba muy bien, y meneando con una cuchara hasta que las burbujas del jitomate desaparezcan por completo. Esta operación de estar moviendo mientras hierve la salsita, tarda como unos 6 minutos. En otra cacerola con un poco aceite se pone a dorar la cebolla que fue cortada en cuadritos muy pequeños. Cuando la cebolla ya adquiera un colorcito transparente, agregar la salsa que se tiene en la otra cacerola. Dejar que suelte nuevamente el hervor. Ver la viscosidad ahora de la salsa, debe de quedar caldudita, pero no tanto. Si le falta agua, agregar un poco. Probarla para determinar la sazón con sal, y agregar si le falta. No se le pone pimienta, ésta se deja para que cada quién se la agregue cuando su plato ya esté servido, tanta como les guste. Luego de que empezó a hervir, se apaga la flama, y se le agrega el queso panela que previamente fue cortado en rectángulos alargaditos, como de ½ x 2 pulgadas. Se tapa un par de minutos y en seguida ya se puede servir. Generalmente se come con galletas saladas, o con tortillas de harina, combinando con unos frijolitos refritos. O con huevos revueltos solos, sin agregados. Esta comida es especial para la cena.

Sincronizadas

Ingredientes para 6 personas

18 tortillas de harina
6 rebanadas de queso amarillo
6 rebanadas de queso mozarela o cualquier otro que se derrita
12 rebanadas de jamón de pierna de puerco de regular grosor
Salsa verde, o roja
Frijoles refritos
Totopos
Mayonesa, o crema agria
Pimienta para espolvorear al gusto
Aguacate en rebanadas

Procedimiento

Las sincronizadas son empalmes de 3 tortillas de harina por persona, que van rellenas entre una y otra con los ingredientes. Se empieza por calentar todas las tortillas en un comal y se reservan en una canastita, tapándolas, para que se mantengan calientes hasta cuando se vayan a usar. Se preparan los ingredientes. En el caso del queso mozarela, si no se tienen las rebanadas, pues entonces comprar un queso para derretir, y hacer cortes de trocitos alargados para usarlos en lugar de las rebanadas. Ya listo todo, se procede a poner una tortilla en una sartén recubierta de teflón. Encima de esta primera tortilla se pone una rebanada de queso amarillo, y encima una de jamón. Y jamón, y más jamón, *"que a como yo me como mi jamón, al envidioso le da la indigestión…"* Je, je, je… No me lo crea, mejor no coma tanto jamón, no sea que el indigesto vaya a ser usted. Se tapa con una segunda tortilla. Ahora se pone el queso para derretir, y encima otra rebanada de jamón. Se tapa con una tercera tortilla. Al estarse calentando el triple empalme de tortillas, se verá que se derrite el queso amarillo. Darle vuelta al trío con una pala, de manera que lo de arriba ahora quede abajo, y esperar a que el queso blanco se derrita. Se verá que se tuestan un poco las tortillas que están arriba y abajo. Se saca con la palita, colocando a este trío en un plato grande y extendido. Se bañarán las tres tortillas sincronizadas, con bastante salsa de su elección, según las recetas seleccionadas. Se espolvorea de pimienta al gusto, y encima, en medio de la tortilla superior, se le agrega una cucharita de mayonesa o crema agria, según el gusto. A un lado se pone una porción de frijoles refritos con totopos encima, y al otro lado, unas rebanadas de aguacate. *"Ay, Jacinta, cómo te pondrás..."* Los frijoles refritos, los totopos y las salsas, se sacan de recetas aquí expuestas. Use tenedor y cuchillo para cortar trocitos en cuadraditos para cada bocado que se lleve a la boca.

Indigestión

Las órdenes en el buzón,
Sin discusión yo obedezco,
Tú me muestras la reacción,
De ilusión tiembla mi cuerpo...

A la acción mi alma pasa,
Blanco y negro es emoción,
De la petición al momento,
Del motivo a mi pasión...

Conclusión es tu sonrisa
Mostrada a contraposición,
En la carta escrita aprisa...

Con la foto de confusión...
Mi mente insana lo precisa,
La cena te provocó indigestión.

Félix Cantú Ortiz

Cuarta parte:
Botanas

"Al dolor de cabeza, el comer lo endereza."

*"Quien bien come y bien digiere,
sólo de viejo se muere."*

*"Para todo mal, mezcal; para todo bien, también; y
si no hay remedio, nomás un litro y medio."*

Botanas en vinagre

Como se podrá observar, estas recetas todas llevan el vinagre y algunos otros ingredientes comunes. Sin embargo, los ingredientes principales pueden cambiar, o bien, se pueden combinar para dar más gusto a los paladares exigentes en cualquier fiesta o reunión, sea o no importante. Se pueden usar cueritos de cerdo, u otros materiales, como por ejemplo, patita de puerco, hígado de cerdo, papita de Galeana, etc. Para hacer esta receta se deberá de usar un recipiente de vidrio, tipo botellón o barrilito de vidrio con tapa, de esos que se usan para hacer aguas frescas, aunque no tan enormes, sino los del tamaño menor. O si no se tiene, pues hacerla en botellas de vidrio o de plástico de menor tamaño, repartiendo ingredientes por igual en todas y cada una de las botellitas. De los materiales a usar, como decimos, todo depende del gusto y de la ocasión. Generalmente en las fiestas de Navidad y de Año Nuevo se prepara esta receta con todos los ingredientes, para que cada quien tome del recipiente lo que le agrade. Se pueden hacer las combinaciones de ingredientes principales a como se le antoje al que lo va a preparar.

Ingredientes comunes

Vinagre de caña o de manzana, el necesario
Sal y pimienta negra en grano al gusto
Orégano, una cucharada por cada litro de vinagre usado
4 dientes de ajo por litro de vinagre
5 hojas de laurel por litro de vinagre
1 cebolla por cada litro de vinagre
5 zanahorias, preferentemente gruesas, por cada litro de vinagre

Ingrediente principal a escoger:

1.- Cueritos de cerdo, limpios y sin pelos. Cocidos unas 3

horas, hasta que se puedan cortar con los dientes fácilmente. Cortados en cuadritos de 1x2 pulgadas.

2.- Papitas de Galeana. Cocidas por 20 minutos, y luego peladas.

3.- Hígado de cerdo. Cocido en agua hasta que se pueda cortar fácilmente con un cuchillo, y luego, cortarlo en cuadritos pequeños, de 1x1 pulgada.

4.- Patitas de puerco. Se ponen a cocer en agua caliente hasta que estén cocidas y fácil de cortar. Cada una se parte en 2, haciendo el corte por en medio de las pezuñas.

Procedimiento

Darle a los ingredientes principales el tratamiento de cocción que deben de tener, para hacerlos comibles. Luego colocarlos en un recipiente de vidrio grande, que tenga tapa y que le pueda dar cabida a todos los ingredientes de esta receta. Si no se tiene de ese tamaño, entonces repartir todos los ingredientes en 2 o en tres recipientes de menor tamaño, pero es recomendable que sean de vidrio, o de plásticos transparentes, y con tapa. Agregar la sal y la pimienta, el ajo, el orégano y el laurel. Si es en varios recipientes, pues repartir estos ingredientes en partes iguales para todos. Agregar la cebolla también, pero debió de haberse cortado en rodajas no tan delgadas, sino de buen grosor. El tratamiento de las zanahorias es el siguiente: éstas debieron previamente de rasparse, y cortarse en rodajas que tengan un espesor aproximado de medio centímetro. Se cuecen en agua, y se dejan hervir solamente 6 minutos, para que no se hagan tan suaves. Se sacan y se ponen a escurrir hasta que queden secas las rodajas. Ya listas, se agregan a los botes. Por último, se le agrega el vinagre hasta que sobrepase el nivel de todos los ingredientes. Se tapa el recipiente y se deja reposar por 3 días. Después, para sacar los ingredientes debe usar cucharas de madera o de plástico. Esta receta sirve para satisfacer los más exigentes gustos, como una excelente botana, o para acompañar algunos platillos.

Variantes

- Agregar cebollitas miniatura Cambray si lo desea. Se compran dos o tres botellitas y simplemente se abren, se escurren y se agregan cuando ya hayan pasados los tres días de reposo de los ingredientes, o sea, antes de servir, y se menean los ingredientes para que las cebollitas se integren a todo lo demás.
- Agregar chiles jalapeños o serranos. Si se requiere que pique sabrosamente, a los ingredientes anteriores, se les puede agregar una o dos latas de chiles enteros en vinagre, desde que se termina el proceso, y los botes se tapan para llevar todo al reposo, pero claro, si prefiere, sólo al momento de servir, agregue un chile en el recipiente particular de cada comensal.
- Se pueden combinar dos ingredientes principales a su gusto, o el hígado o los cueritos y las patitas, con papitas de Galeana, pero no mezclar hígado con cueritos o patitas, porque el hígado tiende a dejar menudencias que luego mezcladas con los cueritos, dan mal aspecto. Es preferible una cosa o la otra, pero a ambos les puede agregar papita de Galeana.

Cebiche de pescado

Esta deliciosa botanita puede pasar por ser un platillo principal en algunas ocasiones, dependiendo de cuánto a usted le guste comer el pescado, no exactamente crudo, pero cocido con sólo limón, y sobre todo, así, mezclado con cebolla, tomate y cilantro. A mí particularmente me parece una delicia, presentado en tostaditas de tortilla de maíz, normales o rojas.

Ingredientes para 30 tostadas

3 k de filete de mojarra de granja, o tilapia
1 cebolla por cada kilo de pescado
2 jitomates por cada kilo de pescado
7 limones por cada kilo de pescado
1 cucharada de orégano por cada kilo de pescado
Salsa inglesa
Sal al gusto
1 manojo de cilantro
Mayonesa y mostaza al gusto
Salsa de chile de árbol

Procedimiento

Se pican las cebollas en cuadritos pequeños, que se van a colocar primeramente, en una vasija grande, como por ejemplo, un lavamanos, donde irá todo. Luego cortar el filete en trocitos del tamaño que se deseen. Entre más pequeños, más fácilmente de cuecen con el limón. Se pone una capa de estos trozos arriba de la cebolla, y encima se le espolvorea orégano, se le exprime limón y unos chorritos de salsa inglesa. Se acomodan varias capas igualmente, hasta acabarse el pescado. Se le pone al final, y encima, el tomate cortado en cuadritos mezclado con las hojitas del cilantro, previamente lavadas y cortaditas. Y sin mover nada, así como quedaron los ingredientes, se guarda la charola en el refrigerador por 3 ó 4 horas, o bien, hasta que se vaya a consumir. Antes de servir, se mezclan muy bien todos los ingredientes, se le agrega la sal necesaria para la buena sazón, y si hay un excedente de limón, puede eliminarlo, si usted quiere. Se sirve en tostaditas. Si se prefiere, ponerles a las tostaditas un poco de mayonesa y/o mostaza, y encima del cebiche ya servido, alguna salsa de chile picante que venden en botellas, de las populares del mercado del gusto particular, o la salsa de chile de árbol, que se muestra en la receta "Salsa de chile de árbol".

Variantes

- El sabor cambia dramáticamente si en lugar de orégano se usa comino en polvo. Pero en ambos casos el sabor es riquísimo. Otros combinan los dos ingredientes a la vez.
- Hay quiénes le agregan pimienta en polvo a su tostadita particular, encima del cebiche ya servido.
- Si a los comensales les gusta la comida semi-dulce, puede ponerle un par de mangos naturales y maduros, pero macizos, cortados en cuadritos, agregados a la charola, al final, antes de meterla al refrigerador para su reposo.
- Hay quiénes, en lugar de mango, usan piña, y le da al cebiche el mismo resultado, semi-dulce.
- En vez de pescado, se puede usar con iguales resultados, camarón cocido de cualquier tipo, y cortado en cuadritos pequeños.

Coctel de camarones

Aunque no debería, pero tengo qué decir que a las playas mexicanas donde he ido de vacaciones, y he visitado sus restaurantes para pedir un coctel de camarones, nunca me lo sirvieron como yo lo hubiera deseado comer. Ni siquiera en las ciudades más importantes del país. Ellos le llaman coctel de camarones a un grupo de camarones servidos sobre unos pedazos de lechuga fresca, unos limones, y un recipiente con salsa de tomate dulce para papas fritas, para empapar los camarones, y de allí llevarlos a la boca, y si acaso con una botellita de salsita picosa para agregarle a cada camarón. Bueno, eso aquí en el norte no es un coctel de camarones, porque aquí, sí que tiene el cocinero un buen gusto para ofrecer algo más, que usted va a paladear, y cuyo sabor nunca va a olvidar. Veamos cómo se prepara, ésta, mi especial receta…

Ingredientes para 1 coctel

1 taza de camarones de tamaño coctelero, ya cocidos y pelados
Pico de gallo
½ aguacate
Salsa para coctel de camarones
Limones
Cilantro

Procedimiento

En una copa coctelera grande, de las que parecen una V alargada, se colocan los camarones. Obviamente que el nivel que hagan la cantidad de camarones no debe de llegar hasta el tope, deben quedar un poco abajo, para poder agregar los ingredientes que faltan. Si es necesario quitarle algunos camarones, o igualmente ponerle más si necesita subir el nivel. Se les agrega 2 cucharadas de pico de gallo según receta. Se les pone el jugo de 1 limón y una cucharita de ramitas de cilantro picado. Encima de todo se le agrega medio aguacate rebanado en trocitos pequeños y delgados, hasta que se llena la copa. Se mete una cuchara sopera hasta el fondo, y en el hueco que abre, se le agrega "Salsa para camarones", según la receta. Y ya está listo su coctel. La receta dice que es para 1 coctel, o sea para 1 persona, porque se prepara directamente en la copa coctelera, pero al hacer las compras de los ingredientes, calcular la cantidad a comprar, según los comensales que vendrán a comer. Sírvase con galletas saladas y dos o tres botellitas de salsa picante para que elija alguna de ellas, que le guste para que le agregue a su copa. Nunca debe de faltar la más picante, que es la del chile habanero.

Chicharrones de pollo

Ingredientes

Puros pellejos de pollo
Sal y pimienta al gusto

Procedimiento

Simplemente se ponen a hervir los pellejos en media taza de agua. A medida que el agua se evapora, se irá soltando su grasita. Luego se doran los pellejos de pollo en el propio aceite que sueltan, bien caliente, hasta que estén crujientes, hasta que se puedan quebrar. Cuando estén listos, agregarles una poca de sal y pimienta al gusto.

Papas con chile

Estas papitas sí que están chilosas, y si se las va a comer, que sea de a poquito, para que no se vaya a enfermar del estomaguito. Y *"si come poquito vivirá otro ratito"*, como dice el dicho…

Ingredientes

1½ kilo de papitas miniatura, de Galeana
½ taza de jugo de limón
½ bote de chile en polvo, que ya venden en botellita salero
½ bote grande de salsa botanera picosa de las de botella de a litro
1 cuadrito de consomé de pollo
1 taza de vinagre de caña o de manzana, a su gusto
1 lata de chile chipotle
200 gramos de tocino
1½ cucharadas de sal
1 cucharadita de pimienta

Procedimiento

Se parten las papitas en mitades, previamente lavadas, y se ponen a remojar en agua. Aparte, se pone a dorar el tocino en su propia manteca, en una vasija honda y recubierta de teflón y se reserva para usarlo en la salsa, que será como sigue: se muele en la licuadora el chile chipotle, con el jugo de limón, la salsa botanera, el cuadrito de consomé y el vinagre, la sal y la pimienta, y se agrega todo al tocino. Todo esto se pone a hervir en la vasija honda que contiene la grasita del tocino. Cuando esté esta salsa bien caliente, se le agregan las papitas que previamente se estaban remojando, para que se cuezan a fuego lento en este caldo. Se tapa la vasija. Cuando ya estén listas, se dejan enfriar, y luego, ya pueden servirse en platitos botaneros para cogerlas con palillos o tenedores. ¿Y para qué...? Ahora sí que *"no entiendo ni papa..."*

Mis recuerdos

Mis Recuerdos son joyas por pulir
Que se guardan en esos rincones
Donde nadie me las pueda robar.

Mis Recuerdos, parte del pasado
Que enciendo en el fuego de espirales
Trayendo vivencias a raudales.

Y sólo yo los puedo visitar,
Sólo yo de allí los puedo sacar,
Y sólo yo los puedo proyectar.

Nadie sabe lo que un recuerdo vivo
Hace conmigo mientras estoy vivo,
Y cuando muera se irán conmigo.

Mis recuerdos son como sustancias
De las que provienen todos mis sueños,
Y de mi imaginación son dueños.

Mis recuerdos son míos, de nadie más,
Son mis tesoros, gemas, mis poemas,
Mis emociones, liras, mis canciones.

Félix Cantú Ortiz

Quinta parte:
Complementos, guarniciones

> *"Derramar vino: buen destino;
> derramar sal: mala señal."*
>
> *"Agua de las dulces matas, tú me cuidas, tú me
> matas, tú me haces andar a gatas."*
>
> *"La mujer es como una buena taza de café: la
> primera vez que se toma, no deja dormir."*

Chalupas y sopes

Chalupas y sopes, así como los tlacoyos, son palabras que representan comidas provenientes del centro y sur de México, y que se hacen con masa de nixtamal. Los sopes y las empanadas norteñas se rellenan de varios guisados, pero a las chalupas, se les pone encima el guisado. Y en esta receta no importa de qué sea el guisado, aquí solamente se expondrá cómo se hacen. Ya el guisado será escogido por el gusto particular de cada quién para rellenarlas. Puede ser picadillo, carne molida guisada, mole, guisado de flor de calabaza o flor de palma, acelgas o espinacas, carne deshebrada, inclusive frijoles refritos, huevos guisados con algún ingrediente, nopalitos, etc. O simplemente hacerlas del guisado que les haya quedado de ayer, o de la comida de a medio día. Lo que se debe de tener a la mano es la masa del nixtamal, y si no se tiene nixtamal, pues entonces harina en polvo de maíz, para hacer la masa en casa. Ya con este ingrediente principal, se procede a hacer lo siguiente.

Procedimiento

Se toma con las manos una poca de masa, digamos que un poquito más que el tamaño de una pelota o bola de golf. Se humedecen un poco las manos y se empieza a palmear la masa, como aplaudiendo, de manera que se vaya extendiendo y formando una tortilla gruesa. Debe de quedar tan gruesa como una gordita de harina de azúcar. Estas tortillas gruesas se pondrán en el comal para que se cueza la masa por dentro y por fuera, y para este fin, se deberá dar vuelta a la tortilla 4 veces. Por dentro, cuando ya estén cocidas, se verá que queda apelmazada. Ésa es la apariencia real que tiene. Luego de esto, se les dan diferentes tratamientos: 1.- Estas tortillas ya cocidas, pueden ser chalupas, si ya un poco frías, se les pellizca por sólo una de las caras, y los pedacitos de masa se van haciendo hacia los lados con los dedos, para transformar a la tortilla en un platito con la misma masa. A esta tortilla ya con cavidad como para rellenarla encima, se le va a agregar la comida ya lista y preparada por el gusto del cocinero, como ya dijimos, y así se sirven en un plato. 2.- Otra variante es partir con un cuchillo estas tortillas gordas, por en medio del grosor del filo, pero no completamente, de manera que queden como bolsitas para ser rellenadas con el guisado, digamos que, abiertas de un extremo y cerradas del otro, para que el guisado no se les salga. Bueno pues, a esta forma de servirlas se les llama sopes. 3.- Otra manera de preparar los sopes y las chalupas, es que antes de agregarles el guisado, pero ya deben de tener el tratamiento que se les hace, del pellizcado o del cortado por la mitad, pasarlas al aceite caliente en una cacerola ancha, para que se doren un poco. Luego de hacer esto, entonces se rellenan los sopes o se les pone encima el guisado a las chalupas. Al servir, se puede poner una ensaladita de lechuga picada muy finamente para que los comensales le agreguen a sus chalupas o sopes. Y sin faltar una salsita picosa.

Empanadas norteñas

Procedimiento

Hay qué preparar la masa, y ésta hay qué hacerla de harina de maíz y de harina de trigo. 2 partes de harina de maíz por una de trigo. De manera que si se quiere hacer poquito, se preparan 2 tazas de harina de maíz y 1 de harina de trigo. Se amasa con agua caliente, y con esta masa se harán tortillas no muy gruesas, para lo que se necesitará una tortillera. Ya hemos dicho cómo se hace una tortilla en tortillera, y la diferencia que habrá aquí, es que ésta debe ser un poco más grande en diámetro y más gruesa que las tortillas normales de pura masa de maíz. Ver receta de las "Tortillas de masa de nixtamal".

Estas tortillas de masa ya extendida y cruda, se rellenarán con el guisado de su gusto, y se doblarán como formando un taco. Se sellarán sus orillas aplanando con los dientes de un tenedor para que quede como una empanada, o se les hace el repulgo. Se le llama repulgo o repliegue al tejido que se les hace a las empanadas en su extremo, donde se juntan las dos mitades de la tortilla. Es como un pellizco que se va haciendo con los dedos índice y pulgar en toda la periferia, y ese pellizco doblarlo hacia arriba, haciendo el tejido desde un lado hasta el otro, queda a la vista con la apariencia de una trencita. Se pasan luego al aceite caliente, elija una cacerola muy ancha, para facilitar los movimientos, y se doran por ambas partes. Luego que estén doraditas, pero no quemaditas, se pasan a un plato que tenga encima servilletas absorbentes, para que depositen allí el aceite sobrante. Y se sirven con una salsita picosita al gusto. Mucho cuidado al comerlas, porque lo de adentro debe estar muy caliente, y al darle la mordida, tiende a derramarse. No se vaya usted a quemar por actuar como comelón hambreado y desesperado, porque al ver las empanaditas norteñas, se las querrá comer todas, pero ya…

Empalmes

Se usan tortillas de maíz para hacer esta comida, a manera de botana. Es muy sencilla. Se embadurnan las tortillas en manteca de cerdo sólida, y se colocan una encima de la otra, hasta que se vayan a usar. Se agarran de dos en dos de ellas y se les coloca en medio, carne para tamal, o frijoles para tamal, o asado de puerco, o lo que usted desee. Luego este par de tortillas con su respectivo relleno, se ponen en las brasas encima de la parrilla para tostarlas, cuidando de que al voltearlas al otro lado, no se les salga el relleno. Se sirven con salsa picosa de la que usted elija. Se estila hacer estos empalmes cuando se hace carne asada o alguna comida estilo ranchera, para complementar.

Chiles

"Y ahora es cuándo, chile verde, le has de dar sabor al caldo." Ha llegado el momento que más me gusta de estas secciones de comidas, y será porque soy mexicano, por eso me encanta hacer salsas y disfrutar de sus sabores. Veamos antes algo sobre los chiles... Después del ajo, el chile es el otro Rey de la cocina mexicana, y en México existen alrededor de 140 especies diferentes, que puedes encontrar en muchas formas, ya sea frescos, secos, en escabeche, en salmuera, o en polvo. Su cultivo es tan viejo como la civilización azteca. Ellos creían que los chiles tenían propiedades curativas y nutricionales, cosa que en estos tiempos se confirma por algunos nutricionistas. En el norte se consiguen alrededor de 25 variedades de chiles frescos, o sea, verdes, o sea, inmaduros, y otras tantas de chiles secos. Generalmente se clasifican según el picor, el sabor, el color y la utilización culinaria. Los procesos de molido o mezclado, envinagrado, asado, secado, tostado o congelado que se les da a los chiles, influye bastante en su sabor y en su grado de picor. A veces un chile se pone bravo cuando lo toreas en aceite, o cuando lo pones en vinagre. En la inventiva está la gracia para crear nuevas formas de probar los chiles, y hacer salsitas picosas con diferentes chiles y con diferentes especias. Aunque usted no lo crea, pero hasta mermelada de chiles se hace aquí en el norte. ¿Nunca la ha probado? Vaya a ver la receta en la sección de postres, y nunca diga *"de esta agua no beberé"*, porque seguramente la receta le va a encantar. Curiosamente, algunos señores taqueros de restaurantes establecidos, pero sobre todo de los callejeros, se hacen famosos, no precisamente por los tacos que venden, sino por las salsitas que ofrecen

para ponerle a sus tacos, pues en eso consiste el sabor y el picor de las comidas, y créalo usted o no, para los chiles existe un medidor del grado de picor, que se mide en unidades *"Scoville"*, que es el apellido del inventor de estas mediciones, de manera que un chile habanero puede tener hasta 400 mil unidades de picor, cuando un chile piquín del monte, hasta 50 mil unidades, y un chile de árbol 30 mil. El chile serrano tiene 20 mil, el jalapeño 5 mil, el cascabel 2 mil, y los chiles ancho, pasilla, guajillo y poblano, sólo tienen 1 mil unidades, lo que quiere decir que entre menos unidades tenga, pica menos. Así, el chile morrón, o pimiento, tiene cero unidades, que significa que no pica nada, sólo da sabor, como muchos otros, pero eso sí, tiene la apariencia de chile muy bravo, y por eso yo opino que debe conocer muy bien a sus chiles, para que sepa cuáles pican y cuáles no, para que *"no le den gato por liebre"*, o bien, que *"no le den atole con el dedo"*. ¡Coma chile, no se arrepentirá…! Seguramente trae consecuencias gástricas, pero dicen que es bueno para el corazón… Puede que le toque uno no muy picante, porque si está picante, puede que sí se arrepienta, pero hasta que vaya al baño… Je, je, je, y no se apure, porque puede comerse una nieve doble, de postre, luego de comer una comida picosa, así no tendrá las molestias ulteriores, je, je, je. Obviamente eso es una broma.

1.- Chiles piquines

El chile Piquín, o también llamado en el norte "Chile del monte" es un chile que se da *"a diestra y siniestra"* en los matorrales semidesérticos de estas regiones norteñas, precisamente en el monte, casi siempre debajo de una retama, o de un mezquite, porque curiosamente, la planta de este chilito nace de los excrementos de los pajaritos llamados "Chileros", y se llaman así porque estos pajarillos comen bolitas de chile cuando éste está muy maduro, rojo. Al comerse los chiles, ellos procesan las semillitas y las suavizan en sus buches durante su proceso digestivo, de manera que la semilla suavizada, ya está a punto de germinar. Luego de que los pajaritos las defecan, o sea que sueltan hacia el piso, las semillas germinan rápidamente creciendo las plantitas debajo del árbol donde estaban dichos pajaritos. La forma de este chile es esférica, chiquita, como del tamaño de una bolita de chícharo, sostenida de un rabito con el que uno lo agarra para acercarlo a la boca y arrancar la bolita con los dientes, la que al mascarla, pica tanto que a veces con uno tienes suficiente picor por cada cuatro bocados. Hay gente que le gusta mucho este chile, tanto en salsas, como en vinagre, o tan sólo verde, o seco. Hay formas de preservarlo y guardarlo para usos posteriores, sin que se seque. Aquí le daremos algunas recetas más, aparte la de cómo se prepara en vinagre, que es una de las formas en que dura más tiempo sin perder su sabor, aunque ya no será el sabor original del chilito verde recién cortado de la planta. Obviamente, esta receta también es de las abuelas y hasta la fecha, yo lo he venido preparando año tras año, en la época en que este chile se da, que es generalmente en el verano, después de las lluvias de primavera, en que lo encuentras sanito y muy verde. Momento justo para pizcarlo y prepararlo en vinagre. Que en realidad, poco me dura, y no porque me guste mucho comerlo, sino porque las botellitas que preparo, generalmente las regalo en las navidades a mis amigos y familiares. Es un buen regalo, el cual, hecho por uno mismo, creo que lo aprecian mucho más.

Ingredientes

½ kilo de chile piquín bien sanito y verde, que esté en su pezón
1 litro de vinagre de caña, conocido también como vinagre blanco, o 1 lt de vinagre de manzana conocido también como vinagre amarillo
1 cucharada rasa de orégano
6 hojas de laurel

1 cucharada rasa de comino entero, o en polvo
1 cucharada rasa de pimienta negra entera, o en polvo
1 cucharadita de mejorana
Los dientes de una cabeza de ajo ya pelados
Zanahoria suficiente pelada, hervida por 3 minutos y cortada en rodajitas
Cebolla suficiente, cortada en gajos
Aceite de oliva
Sal
Botellitas de vidrio con tapa, las necesarias

Procedimiento

Se lavan bien las botellitas y se dejan escurrir hasta que estén bien secas. Se ponen en fila destapadas una enseguida de la otra, y a cada una se le van agregando los ingredientes. Lo que alcances a agarrar con los dedos índice, pulgar y cordial, de cada ingrediente a cada botellita, un tanto a todos por igual. El aceite, el vinagre, la cebolla, el chile y la zanahoria, se agregan después. Primero todas las yerbas. En el caso del laurel, se le ponen 2 hojitas a cada frasquito. Ya que se terminó de colocarles las yerbitas, ahora se pone una capa a cada uno de chile, como hasta la mitad del frasco. Luego unas rodajas de zanahoria y una rebanada de cebolla a todos. Luego otra capa de chiles hasta el tope del frasco a todos las botellitas. Luego a cada una se les rellena con el vinagre hasta que llene hasta arriba del frasco. Se le agrega la sal, y finalmente se les pone un chorrito de aceite de oliva, ya que éste, por su viscosidad, siempre quedará arriba y evitará que la tapa, se oxide con el ácido del vinagre, en caso de que sea de lámina, pero hay tapas que son de plástico, que aunque no se oxidan, como quiera el aceite irá en la mezcla, porque le da un buen sabor al chile. Se tapan los frascos, y a cada uno se le da una buena sacudida, o meneada, de manera que las yerbas se integren al vinagre, y después de esto, ya más no se les mueve. Se depositan los frasquitos en un almacén de preferencia oscuro, que no les dé mucho la luz. En unos días se revisa un frasquito para ver el color del chile, si ya cambió de color verde fuerte a verde olivo suave, o un poco pardo, es que ya se pueden comer. Pero los chiles pueden durar años en sus frasquitos sin perder el sabor ni echarse a perder. Este chile se convierte en un chile de Amor... Porque para comerlo sólo será de-amor-dida... Je, je, je, je... Se coge con los dedos del rabo y se muerde con los dientes enseguida de un bocado de comida. ¡Buen provecho...! Para preservar los chiles de esta forma, no necesita refrigeración.

Variantes

- Hay personas que en esta receta, les gusta quitarles el pezón porque cuando el chile esté ya bueno para comerse, toda la botellita con chiles e ingredientes, la pasan a la licuadora con un poco más de vinagre, y mucho más de aceite de oliva, excepto la zanahoria. Muelen todo haciendo una salsa muy picosa que guardan en el mismo frasco que los contenía enteros, de manera que cuando necesitan, toman con una cucharita lo necesario.
- Hay gente que no les pone vinagre, pero los ingredientes cambian. Se les quita a los chiles el pezón, y se colocan en un frasco de vidrio con sólo orégano, ajo, y unas piedritas de sal en grano. Sin nada más que eso, se tapan y se almacenan así. Se pueden comer cuando los chiles cambien su color a un color verde olivo un poco pardo, y empiecen a sudar.
- Otros prefieren dejar que los chiles se hagan rojos y luego les quitan el pezón. Y así, rojos, se ponen a hervir en vinagre con todos los ingredientes de esta receta en cantidades pequeñas, adecuadamente a la cantidad de chile, excepto la zanahoria, que no la

lleva. Y ya hervidos por una media hora, se deja que se enfríen y luego se muelen en la licuadora, agregándoles más aceite de oliva. Se guardan también en frascos para estar agarrando de allí a cucharadas para agregarle a sus comidas.

- Otras personas sólo les quitan los pezones, y ponen a secar las bolitas de chile sobre una bandeja, o un pedazo de periódico para que no agarren humedad, y expuestos al sol por unos días. Cuando se meta el sol, se meten a la casa, porque si no, vuelven a agarrar la humedad del sereno nocturno. Luego al otro día se vuelven a sacar al sol. Ya bien secos, se comen agarrándolos con los dedos o se les espolvorea apretándolos con los mismos dedos sobre las comidas, pero cuidado con agarrarse los ojos, porque se van a irritar, y duele mucho el picor, así que después de comer lavarse muy bien sus manos. Éstos, los chiles secos, molidos en el molcajete con ajo, un poco de orégano, sal y mucho aceite de oliva, hacen una salsita especial que le da muy buen sabor a las comidas. En lugar del orégano póngale comino, y en lugar del mucho aceite de oliva, sólo ponga la mitad, y la otra mitad con agua mineral.... ¡¡¡¡Mmmmmmmmm!!!!!!!!
- Cuando el chile está muy verde, antes de ponerse rojo, hay gente que sólo lo guarda en el congelador, pues así se conserva el sabor fresco, para disfrutar su sabor original durante todo el año en ricas salsas picosas. Sólo que hay que quitarles los pezones y se guardan a congelar las puras bolitas en un botecito de vidrio con tapa.

2.- Chiles en escabeche

Esta sí que es una receta antigua, pues antes, como no era muy fácil conseguir enlatados, casi todo se preparaba en casa. Y esta receta, que proviene de los ancestros familiares de mi suegra, reproduce perfectamente el sabor de los chiles en escabeche enlatados, y es muy fácil de hacer, sólo que hay que hacerlos cuando no haya gente en casa, porque le roban el secreto... Je, je, je. No, no es por eso, sino porque al estar haciéndolos, por la cocción se crea en el ambiente un aire muy picoso y caliente que se va hacia arriba, y que puede irritarles la garganta causándoles tos a los presentes, o también irritaciones de ojos, por lo que se recomienda que no haya gente en casa cuando se prepare esta receta. Por seguridad del que los va a preparar, se recomienda que las ventanas, y si acaso, también las puertas de su casa, estén bien abiertas para lograr una buena ventilación, para que así el aire se lleve lo que a usted le puede contaminar.

Ingredientes, para los que alcancen

1 kilo de chiles jalapeños verdes muy sanitos
4 litros de vinagre de manzana
10 zanahoria sanitas ya peladas, cortadas alargadas, o en rodajas
2 cebollas cortadas en cuatro partes en rajas
2 cucharadas de orégano
10 hojas de laurel
½ cucharada de mejorana
½ cucharada de tomillo
20 dientes de ajo ya pelones
1 cucharada de pimienta negra entera
2 cucharas soperas de sal

Procedimiento

En una olla honda que tenga tapa, se ponen a hervir todos los ingredientes en el vinagre. Pero los chiles se debieron haber lavado y escurrido antes de hervirlos. Las zanahorias pueden ir cortadas en rodajas o en palitos alargados. Las cebollas pueden ir cortadas en triángulos como gajos de naranja o en rebanadas, y si son en rebanadas, que sean gruesas. Las cebollas no se ponen inmediatamente, sino a la mitad del proceso, cuando se vea que el color de los chiles ya ha cambiado de verde fuerte a verde olivo. Tapar desde el principio la olla. Para saber si ya están listos, se hace la prueba sacando uno que se pueda partir fácilmente con un cuchillo, o dejarlo tantito enfriar, para poder darle una mordidita para ver que su textura sea la que uno anda buscando al momento de morder. Se deja tapado todo como para reposar, hasta que se enfríen. Luego transferirlos a unas botellas de vidrio, de preferencia de tapa ancha, y guardarlos para su consumo posterior. Se cubren hasta el tope con vinagre del que se usó para hervirlos. Seguramente le sobrará vinagre, y éste lo va a tirar. Para preservarlos de esta manera, no necesitan refrigeración.

Variantes

- Los chiles pueden ser jalapeños verdes o rojos, o combinados.
- En lugar de jalapeños pueden ser serranos.
- El vinagre puede ser de manzana o de caña.
- Mucha gente no le agrega el tomillo por ser su sabor un poco extraño, en su lugar le ponen ½ cuchara de comino entero, pero es cuestión de gustos.
- La receta cambia cuando los chiles los quiere usted moler. Entonces se escogen los puros rojos, sin pezón, y de los ingredientes, sólo las zanahorias se quitan. Cuando estén cocidos, se muelen en la licuadora agregándole vinagre del de la olla, y también aceite de oliva, ½ taza, quedando una salsa roja, que se embotella, y de allí se puede estar agarrando para

combinarla en las comidas. Esta mezcla queda muy picante.

3.- Chiles en polvo

La idea de tener los chiles ya listos para comerlos o agregarlos a las comidas, aunque sean secos, proviene de mis abuelas, y yo creo que de las abuelas de ellas, pues es una manera muy práctica de guardar el chile, y sobre todo, catalogarlo con su nombre en una etiqueta estampada en cada frasquito, según el nombre del chile. No requiere refrigeración, y en un momento dado, se puede tener en el almacén personal, una buena gama de chiles de todos tipos, listos para ser usados. Lo más especial de esto, es que no ocupan mucho espacio, que si usted tuviera todos los chiles secos en el almacén de la alacena, cada uno en una bolsa de polietileno, se confundiría y ni sabría cuál es cuál. Pero de esta forma la cosa cambia, se ve elegante, y hasta ordenado, convirtiéndolo a usted, en un experto en chiles… Hay chiles secos de todos tipos y cada uno tiene su especial sabor, y obviamente su nombre, a saber: chile colorado ancho, chile cascabel, chile de árbol, chile pasilla, chile mulato, chile bola, chile canica, chile habanero, chile chipotle, chile guajillo, chile puya, etc. Es cuestión de ir a ver la sección de chiles secos de un supermercado para darnos cuenta de la gran variedad de chiles que tenemos en México. Es una bendición que podamos usarlos para cambiar el gusto gourmet de los platillos cada vez que se nos antoje, pero como digo, es preferible tenerlos en botellitas con su etiqueta y su nombre, que tenerlos todos en una confusión en bolsas de polietileno sin saber cuál es cuál. Ya en polvo los chiles, sólo se tiene que tomar con una cucharita, lo que se necesite sacar del frasquito, y ponerla en la salsa de tomate que ya se preparó, o simplemente dispensarla sobre la sopa, o sobre los frijoles que está usted preparando, o sobre las cacerolas de carne, etcétera. Pero acuérdese que de esto, poquito, no se me vaya usted a enfermar. Dicen que *"de cenas, soles y magdalenas, las sepulturas están llenas…"*

Ingredientes

250 gramos, o lo que se desee de un tipo de chile seco determinado
Sal en grano

Procedimiento

Se quitan los pezones a los chiles, se abren con unas tijeras de cocina por un lado y se les quitan todas las semillas. Preferiblemente usar guantes de hule en esta operación, porque los dedos quedarán enchilados, y eso puede irritar la piel y los ojos, en caso de que se los llegara usted a tocar inconscientemente. Ya que queden las puras cáscaras, se prende el comal, o los comales que se tengan disponibles a fuego lento para ponerles encima las cáscaras de los chiles. En caso de que se conozca muy bien el funcionamiento del horno de la estufa, se pueden desecar allí a la temperatura de ebullición del agua, poco más, digamos 110°C, sin que por la falta de conocimiento y de experiencia se nos lleguen a quemar. Por eso yo prefiero el comal, porque los estás viendo claramente mientras los cambias de posición con unas pinzas dándoles vueltas de arriba, abajo, una y otra vez con la intención de que no se quemen, pero que queden bien tostaditos. En esta operación es preferible usar mascarilla para la nariz, pues el aire se puede enrarecer por el picor de los chiles, y puede irritar la nariz, y la garganta, aunque también los ojos, por eso debe de hacerse cuando no haya gente en casa, y que las ventanas y puertas ventilen bien el ambiente donde se estén preparando. Luego dejar que se enfríen bien. En un procesador de alimentos, o en la licuadora, poner los chiles tostados, presionándolos hacia abajo con un aplanador, para que lleguen al fondo quebrándose unos con otros. Agregar una cuchara de piedritas de sal en grano. Moler hasta que

todo quede pulverizado. Según la cantidad que salió, elegir el frasco y su tamaño adecuado, para depositar en él el polvo de chile. Ponerle al frasco una etiqueta con el nombre del chile, para poder reconocerlo después, al ser necesitado para su uso.
Consejo: Es conveniente ir guardando los frasquitos que ya no se usan de mayonesa, o de otros productos, en lugar de tirarlos, pues uno nunca sabe cuándo los va a usar. Como en este caso, que se necesitan frasquitos de todos tamaños para guardar chiles secos en polvo.

Variantes

- Obviamente que la variante será el tipo de chile que se quiera hacer en polvo. Elegir los más usuales y necesarios para las comidas que uno acostumbra hacer. Eso sí, deben ser chiles secos.
- Hay gente que en lugar de tener los chiles secos en polvo en sus respectivos frasquitos, los prefieren en aceite. De manera que estos polvos de chile, se ponen en aceite caliente, y se deja dorar un ratito, para luego enfriarlos y devolverlos al frasquito, pero ahora, conservados en aceite. No hay ventajas entre una forma o la otra. Salvo que en aceite, ya le puede usted agregar las especias que le gusten para su chile, a saber, puede ser orégano, pimienta, comino, ajo, mejorana, tomillo, etc. A su elección. De ninguna de las dos formas requiere refrigeración.

4.- Chiles toreados

Los chiles son como los toros, entre más los sangolotea uno, más bravos se ponen. Los chiles verdes, sean jalapeños o serranos, se ponen muy bravos cuando uno los pone a dorar en manteca de cerdo o aceite. Cuando ya tengan la piel de viejito, bien arrugada, es que ya están. Se ponen en un platito en el centro de la mesa, para que cada quién tome cuantos necesite para súperenchilarse mientras come, pues pican tanto, que es una barbaridad, que luego nomás de verlos y olerlos ya me hacen daño, como dice el dicho, que *"hasta lo que no come le hace daño..."*

5.- Chiles desvenados

Ingredientes

Los chiles necesarios poblanos verdes, para rellenar

Procedimiento

Para desvenar los chiles, se ponen en el comal a fuego muy lento, hasta que se queme su superficie casi completamente. Bien calientes se ponen en una bolsita de polietileno por 20 minutos, de manera que la piel quemada se suavice y sea fácil de quitar o pelar con los dedos. Hacer la operación de pelarlos y abrirlos para quitarles las semillas. Guardarlos en un recipiente para usarlos según la receta a preparar.

Chorizo casero al estilo norteño

Ingredientes

2 k de carne de cerdo, lomo o pierna
3 tazas de vinagre de manzana
8 dientes de ajo
8 chiles secos colorados anchos
1½ cucharadas de pimienta
1½ cucharadas de comino
1 cucharadita de orégano
2 cucharadas de sal

Procedimiento

La carne, o se puede pedir al carnicero entera, para luego en casa cortarla en cuadritos muy pequeñitos, como de medio centímetro, o se le puede pedir que la muela a una malla ancha, o sea, no tan molida. Él ya sabrá cómo ajustar el molino para darle su carne no tan molida. Se ensala la carne con una cucharada de sal, revolviéndola con sus propias manos. Luego se le agrega vinagre, 1½ tazas por cada kilo de carne. Se revuelve con las manos. Se deja en reposo en un recipiente ancho, digamos un refractario, tapado con papel aluminio dentro del refrigerador, y por toda la noche. Al otro día sacarla y usted verá que al parecer la carne se hinchó. Sin embargo, la pone en un recipiente que también sea colador, y se le aplasta con las manos, hasta que suelte algo de la humedad del vinagre. Puede no soltar mucho, o quizás nada, pero la lucha se le hace. De todas formas quedará más hinchada que como estaba cuando la compró. Los chiles se ponen a cocer en agua hasta que estén totalmente suaves. Ya suaves, se muelen en el molcajete con los demás ingredientes, incluyendo la cucharada que faltaba de sal. Ya que estén los ingredientes bien molidos en el molcajete, se le agrega un poco de agua de la cocción de los chiles. Luego esta salsita teñida muy de color rojo por los chiles, se agrega a la carne ya exprimida. Se revuelve con las manos muy bien. Con un montoncito de la carne, para aprovechar todo lo que hay en el molcajete, se embarra en él para de esta forma extraer lo que quede allí. Se vuelve a revolver con la demás carne, y finalmente ya se deja reposar en un recipiente. En este momento, el chorizo ya está listo para usarse, pero es bueno dejarlo en reposo por 24 horas, para que adquiera los sabores de las especias.

Elotes y maíz

La variedad del maíz radica en el color del grano, la textura y la apariencia. En la mayoría de los casos es de color amarillo, aunque también existen rojos, negros, marrones y anaranjados. De las variedades más usuales y conocidas para el consumo del mexicano se puede citar al maíz pequeño o bebé, que es el miniatura y se usa siempre para preparar comidas tipo chinas o asiáticas; el maíz dulce, que es el elote cuando aún tiene sus hojas verdes; el maíz seco, que es el de la mazorca dura y seca; el maíz que se revienta, que se usa para hacer las palomitas, y el maíz duro que se usa para hacer la fécula de maíz. En México, junto al frijol, el maíz constituye el alimento fundamental del mexicano, pues ha permitido la elaboración de un arte culinario único y de gran riqueza en todas las regiones gastronómicas del país. El maíz dio lugar al nixtamal, y el nixtamal a la tortilla, por medio de la cual se reconoce la riqueza culinaria de México en todo el mundo, pues los tacos son sus elementos más representativos. Y dígame usted, ¿quién en México no come maíz…? ¿Y quién en México no come elotes…? Los elotes se pueden preparar en una gran variedad de formas. Como ya dijimos, el elote es el maíz tierno, verde aún, que se separa de la planta del maíz cuando ésta aún está verde. Y también ya dijimos que cuando el elote se separa de la planta cuando ésta ya está seca, se llama mazorca, y sus granos ya están secos y duros. Pero *"vámonos al grano"*, que aquí nos ocuparemos de ambos, para dar algunas recetas muy norteñas que pudieran interesarle.

1.- Elotes cocidos

Se pelan los elotes, y se lavan. Quitarles los pelos y todos los gusanitos que traiga adheridos. Les cuento una anécdota de cuando éramos niños, que juntábamos gusanitos de los que salían de los elotes, y los poníamos en una plataforma lisa, para jugar con ellos a las carreras. Cada quién tenía el suyo, a ver cuál llegaba más pronto al extremo opuesto. Para hacerlos que corrieran, les aplanábamos la colita, no tanto para no maltratarlos, y con ello conseguíamos que corrieran... Je je je, ¡ésos juegos de niños...! Continuando con lo que decíamos: Poner tantos como se quiera en una olla honda para hervirlos con agua y sal. Desde que el agua empieza a hervir, contar 45 minutos para que los elotes se cuezan. Ya no tan calientes, de manera que se puedan agarrar con las manos, se sacan y se escurren, colocándolos uno a uno en un plato ancho. Se toma el que le guste y se les insertan dos palos delgados, de esos que se venden para hacer paletas. Previamente con un cuchillo filoso se les hace punta, para que entren en cada extremo del elote, y así tener modo de agarrarlos y poder comerlos con facilidad. Se pueden usar tenedores delgaditos, de los usados para las botanas, o simplemente tenedores normales, ya *"a falta de chicharrón..."*. Se les pone limón, y se les embarra mayonesa o crema agria. Encima se les pone chile en polvo piquín con sal. Y el que se va a embarrar toda la cara al comerlos, es usted, pero disfrutará de un rato, una experiencia gastronómica excelente.

Variante

- Los elotes ya cocidos se pueden desgranar, rebanándolos con un cuchillo filoso. Los granos se colocan en recipientes para postre, o vasitos, o tazas, donde se les agregará el grano, limón y los ingredientes que usted desee, como crema agria, mayonesa, salsa de puro chile rojo, o simplemente chile en polvo. Se come con cuchara.
- El elote desgranado, simplemente, sin agregarle nada, sirve para usarlo en la preparación de múltiples platillos. Pues en los supermercados se compran latas

de elote desgranado, qué mejor que comerlo natural, sin conservadores, que usted lo haga personalmente.

2.- Elotes asados

Con leña seca se hace una lumbre. Encima se ponen los elotes tiernos, a los cuales se les debieron de quitar unas cuantas hojas, pero no todas, dejarle algunas, de manera que se cuezan tapados con sus propias hojas sobre las brasas o sobre la lumbre, y prácticamente quedan cocidos a vapor, sancochaditos. A algunos se les quemarán las hojitas, pero eso también le da al elote un sabor especial. Para comerlos, cuando ya estén cocidos, se estiran las hojas hacia atrás, sin arrancárselas, para que se agarre luego el elote con ellas, se le quitan los pelos que puedan traer, y si quiere le pone un poco de sal. Aunque el elote tierno de por sí, tiene un sabor dulce que no necesita agregarle nada más, mucho menos la sal.

3.- Elotes tiernos en esquite

Esquite es el nombre que se le da al elote tierno desgranado, rebanado, y dorado en aceite con sal. Parece que aquí en el norte es el único lugar donde se prepara, pero muy raramente, porque la gente de las nuevas generaciones, ya no saben lo que esto es. Pues de lo que se están perdiendo, porque les adelanto que esto es una delicia.

Ingredientes para 6 personas

10 elotes tiernos
Manteca de cerdo, o mantequilla, o aceite
Sal al gusto

Procedimiento

Se pelan los elotes y se les quitan los pelos y cualquier gusanito que traigan adherido. Si se quiere, lávelos bien, y déjelos secar. Luego rebane los elotes con un cuchillo eléctrico, y si no lo tiene, con un cuchillo largo y filoso. Pero tenga mucho cuidado de no cortarse. Para rebanarlos, se pone de uno a uno, los elotes parados en medio de un plato ancho, con la parte más ancha en el piso del plato. Se sostienen de la parte de arriba y más delgada, con una mano, y con la otra se rebanan los granos, pasando el cuchillo por la orillita del olote. El olote es el cuerpo interno del elote, o sea, el núcleo macizo, de donde están pescados los granos. Entre más lechositos estén, es mejor. Pero como en todo está el gusto de por medio, hay quienes prefieren los elotes maduros. En fin, ya sabemos que *"En gustos se rompen géneros"*, y que *"Cada cabeza es un mundo"*. Se coloca manteca de cerdo, o mantequilla, o aceite, en una sartén ancha que esté recubierta con teflón. Yo particularmente prefiero la manteca de cerdo, pues le da un sabor increíble. Créanme que cuando estábamos chicos, cuando mis tíos hacían chicharrones de cerdo en un caso de cobre, ya que estaban listos y bien cocidos, los sacaban, pero allí quedaba la manteca. El tío Neto nos permitía poner elotes tiernos en la manteca hasta que se cocían, que era cuestión de 15 minutos. Luego los sacábamos con la manteca escurriendo, y los dejábamos que se terminaran de escurrir, y así nomás, con salecita, nos los comíamos a mordiditas. Yo particularmente le daba las mordiditas muy chiquitas, porque no quería que se me acabara mi elote tan pronto, pues quería disfrutar más de su exquisito sabor, definitivamente gracias a la manteca del cerdo. Y continuando con la receta: Cuando esté muy caliente, agregar los granos del elote ya desgranados. Ponerles sal al gusto mientras se están dorando. Queda listo cuando aparecen algunos sedimentos de lechita seca del elote ya cafecitos. Se les agrega un poco de sal. Esto es simplemente una riquísima botana que se sirve en platitos pequeños individuales o en los moldes que se usan para hacer gelatina, individuales, y se come con cuchara o tenedor.

4.- Mazorcas de elote hechas pinole

Habíamos dicho que el elote que se corta cuando la planta ya está seca, se llama mazorca. Ésta ya no se le pueden rebanar los granos para comerlos como en las recetas anteriores, pero sí se pueden desgranar para aprovechar los granos secos, o sea, el maíz, para hacer pinole y nixtamal, y también, que no se me olvide, para hacer chicales. El maíz se puede comprar por kilos en los supermercados, ya fuera de la mazorca. El pinole es un dulce en polvo, de maíz, y déjenme decirles que cuando éramos niños, a la salida de la escuela se ponían los vendedores a vender lo que ahora se llama comidas chatarras, y entre ellas vendían alcatraces de pinole. Un aclatraz es un envoltorio de papel que simula una flor de alcatraz. Se rellena de polvo o de semillas y se cierra formando como un cono, que en la parte de arriba se le remacha con el papel excedente para que no se salga el contenido. Aquí les comparto una poesía mía, para recordar los días de escuela, cuando éramos niños, por allá por los años cincuenta del siglo pasado:

A la salida de la escuela

A la salida de la escuela,
Y a punto del mediodía,
A todos los vendedores se veía,
Que estaban en impaciente secuela.

Pronto los niños saldrían,
Y los carritos abordarían,
Haciendo filas y formando colas,
Para comprar lo que ellos ofrecían.

Miren la verbena de los sabores,
Contenida en aquellas botellas,

Que con sus bonitos colores,
Embellecían las calles y aceras.

Yukis de vainilla y tamarindo,
De fresas, de piñas y limones,
Bañando los raspaditos de hielo,
Que te vendían por tostones.

Don Cristóbal y sus tostaditas,
Con chile, gruesas y coloradas,
Y de quiote las rebanadas,
De limón, chilito y sal rociadas.

Tengo en mi mente muy grabados
Aquellos años de la Primaria,
Los gritos de todos los muchachos
Corriendo y gritando a desbandada.

Al tocar la última campanada,
Ya era la hora de la salida,
Y pobre del que el aseo le tocaba,
Pues no participaba de la huida.

Vámonos corriendo allá afuera,
Vámonos a comprar las barajitas,
Había que acabar lo que sobraba,
Del dinero que Mamá nos daba.

Veías montoncitos en las esquinas,
Jugando a apostar al tapadito,
Para ganarse esas raras barajitas,
Que luego pegabas en cartulinas.

Luego de comprar tanta sustancia,
Que vorazmente te echabas a la panza,
El hambre pronto se te quitaba,
Y de llegar a la casa no te acordabas.

Pero al ver que todos se iban,
Tenías que tomar una determinación,
Y pensando en lo que Mamá te diría,
Se te iba acabando la emoción.

Un plato grande de sopa te esperaba
Y por la panza tan llena como estaba,
Decías que hambre hoy no tenías...

Pero Mamá entendiendo la situación,
Sin decir nada, ni darte explicación,
Unos varazos en las nalgas te daba...

Por haber gastado todo lo que te daba,
Y por haberte comido toda esa,
Sarta de babosadas...

Continuando... Y como es tan fino y polvoso, cada vez que comíamos nos decían nuestros padres que tuviéramos algo líquido cerca, porque nos podíamos ahogar, y por eso decía el dicho: *"No se puede silbar y tragar pinole al mismo tiempo."* Aunque esto significa que no se pueden hacer dos cosas al mismo tiempo.

Procedimiento

Los granos de maíz ponerlos a dorar en muy poco aceite. Si no quiere tostarlos en aceite, pues entonces en un comal grande. Sobre el comal, me acordé de un dicho que dice que *"el comal le dice a la olla que qué tiznada está"* y es cuando alguien le reprocha a otra persona sobre un defecto, que precisamente él también tiene, pero lo sabe ocultar, porque en el caso del dicho, al comal no se le ve, pues lo oculta por la cara que está hacia abajo y que precisamente es la que está en contacto con la lumbre, je, je, je. Tizne es el humo u hollín que hace la lumbre en la superficie de contacto de una cacerola o del comal. Si es en aceite, poner el maíz en una sartén extendida y dorar, hasta que se tuesten los granos muy bien. Luego de que se tuestan, dejarlos extendidos en una toalla absorbente para que pierdan el exceso de aceite y se enfríen. Para cada tanto de maíz, se usará la mitad de azúcar. Se va a usar un molino de mesa para moler el maíz tostado y el azúcar mezclados. Los molinos de mesa, se compran en los mercados de pueblo. Son manuales y se les mueve el tornillo interno por medio de una palanca que les da vueltas. Se atornillan a la orilla de la mesa para sostenerse. Pero no se mortifique, ya venden los molinos eléctricos, para moler granos, para moler hierbas y para moler carnes. Consulte en la Red del Internet y encontrará mucha variedad de molinos, que no cuestan más de 2 mil pesos. Si comparamos el precio de éstos contra los manuales, que se venden en el mercado, usted notará la gran diferencia, pues cuestan 150 pesos, o a lo más, 250. Primeramente se muele a un tamaño de malla grande. Luego se ajusta el molino un poco más, y se vuelve a moler lo anterior, a un tamaño más fino, pero en este punto ya se le agrega el azúcar. Si sale aún granulado, volver a ajustar el tornillo del molino al máximo, y moler nuevamente la mezcla de maíz y azúcar anterior. Debe de salir polvito. Recolectarlo y colocarlo en un recipiente que se pueda tapar. El pinole se come así, a cucharadas. O bien se procesa con leche para hacer atole. Ver receta en "Atoles". Y ya está, a comer, pero dicen que *"El que tiene más saliva traga más pinole"*, bueno, no trague tanto, no se vaya usted a atragantar y luego se nos vaya a ahogar.

Variantes

- Hay quienes, en esta molienda le dan al pinole un gusto especial, mezclándolo con unas rajitas de canela, que también se molerán, o bien, canela en polvo. **Consejo:** La canela en polvo se recomienda ponerla en un recipiente que generalmente se use como salero. Que tenga tapa y agujeros en la tapa, para que se facilite espolvorearla sobre los platillos. Continuando... Además, otros le agregan una barrita de chocolate de mesa, que primero despedazan y en trocitos pequeños, y luego se lo agregan a los granos de maíz para molerlos juntos. El chocolate de mesa es distinto de los chocolates que le venden a uno en los mercados para comer a mordidas o para chupar como un dulce.

El chocolate de mesa, es simplemente la semilla de cacao molida y mezclada con azúcar, y si en algunos casos con canela. Es usado generalmente para preparar una bebida caliente con leche, y tomarlo para el desayuno o la merienda acompañado de pan de dulce. El chocolate que le venden a uno como dulce, lleva mezclada la leche y algunos tipos de grasas, de manera de poder hacerlo cremoso y agradable al paladar.

5.- Chicales de maíz seco

Ingredientes
½ kilo de maíz para chicales
2 chiles colorados anchos
2 dientes de ajo
1 cebolla
1 jitomate
5 ramas de cilantro
Sal al gusto

Procedimiento
Primeramente se ponen a cocer los chicales en agua. Los chicales se hacen con maíz seco, que ya se vende aplanado y cortado en algunos mercados. Si no los encuentra, usted mismo puede aplanar y destrozar los granos secos de la mazorca,

con un metate. Ver receta del "Mole y pipián" donde viene la explicación de lo que es el metate. Sólo que, tiene ahora que comprar mazorcas de maíz, pero que estén bien secas. Ya estarán listos cuando se sienta que se suavizaron los pedacitos más grandes. Entonces se apaga el fuego y allí se dejan para usarlos después. Se licúan el chile ancho, previamente hervido también, la sal y el ajo, y se deja en la taza de la licuadora para usar la salsa después. La cebolla cortada en cuadritos y el tomate se doran en ese orden. Cuando estén ya dorados, se cuelan los chicales de la olla que los contenía y ya colados, se escurren, luego se agregan a la cazuela que contiene la cebolla y el ajo que se están dorando. Se les agrega la salsa de la licuadora. El cilantro se lava y se separan las hojitas. Se cortan en trocitos pequeños, y se agregan encima de todo lo que está en la cazuela. Se tapa por 15 minutos para que se integren los sabores. Deberá probar la sazón antes de tapar, para asegurarse que no le falta sal. Si quiere le puede agregar una pizca de pimienta, muy poca.

Ensaladas

1.- Ensalada de repollo con aguacate

Ingredientes

1 repollo
4 aguacates
1 frasco de mayonesa de 250 gramos
Sal al gusto

Procedimiento

Sencillamente se parte el repollo, muy finamente. Se parten los 4 aguacates, también muy finamente. Se mezclan ambos ingredientes y luego se les agrega la mayonesa y sal al gusto. Se reserva en el refrigerador para el momento en que se vaya a usar. Esta ensalada es especial para cuando se sirve pescado empanizado o pechugas de pollo empanizadas, o milanesas de res. Con un puré de papa. Queda usted muy bien, ante la concurrencia.

2.- Ensalada de papa con huevo

Ingredientes

3 papas grandes
5 huevos
¾ taza de mayonesa
2 cucharadas de mostaza
1 pepinillo dulce en vinagre
Sal y pimienta al gusto

Procedimiento

Las papas se ponen a cocer en agua, y por separado los huevos se ponen a hervir también, para hacerlos duros. Ya sabe que para los huevos son 10 minutos en agua hirviendo, las papas requieren de mucho más tiempo. Cuando las papas ya estén listas, se siguen dos tratamientos. Uno: a 2½ papas, se les agrega la yema en bolita ya dura de uno de los huevos. Se hace de todo, un puré con el aplanador, al que de una vez se le agrega la mayonesa, la mostaza, la sal y la pimienta al gusto. Que quede suavecito el puré, si hace falta más mayonesa, agregarla. Dos: Se corta en cuadritos pequeñitos la otra media papa, y se cortan en cuadritos los huevos duros, y la clara del que le falta la yema que ya se usó. También se corta en cuadritos pequeños el pepinillo. Se agrega todo esto al puré ya preparado. Se revuelve todo muy bien, y se sirve al centro de la mesa, para que cada quién tome lo que cree necesario para su platillo. Se puede servir con un emparedado relleno de cualquier ingrediente, con papitas fritas, y ensalada verde. Es especial para servir con los filetes de pescado.

3.- Ensalada de coditos

Esta ensalada sirve de complemento para varias comidas. Una de ellas es cuando se prepara Ensalada de Pollo, casi siempre va una al lado de la otra.

Ingredientes para 10 personas

2 bolsitas de coditos de pasta
¼ de barrita de mantequilla
2 dientes de ajo
150 gramos de queso amarillo
200 gramos de jamón de pavo en rebanadas
1 botecito de crema de leche agria, de vaca
Sal y pimienta negra en polvo, al gusto

Procedimiento

Se ponen a hervir en agua los coditos en una vasija grande y honda, con los dos dientes de ajo. Cuando ya están *"al dente"* como dicen los italianos, o sea, comibles, sin que estén muy pasados de suaves, se escurren bien, y se reservan para usarlos posteriormente. En la vasija donde se estaban cociendo, pero ahora sin una gota de agua, se dora el jamón cortado en cuadritos muy pequeños, con la mantequilla. Agregar luego los coditos ya escurridos, y freír un poco. Cuando se absorba la mantequilla, que no tarda ni 2 minutos, entonces agregarle el queso para que se derrita. En este momento, apagar la flama y al final agregar la crema. Dar el gusto del sabor agregando sal y pimienta suficientes. Tapar por 10 minutos para que se integren todos los ingredientes y los coditos puedan crecer un poco de tamaño. Luego destapar y colocar la ensalada completa en un recipiente, para que al servir, ya esté un poquito fría y espesa, digamos compacta. Se sirve un emparedado de ensalada de pollo, a un lado un poco de ensalada de coditos, unas papitas fritas, y un chile jalapeño en vinagre… ¡Está usted servido, mi querido amigo…!

Esponjado de huevos y lampreado

Ingredientes

Huevos, los que sean necesarios
Aceite para el lampreado
Harina blanca de trigo

Procedimiento

Con una batidora, batir primero las claras hasta que esponjen bien y luego agregar las yemas, hasta que quede muy bien presentada y consistente la sustancia que servirá para lamprear diferentes comidas. Para asegurarse de que quede el esponjado bien firme y consistente aquí le doy un **Consejo:** Cuando se batalla para esponjar los huevos, agregar una cucharadita de agua fría, una pizca de sal, y un tanto igual de bicarbonato, o polvo de hornear. Use batidora en lugar de revolvedora o tenedores. Continuando… Para lamprear las diferentes comidas, previamente se pasan las piezas a un plato donde haya harina blanca, para espolvorearlos, o sea, enharinadas. Se sarandean para que suelten el exceso de harina. Inmediatamente después, se impregnan del huevo esponjado. Se ponen suavemente en una cacerola con teflón, que previamente debe de haber sido calentada con el aceite a flama media, y se dejan dorar por un rato. Antes de voltearlas, con una cucharita se les agrega aceite del caliente encima, para que endurezca un poco el huevo crudo, luego voltearlas suavemente para que no se descomponga la cubierta, y dorar. Antes de voltearlas, es conveniente agarrar con la cuchara aceite caliente, y echarlo encima de lo que aún no se ha frito, varias veces, para que al voltearlo, ya no esté tan suave, y no se desbarate. Levantando con la palita para ver el dorado por debajo, hasta que adquiera el huevo un color doradito claro. Auxiliarse con tenedores, de ser posible para hacer esta operación suavemente y delicadamente, para que el lampreado quede bien, y sin correrse en toda la superficie del objeto lampreado. Cuando se dore el segundo lado, las piezas se van pasando a un plato que contenga algunas servilletas absorbentes, para quitar el excedente de aceite de las piezas lampreadas.

Gorditas de masa con manteca de res

A un kilo de masa de nixtamal de maíz se le agregan 350 gramos de manteca de res y 1 cucharada rebosada de sal. Si no se tiene masa de nixtamal, con harina en polvo de maíz. Se amasa con la misma manteca, que se pone a derretir, para que con ella se pueda batir la masa. Le debe de quedar muy mantecosa la masa. Si no está así, agregar un poco más de manteca. Se deja en reposo para que se integre todo muy bien. Luego se hacen las tortillas usando las dos manos, sin usar tortillera, aplaudiendo la bolita de masa hasta que vaya creciendo en anchura y disminuyendo su grosor. A esto se le llama tortear el testal. Cuando se tenga un poco menos de 1 centímetro de espesor, se pasan al comal para cocerlas muy bien por los dos lados. Al estarse cociendo, van a chillar, porque se les estará saliendo la mantequita, y de esa forma se ayuda a la cocción, porque se fríen solitas en su propia manteca. No les diré con qué se comen estas delicias… Sólo pruébenlas y cómanlas con lo que quieran. Pero que esté picoso lo que sea que escojan para ponerle.

Guacamole

"Agua pasa por mi casa, cate de mi corazón... ¿Qué es? El aguacate..." ¡Sí, Señor...! Y así como los dichos y refranes son tan mexicanos, así es el aguacate, un fruto completamente mexicano. Fue una de las joyas que los españoles se llevaron a Europa, porque allá no lo conocían, igual que el guajolote, el tabaco y el cacao, entre otras muchas. Dicen que *"aguacate maduro, pedo seguro."* ¿Tendrá las mismas propiedades que los frijoles, que también son muy mexicanos...? Je, je, je... Hay aguacates de muchos tipos, entre los que se podrían mencionar los de mayor demanda que son los de cáscara dura, hay de cáscara dura y pelable, y los hay de cáscara suave y sensible, en este caso ya se le llamaría pellejo. Éstos de pellejo suave y sensible, se dan por acá en nuestra tierra, en el mero norte, en un municipio del estado de Nuevo León, llamado Sabinas Hidalgo. Estos aguacates se muelen en el molcajete con todo y su pellejo previamente lavados, con sal y chilito piquín, y se comen en taquitos de harina o maíz... Es una delicia si en mis taquitos van unos pedacitos de pellejo, es exquisito. Yo me los como sin nada, a puras mordidas, con todo y su cascarita, y guardo las semillas, que les llamamos, "el hueso", para sembrarlos en botecitos de lámina. Algunos germinan y otros no, pero los que germinen, es una bendición que los puedas sembrar ya en piso, y que se puedan lograr.

1.- Guacamole natural

Se pelan 5 aguacates maduros de cáscara dura y se colocan en un recipiente ancho. Se les pone una pizca de sal y se aplastan con el aplanador como si aplanaras frijoles. Se recoge todo y se coloca en una vasijita más pequeña, para ponerla en el centro de la mesa, para que durante una comida, se sirvan los comensales de allí, ya sea para tostaditas, o simplemente para acompañar su platillo.

Variantes
- Guacamole con pico de gallo. Mezclar el guacamole con los ingredientes cortados del pico de gallo, pero para esta ocasión, no les ponga ni vinagre ni limón, y ya está.
- En el molcajete. Medio diente de ajo, sal y chile piquín, se muelen, y luego el aguacate. Todo se deja en el molcajete y se pone al centro de la mesa.
- Guacamole con crema. La pulpa de 5 aguacates con 250 ml de crema agria, con sal y pimienta al gusto se muelen en la licuadora. Para controlar la viscosidad, se le agregan chorritos de leche.

2.- Guacamole agrio

Pues esta receta inventada por mí, da muy buenos resultados cuando se preparan quesadillas, o taquitos de cualquier tipo. En realidad, al que le gusta, la puede usar sobre cualquier platillo porque su sabor fuerte y agrio, le prepara el paladar para seguir comiendo.

Ingredientes para suficientes tacos o tostadas

3 aguacates
1 jitomate
2 chiles verdes serranos
4 tomates fresadilla
2 cucharadas de aceite de oliva
2 cucharadas de vinagre de vino tinto
½ cucharadita de limón
½ cucharadita de chile piquín en polvo

½ cuadrito de consomé de pollo
10 ramas de cilantro, las hojas
1 pizca de orégano
Pimienta y sal al gusto

Procedimiento

Se ponen a cocer los tomatillos, el jitomate, y el chile verde serrano hasta que se suavicen totalmente. Se ponen en la licuadora cuidando que el jitomate no lleve el pellejo. Se agrega la pulpa de los aguacates y todos los demás ingredientes. En el proceso del licuado, hay que agregar una poco de agua, de la misma de la cocción de los tomates, para que la salsa tenga una buena viscosidad. Probar la sazón y darle el punto al gusto con pimienta y sal.

Variantes

- Si la salsa se va a consumir inmediatamente, algunos prefieren echarle un poco de crema agria al momento de ser licuada.
- Si la salsa se consumirá después, ponerla en el refrigerador.

Jocoque

El jocoque es la leche entera de vaca cortada, o sea, echada a perder. Cuando se vaya a preparar jocoque, se debe de seleccionar leche entera. Puesto que hay de diferentes tipos: que descremada, que "light", que deslactosada, etc. Pero también hay leche entera. Y ésa es la que más buenos resultados da para hacer jocoque. Para usos culinarios, se utiliza semejantemente que el yogur, o es yogurt, o es yoghurt, es igual, depende del idioma en que lo escriba. Pero hablando del jocoque, éste es más cremoso, porque solamente se le separa el suero que la leche contiene, y todo lo demás es precisamente el jocoque. No necesita ningún procesamiento ulterior de más, que sólo combinarlo con lo que va usted a comer. Su preparación es muy simple, a saber: Una noche antes de que lo vaya usted a usar, vacíe el contenido de 1 litro de leche entera en un recipiente. Agréguele el jugo de ½ limón, pero que sea jugoso, no seco. Tape con una servilleta. En la mañana siguiente ya está hecho el jocoque. Cuando yo era niño, comía jocoque en tostaditas rojas, y le ponía encima, chile molido del molcajete: créanme que me sabía a gloria. Se puede comer tal cual, combinándolo con bocaditos de un pan dulce, o galletas, o comerlo simplemente con azúcar o miel, como un postre sabroso, también con mermelada de frutas encima. Se pueden procesar pan y pasteles con jocoque, y también se pueden amasar gorditas de azúcar con él, etc. Hay qué probarlo, y luego, a según como les venga su sabor, usar su imaginación para usarlo y deglutirlo.

Mayonesa

Ingredientes

3 huevos
½ cucharadita de azúcar
1 cucharadita de sal
3 limones, su jugo
½ cucharadita de mostaza
Aceite el necesario. Si es de oliva es mejor

Procedimiento

Se empieza a batir todo, excepto el limón y el aceite. Al cabo de un rato de seguir batiendo, se le van agregando chorritos de aceite alternados con chorritos de limón. Entre chorrito y chorrito batir un minuto. Cada vez que se agregue aceite va a ir espesando un poco, y cada vez que se agregue limón, va adquiriendo mejor sabor. Pare de agregar aceite cuando vea la viscosidad que usted necesita para su mayonesa, pero puede seguir agregando limón, si su sabor aún no lo ha complacido. Embotellarla en un frasquito de boca ancha con tapa. Y ésa es pues la receta de la mayonesa natural. Pero de aquí puede partir para hacer mayonesas compuestas, agregando al final, chícharos partidos o semi-molidos, pimienta, chiles ya cocidos de algún tipo y picados, no cortados, también chile morrón rojo de lata, puede agregar aceitunas picadas, no molidas, sin hueso y sin relleno, etc. Lo que usted desee, según el uso que le vaya usted a dar.

Mole y pipián

El mole, o se prepara en casa tradicionalmente, que es bastante trabajoso, o se compra ya preparado en cualquier supermercado. Creo que lo segundo es lo más práctico, aunque es necesario que usted sepa cómo se prepara, y por eso le mostraré la receta, ya depende de usted, que lo quiera preparar en casa. Lo venden en botecitos de diferentes fabricantes, y cada uno tiene su sabor distinto y muy particular. Unos son picosos y otros no. Puede comprar de dos o de tres tipos distintos, y mezclarlos para combinar y aprovechar los ingredientes y los óptimos sabores que cada fabricante ha logrado reunir en su producto. También los venden a granel, en las secciones de embutidos, chorizos y salchichas, e igualmente, de estos a granel, puede comprar de 2 ó 3 tipos diferentes, para combinarlos y sacar un sabor al gusto propio, muy personalizado. El mole casero se prepara en base a casi puras semillas y chiles secos. Calculándole entre 75 y 100 gramos por ingrediente. Pero de algunos lleva más que de otros, según el gusto y el paladar del que lo prepara, de manera que si le pone más almendra, se llama mole almendrado, que si le pone mucho chile, chile enchilado, etc…

Ingredientes

75 gr de semilla de calabaza sin la cáscara, o sea la pepita
60 gr de semilla de girasol, también pelada
50 gr de ajonjolí
50 gr de almendras
40 gr de nueces normales
40 gr de nueces de castilla, si la encuentra, opcional
20 gr de nueces de la India
50 gr de pistache
50 gr de cacahuates naturales y pelados
100 gr de semillas de cacao
Galleta salada, la necesaria para reforzar la viscosidad
6 chiles secos de cada uno, a saber: chile colorado ancho, chile guajillo, chile pasilla, chile cascabel, chile mulato, chile morita, y la lista no se acaba de los chiles que se le han de agregar, según el gusto particular de quien ha de preparar el mole
5 dientes de ajo
1 cucharadita de comino
1 cucharadita de pimienta
Sal al gusto
Un poco de aceite para integrar los ingredientes, si es necesario

Procedimiento

Aunque el cacao es difícil de conseguir, en su lugar la gente le agrega 1 trozo de chocolate de mesa de cualquier marca, ver adivinanza n°53. Hay mucha gente que le gusta muy dulce su mole, por lo que le agregan bastante chocolate, digamos 1½ trozos. Todo se tuesta muy bien con un mínimo de aceite, antes de molerlo, ya sea en el comal o en una sartén ancha y recubierta de teflón. Luego todo se muele bien en un procesador de alimentos o en la licuadora, o si tiene, en un metate de piedra. El metate de piedra, es del mismo material que el molcajete, se hacen de piedra volcánica, y ambos sirven para moler, pues ambos son morteros. Especial para moler el maíz y hacerlo chicales. Ver receta de "Chicales". Pero el metate es una piedra cuadrada, como de 30x45 centímetros, aunque hay en los mercados de diferentes tamaños. Siempre va acompañado de una piedra alargada del ancho del metate, es cilíndrica y de un grueso tal, que se ajusta a las palmas de las manos, para facilidad de la molienda. Esta piedra se llama metlapilli. La piedra del molcajete es como un badajo gueso con base ancha y redondeada, y se llama tejolote. El chocolate se aplana con un martillo de cocina para que se pueda moler bien con la mezcla. Todo se guarda en uno o varios frascos de vidrio que tengan tapa. De esta manera será usado posteriormente las veces que se necesite para preparar una variedad muy diferentes comidas.

Variantes

- El pipián color verde o ámbar, es otra pasta semejante al mole, pero en la selección de los ingredientes para su preparación tiene algunas variantes con respecto a los del mole, y las variantes son las siguientes: De las semillas y frutas secas que lleva el mole, éste sólo lleva semillas de calabaza, de girasol, ajonjolí, cacahuate y pistache. Los cinco, al doble de sus cantidades que lleva el mole. Se eliminan todos los chiles secos. Se elimina el chocolate. El ajo, el comino, la pimienta y la sal, sí los lleva. El procedimiento de preparación es el mismo: se dora todo con poco aceite, y se pasa luego a moler a un procesador de alimentos, o bien a la licuadora, si es una licuadora muy potente, o al metate, si tiene en casa uno. Sabe muy rico el pipián cuando lo prepara para combinarlo con el pollo.

Procedimiento para cocinar mole

Poner en la licuadora la cantidad de mole que se vaya a necesitar. La experiencia le dictará cuánto se necesita para cada ocasión. Si en la primera se llega a exceder de la cantidad que preparó, no importa, lo coloca en un botecito con tapa ya preparado, y lo mete al refrigerador para luego usarse nuevamente en la siguiente ocasión. Puede mezclar moles de varios tipos, y si le gusta con sabor muy dulce, agregar un poco más de chocolate de mesa, del mismo tipo que se usa para hacer el mole. Agregarle consomé del que preparó, y si no lo preparó, agregarle solamente agua caliente. Como ve usted, aquí a todo se le da solución, sin mortificaciones, no hay que preocuparse, que la vida es breve, por eso dice el dicho: *"Disfruta, come y bebe, que la vida es breve..."* Hay que pasarlo a una cacerola con un poquitín de aceite y esperar a que hierva. Esta pasta de mole debe de quedar consistente, no aguada. A medida que lo deja hervir, se va espesando un poco más. Si no espesa, a pesar de haberlo dejado un buen tiempo hirviendo y meneando, agarrar un poco y echarlo de nuevo a la licuadora, ponerle más mole del comprado y si se quiere, unos cuadritos de galleta salada para espesar. Licuar, y volver a echar esto a la cacerola. Hervir un poco más de tiempo hasta que espese hasta la viscosidad que usted anda buscando.

Papas, purés

1.- Papas en salsa de orégano

Ingredientes para 6 personas

4 papas
2 jitomates

1 cebolla
Orégano para espolvorear
Aceite
1 cucharada de chile piquín del monte verde
Sal y pimienta al gusto

Procedimiento

Se pelan las papas, y luego se cortan en rodajas gruesas, como de medio centímetro, o un poquito más gruesas, se parten las rodajas cada una a la mitad. Se ponen a dorar en una vasija ancha y recubierta de teflón. Mientras se doran, se corta la cebolla en rodajas también, pero no tan gruesas, sino más finas, que se agregan a las papas cuando ya estén éstas bien doradas. En el molcajete, se muele el chile piquín con sal y pimienta, y los jitomates se raspan sobre el molcajete. Se muele la mezcla con el tejolote y se le agrega un poco de agua. Cuando ya la cebolla tenga un color transparente, se le agrega esta salsa. Se deja hasta que hierva, y en ese momento se agarra el orégano espolvoreándolo con las dos manos sobre el guisado. Se sirve caliente con frijolitos refritos y se come con tortillas de maíz o de harina de trigo. Se puede agregar guacamole en un ladito.

2.- Puré de papa con mayonesa

Se ponen a cocer 3 papas en agua, hasta que se puedan pelar fácilmente, o sea, que queden bien cocidas. Se aplanan en un recipiente con el aplanador de cocina, y se les pone sal y pimienta. Se le agrega la cantidad de mayonesa que usted desee y se vuelve a aplanar, integrando todo en un recipiente hondo, para ponerlo al centro de la mesa y usar el puré como complemento para algunas comidas.

Variantes

- En lugar de mayonesa, ponerle mantequilla poquito suavizada, para poderla integrar al puré.

3.- Papas doradas con cebolla y chile

Esta receta representa un excelente acomodo para combinar con otras comidas, y viene a dejarnos un delicado sabor a rancho, que una vez que lo comes, quisieras volver a comerlo pronto. Y no es nada difícil ni exótico, es solamente un preparado rápido de muy buen sabor. Y pensar que crudas las cebollas y las papas no deben estar juntas, pero cocinadas juntas, son un manjar. Y le doy unos **Consejos:** Sobre la combinación de papas y cebollas: 1.- No van juntas cuando están crudas. Un lugar para cada cual, pues las cebollas sueltan un humor y cierta humedad que fácilmente hacen que las papas se pudran. 2.- Sin embargo, papas y cebollas cocinadas juntas, es una gran combinación. 3.- Se recomienda que las papas y las cebollas se guarden en diferentes compartimentos dentro de su refrigerador. 4.- Las papas, luego de cierto tiempo, sobre todo en climas muy húmedos y calurosos, se pudren muy rápidamente y apestan más feo que un animal muerto. Parecido al olor de un huevo huero, por eso, es mejor que estén en el refrigerador.

Ingredientes para 4 personas

3 papas grandes sin cáscara y cortadas en rodajas, y estas rodajas cortadas a la mitad
1 cebolla cortada en rodajas, y estas rodajas cortadas a la mitad
8 chiles serranos verdes, que irán cortados en forma longitudinal, en 2 partes, para torear
Perejil seco, lo que se alcance a pescar con los dedos pulgar, índice y cordial
2 ó 3 tiras de tocino, la cantidad depende del gusto particular
Sal de uso común, al gusto
Pimienta negra en polvo, al gusto
Manteca vegetal la necesaria

Procedimiento

A una cacerola con teflón ya en la lumbre, se le pone una cuchara de cocinar de manteca vegetal, y se le agregan las papas cortadas y se dejan dorar hasta que se suavicen, sin dejar de mover para evitar se quemen. Al momento de estar algo suaves y casi a punto de poder comerlas, se les agrega el tocino cortado en cuadritos, la cebolla y el chile, y se sigue con el proceso del dorado hasta que la cebolla presente un color transparente. Se les agrega la sal, la pimienta y se espolvorea el perejil. Se debe de servir caliente al momento en que el otro platillo ya está servido, y a comer, calladitos, sin hablar, porque dicen que *"en el juego y la mesa, el hablar pesa..."* Si la cebolla lo hace llorar cuando la corta, *"no llore, nomás aguántese"*, je, je, je, o vea algunos consejos que ya hemos dado por allí.

Variantes

- Puede no llevar tocino, si a las personas no les gusta. En su lugar puede llevar unas tiritas de jamón.
- En lugar de perejil, puede llevar un determinado chile seco espolvoreado, depende del gusto, o una pizca de orégano.

Picado de la carne

Picar, es diferente que cortar, ya que cortar la carne es hacerla cuadritos pequeños con un cuchillo; pero picar la carne significa acuchillarla en una base de madera con un cuchillo grande y largo, y que sea un poco pesado. Sea usted diestro o zurdo, es preciso tener cuidado de no meter la segunda mano a lo que se está picando, para evitar accidentes. Se procede a golpetear la carne varias veces, hasta que quede despedazada, como si se le hubiese deshebrado. Para hacer esto, hay que cocer la carne y secarla bien, antes de acuchillarla durante el picado. Otra manera de picar la carne, digamos que la manera moderna de hacer esto es usando un procesador grande de alimentos. Allí poner la carne, en trozos, ya cocida y bien seca, y darle la velocidad más pequeña al procesador para obtener carne picada. Pero no queda con la consistencia de si lo hiciera a mano. Yo preferiría pasar por el proceso de picado, aunque me tarde esos 15 minutos más.

Pico de gallo

Picar tanto cuanto se necesite según el número de comensales, de jitomate, cebolla y chile verde serrano. Usted varía las cantidades a picar de cada uno de estos tres elementos, de acuerdo al gusto y al picor. Porque hay quienes lo prefieren con mucho chile, otros con muy poco; otros con mucha cebolla, y a otros no les gusta la cebolla, de manera que el balance sólo usted lo pone. Mezclarlo todo y agregarle jugo de limón, cuanto desee, un chorrito de vinagre, y chile picoso de botellita, de la marca que usted prefiera. Si usted gusta, le puede agregar aguacate cortado en trocitos muy pequeños. Mucha gente le gusta agregarle una o dos cucharadas de mayonesa, y lo mezclan, antes de comerlo. Puede comerse con galletas saladas, con tostaditas, o sobre cualquier alimento que usted desee. Como complemento para cualquier comida, sobre todo comidas del mar, como atún, salmón, sardinas, etc.

Salsas

1.- Salsa de chile piquín en el molcajete

Esta receta también inventada por mí, me gusta para complementar los platillos con tostadas de frijolitos refritos y encima esta salsita que te va a sacar los sesos del cráneo, y los ojos te los va a saltar de sus cuencas. Es riquísima, y te estimula el apetito, porque una vez que la pruebas en alguna tostadita, quieres otra, y otra, y otra, y… Otra!

Ingredientes

4 cucharadas de chile piquín del monte, ya sea verde, o seco, rojo
6 cucharadas de aceite de oliva
½ diente de ajo
½ cucharadita de comino
½ cucharadita de pimienta
1 cucharadita de sal
Agua mineral

Procedimiento

En un molcajete moler todos los ingredientes. El agua mineral se le va agregando poco a poco cuando todo esté bien molido, de manera que al agregarla, se vaya viendo la viscosidad de la mezcla, que debe quedar bastante aguadita para ser aplicada a las tostadas, tacos o cualquier otro tipo de comida.

Variantes

- En lugar de chile piquín del monte, se puede usar chile japonés igualmente, verde, o seco, rojo, u otro chile que ya se tenga en polvo, según la receta de los chiles en polvo.

- Si le queda suficiente salsa que no se consumió, puede usarla después para revolverla con unos frijolitos que vaya a refreír o para agregarla a unos huevos fritos, o simplemente guardarla en el refrigerador en un recipiente que se pueda tapar, porque la salsa contiene un aroma fuerte a comino.

2.- Salsa verde. Receta sencilla

Ingredientes

1 k de tomatillo fresadilla
1 manojo de cilantro
Sal al gusto
1 cucharada de chiles piquines verdes

Procedimiento

Deshojar los tomates, pues vienen recubiertos con una hojita seca. Lavarlos bien y luego ponerlos a hervir en agua en una olla honda. Cuando se reviente el primero, apagar la flama y dejarlos en el agua caliente hasta que el agua se enfríe. Pasarlos a la licuadora y agregarles las hojitas de cilantro ya lavadas, la sal y los chiles piquines. Molerlo todo muy bien, y guardarlo en una botella de vidrio que tenga tapa, pero no se le pondrá la tapa hasta que la salsa esté bien fría. Si no se usa, meterla al refrigerador tapada.

Variantes

- En lugar de chiles piquines, usar serranos verdes, agregar medio limón y un poco de aceite de oliva, y todos los demás ingredientes, van crudos en la licuadora. Luego la mezcla se pone a hervir en una cacerola hasta que se cueza.
- En vez de 1 manojo de cilantro, que sean 5 manojos, con 3 limones, 2 cucharadas de vinagre, 5 chiles

serranos verdes, ½ cuadrito de consomé de pollo, 3 cucharadas de aceite de oliva, y sal y pimienta. Moler todo con el tomatillo fresadilla previamente cocido.
- Ahora, para una nueva salsa con chile guajillo, quitar el cilantro, agregar ¼ de cebolla, 1 diente de ajo, sal al gusto, 1 cucharada de chile cascabel en polvo y 2 de guajillo en polvo, 3 cucharadas de aceite de oliva. Todo molido con el tomate fresadilla previamente cocido.
- Para impresionar a los presentes, a esta salsa de la receta original de arriba, agregar la pulpa de 3 aguacates grandes, cuando se muela en la licuadora.
- Otra manera de impresionar a los presentes, es agregarle 2 calabacitas ya cocidas a los ingredientes, cuando los vaya a moler en la licuadora.

3.- Salsa roja regular

Ingredientes

1 k de jitomate maduro
Sal al gusto
1 diente de ajo
1 cucharada de chile piquín

Procedimiento

Se cuecen los tomates en agua hirviendo hasta que se les separe la piel. Enfriar, pelarlos, y agregarlos a la licuadora junto con la sal, el ajo y los chiles piquines. Moler muy bien. Ya está lista la salsa para usarse. La que no se use, se deja enfriar y se embotella para ser guardada en el refrigerador, bien tapada.

Variantes

- Si la quiere más picosa, y con más cuerpo, póngale a lo anterior, 1 cucharada de chile de árbol, ¼ de cebolla, ¼ chile morrón rojo, otro diente de ajo, 5 chiles serranos rojos, o jalapeños rojos, y 1 cucharada de aceite. Todo lo muele y luego lo pasa a una sartén a que hierva por un rato meneando. Y ya...

4.- Salsa para los lampreados

Ingredientes

3 jitomates
2 dientes de ajo
½ cucharadita de pimienta
1 cucharadita de chile guajillo seco
Sal al gusto
1 cebolla
Aceite

Procedimiento

En la licuadora poner 1 taza de agua, los jitomates, los dientes de ajo, la pimienta, el chile guajillo seco, ver la receta de los "Chiles secos", y sal al gusto. La cebolla completa se va a cortar en cuadritos muy pequeñitos y se va a poner a dorar con un poco de aceite en una cacerola grande recubierta con teflón. Se dora la cebolla hasta que pierda el color blanco y quede algo transparente. En ese momento agregar la salsa de la licuadora y menear. Dejar que hierva, sin parar de menear con una cuchara de madera, hasta que se desaparezcan las burbujas que se forman al licuar la salsa. Esta salsa no nada más sirve para recubrir lampreados, sino para usarse donde guste, depende de su imaginación para dar sabor a sus platillos.

5.- Salsa tártara

Ingredientes

½ cebolla chica

5 cebollines cambray en vinagre
1 pepinillo en vinagre
1 varita pequeña de apio
10 aceitunas sin hueso y sin relleno
1 bote mediano de mayonesa de cualquier marca

Procedimiento

Picar todos los ingredientes muy bien, al tamaño mínimo que se puedan picar. Mezclar con la mayonesa. Y ya está lista la salsa. Esta salsa es muy común servirla a un lado de los pescados fritos, y filetes empanizados, así como cuando se sirven camarones cocinados de todas formas.

6.- Salsa de hierbabuena y cilantro

Ingredientes

5 manojos de hierbabuena
5 manojos de cilantro
4 dientes de ajo
1½ cucharadita de sal
1½ cucharadita de pimienta
1 cucharadita de comino
1 chorrito de vinagre de manzana
1 cucharada de chile mulato en polvo
1 cucharada de chile cascabel en polvo
1 cucharada de chile pasilla en polvo
1 cucharadita de chile colorado ancho

Procedimiento

Se muele todo en la licuadora, y se pone en un recipiente listo para usarse. Esta salsa es muy sustancial cuando se usa para aderezar carne de cerdo o de pollo antes de que sea cocinada. Se agrega en pequeñas cantidades además, cuando estas carnes ya se están preparando en ciertos platillos especiales. Es súper riquísima…

7.- Salsas en aceite

Ingredientes

4 cucharadas de chile de árbol seco
4 cucharadas de chile puya seco
¼ de taza de aceite de cocinar
5 dientes de ajo
1 cucharadita de pimienta
1 cucharada de sal

Procedimiento

Poner todo en la licuadora y luego de licuado, pasarlo a un botecito de boca ancha para guardar la salsa y ser usada cuando sea necesario.

Variantes

- Cambio de chiles, ahora chile guajillo con chile cascabel, y los demás ingredientes iguales.
- Igualmente y a su gusto, póngale los chiles que usted desee, pero asegurarse que sean secos. Ver la receta de "Chiles secos".

8.- Salsas de chiles maduros, rojos

Este tipo de salsa es la que se acostumbra hacer en grandes cantidades, y por ello se embotella y se almacena para irla usando poco a poco, ya sea para guisar huevos, o para echarle a los frijoles, y a cualquier otro tipo de comida que se le acomode su sabor. Es picosa y demasiado condimentada, su sabor es realmente fuerte, por eso, se recomienda que se coma en cantidades pequeñas. Dado que es cocinada con vinagre, no requiere refrigeración. Se puede dejar en su botella por largo tiempo, quizás hasta un año. Cada vez que se use debe de agitarse bien. Un kilo de salsa equivale como a 2 litros y medio.

Ingredientes para un kilo de salsa

1 cabeza de ajo
½ k de chile piquín del monte rojo
½ k de chile jalapeño rojo, o serrano rojo
1 cucharada de pimienta negra
1½ cucharadas de orégano
1 cucharada de comino
2½ cucharadas de sal
2 clavos de olor
3 litros de vinagre de manzana

Procedimiento

Los chiles pueden ser de un solo tipo, o combinados, como dice la receta. Si es puro chile piquín, queda mucho más picosa la salsa. Se comienza por proceder a quitarles los rabos a los chiles y luego se ponen a hervir en puro vinagre de manzana. Al estar cocidos, se apaga la flama y se dejan enfriar. Se recomienda por seguridad que cuando se haga esta operación, se abran las ventanas de la cocina, porque el olor es muy penetrante, y puede sofocar a los que se encuentren allí. Por eso, sería mejor que se hiciera cuando no haya nadie en casa, obviamente, sólo el que lo va a cocinar, y tomando sus debidas precauciones. Los dientes de ajo se pelan y se ponen en la licuadora. Se agregan todas las especias, y la sal y los chiles ya hervidos y fríos. Para licuar, se le agrega tanto vinagre como se necesite, para que no quede muy espesa las salsa. Ya molida, se va agregando la salsa a las botellas que se tengan preparadas para ello. Se van a tapar las botellas hasta que ya esté bien fría la salsa. El vinagre excedente que sobró de la cocción, se puede tirar.

9.- Salsa de chiles verdes

Ingredientes

½ kilo de chiles serranos sin rabo
5 dientes de ajo
½ cebolla
¼ taza de aceite de oliva
1 manojo de cilantro, las hojas
1 hoja de laurel
2 hojas de hierbabuena
1 pizca de orégano
Sal al gusto

Procedimiento

Se van a poner a hervir los chiles en agua con los ajos y la cebolla partida. Cuando estén listos, bien cocidos, se pasa todo escurrido y ya seco a una cacerola con todo el aceite de oliva. Allí se deja dorar todo por un rato. Luego se pasa todo a la licuadora y se le agregan las hojas del cilantro, el laurel, las hojitas de hierbabuena y el orégano. Se agrega sal al gusto. Se muele todo y se pasa a un recipiente de boca ancha, que tenga tapa, para usar esta salsa adecuadamente en su momento.

Variante

- Cambio de chile, todo igual pero ahora con chile jalapeño verde.
- En otro intento para su paladar, los puede combinar los dos chiles.

10.- Salsa para coctel de camarones

Ingredientes para 10 cocteles

½ taza de puré de tomate espeso
½ taza de sangrita, de ésa muy mexicana que se usa para

preparar los vampiros, ver adivinanza n°54
1 taza de salsa para botanas, de ésa que venden en botellas de 1 litro y que viene muy líquida, ver adivinanza n°52
¼ taza de vino blanco seco
½ taza de jugo de almejas, de ése muy popular, que ya venden embotellado o enlatado
2½ tazas de salsa dulce de tomate, de ésa que se les pone a las papas fritas, espesa, ver adivinanza n°50
½ cucharadita de pimienta negra en polvo
2 cucharadas de salsa de botellita picosa, ver adivinanza n°51
1 rebanadita de apio como de 2 pulgadas de largo

Procedimiento

Se prepara esta salsa unas 4 horas antes de preparar sus cocteles, o desde un día anterior, porque se debe de poner la salsa en el refrigerador, para agregarla al coctel bien fría. Todo se revuelve muy bien en la licuadora. Debe de quedar la salsa casi líquida, un poquito espesa. Se cuela y se pasa a un recipiente grande, luego se guarda en botellas de cuello largo, metiendo la salsa por medio de un embudo. Se tapan las botellas, y se guardan en el refrigerador, y de allí se sacan hasta que haga sus cocteles.

11.- Salsa de chorizo

Si quiere comer salsa de chorizo, sólo dorarlo en aceite, agregarle salsita roja y ponerlo encima de tortillas de harina… Ya no digo más, porque ya se me antojó. El chorizo casero y las tortillas de harina, tienen recetas en este libro, consultarlas.

12.- Mi salsa preferida

Si quiere comer esta salsita, debe de comerla solamente con tortillas de harina recién hechas; si no, no obtendrá el mismo resultado para el paladar. Y en realidad es demasiado fácil, ya verá... Se ponen a quemar 4 jitomates y 2 chiles serranos, directamente a la flama. Esperar a que se quemen muy bien, digamos, hasta que la piel de ambas cosas esté bien negrita. Mientras tanto en el molcajete, moler ½ diente de ajo, una pizca de orégano, 1 cucharada de chiles piquines verdes, o secos, 1 cucharadita de aceite de oliva, y 1 cucharadita de sal. Cuando los tomates y chiles serranos ya estén quemados, echarlos a la licuadora con todo y cáscara quemada, y en la velocidad más baja, semi-moler por tan sólo 2, o a lo mucho, 3 segundos. No más, de manera que quede sólo machacado todo. Echar esto al molcajete, y con el tejolote terminar de moler lo de la licuadora. Ahora sí, esperaré a que haga sus taquitos con tortillas de harina, y luego a que me diga su opinión. Esta salsita es la adoración de mis hijos, y cuando se hacen tortillas de harina en casa, me dicen: *"Papá, haz una salsita para comerla con las tortillas recién hechas..."*, y ya sé que se refieren a esta salsa...

Tacos

"Si no sabes comer tacos de marrano, no eres mexicano", dice el dicho, y lo mismo digo yo, pero le agrego, que si no sabes hacer tacos, tampoco eres mexicano. Así que, aquí vamos a poner algunas recetas un poco antiguas, pero que comerlas siempre es una actualidad. *"Nomás no me llenes mis tacos de piedritas, porque te va como en feria..."* Como dice el dicho... No se apure, aquí los tacos van rellenos de pura cosa buena. *"Más vale un taco con amor, que una gallina con dolor..."*

1.- De maíz, rellenos de repollo

Esta receta es tan antigua como antiguos mis antepasados. Mi abuela nos hacía tacos de éstos, y mi mamá, y seguimos con la costumbre, pero me temo que por ser tan sencillos, mucha gente ni siquiera los conoce, pero vale la pena prepararlos y comerlos alguna vez, y claro, disfrutarlos. Sólo se doran las tortillas ya dobladitas en aceite, que queden bien duritas. Se les rellena de repollo cortado muy finamente, mezclado con tomate, cebolla, chile verde serrano, chile jalapeño en escabeche cortado todo en cuadritos muy pequeños, y vinagre. Sal al gusto. Esto ya mezclado se le agrega al taco, y le puede poner una rebanada de aguacate. No necesita salsa, pero puede ponerle de la que le guste.

2.- De harina, con carne enchilada

Las tortillas de harina se rellenan con carne para tamal. Ver receta en "Tamales". Se ponen los tacos dentro de una vaporera que tenga parrilla y se le agrega un par de vasos de agua. Haga paquetes de 5 ó 6 tacos y los envuelve en papel aluminio. Recuerde que por el lado brillante del aluminio. Se van colocando los paquetes sobre la parrilla. Al terminar de colocarlos se tapa la vaporera y se pone al fuego muy lento. Obviamente con esto no se pretende cocinar los tacos, porque en realidad ya están listos, lo que se pretende es simplemente calentarlos y conservarlos calentitos por un buen tiempo, hasta que se decida sacarlos para comerlos. Con el dorso de la mano se puede tocar la superficie de la olla vaporera, teniendo cuidado de no quemarse, y si ya se siente bastante caliente, ya entonces apagar la flama. Agregar repollo cortadito muy finamente a sus taquitos, y encima, una salsita al gusto de los comensales. La salsita verde queda aquí *"como a pedir de boca..."*

3.- De harina, rellenos de papa, de carne molida y de frijoles

Para los de papa, las papas se ponen a cocer bien. Ya que estén listas, se pelan y se aplanan para hacerlas como puré, sólo se les pone, sal y pimienta. Para los de papa y carne molida mezclados, se pone a dorar carne molida con pimienta, sal y un ajo molido. Cuando esté lista, se escurre bien y se mezcla con la papa hecha puré. Los de frijoles, puede escoger la receta de los frijoles para tamal, o frijoles refritos. Se hacen tacos con estas tres cosas, y se ponen en papel aluminio paquetitos de 6 tacos, 2 de cada uno de ellos. Y se calientan igual que en la receta anterior, en una vaporera. Agregar repollo cortadito muy finamente y encima, una salsita verde cargada de cilantro, o al gusto de los comensales.

4.- De maíz, dorados con relleno de aguacate, de carne deshebrada de res o de pollo

Se dora un poco una cara de la tortilla. Se le ponen 2 ó 3 rebanaditas de aguacate, y se dobla. Se sigue dorando ya en forma de taquito, y lo saca del aceite cuando ya esté un poco durita la tortilla. Igualmente se hace con carne deshebrada de res, o de pollo. Las carnes se deshebran luego de haberlas puesto a cocer en agua y enfriado y luego escurrido. Se sirven con lechuga muy finamente cortada, tomate y cebolla rebanados, que cada comensal les ponga lo que desee. Se les pone crema agria encima y una salsita a su elección. Sal al gusto.

5.- De maíz o de harina, con relleno de huevos al molcajete

Esta comida era una de las preferidas de mi papá. Mamá la preparaba frecuentemente, como complemento a una comida regular. Los huevos ya duros, y obviamente sin cáscara, se muelen en el molcajete con chile verde, sal y un diente de ajo. Por otro lado, usted elige si los tacos los prefiere dorados en aceite o las tortillas calentadas solamente en el comal. También se pueden hacer "Empanadas norteñas" rellenas con esta comida. Se les agrega una porción del huevo molido del molcajete. Se le puede poner cualquier salsa de chiles que se haya preparado con aceite. Ver recetas de "Salsas de chiles secos."

Tepache

Ingredientes

2 piñas, sus cáscaras
4 piloncillos de caña

Procedimiento

Primero se lavan las piña muy bien, y luego se pelan. Lo de adentro servirá para los fines que usted le tenga destinado, pero las cáscaras servirán para hacer el tepache. Se ponen las cáscaras ya lavadas, en una olla para hacer aguas, o en un jarrón de barro, o en un pequeño barril de vidrio. Se le agregan 7 litros de agua por cada piña, si son 2, van a ser 14 litros. Se le agregan los piloncillos previamente pulverizados con un martillo de cocina. Serán 2 piloncillos por cada piña. En este caso son 4 piloncillos. Se tapa, y se deja reposar en un lugar que no le dé tanto la luz. Al pasar un día, se destapa, se le mueve con una cuchara grande de madera o de plástico, y se saca una muestra para probarlo. Si no está suficientemente dulce, se le agrega otro piloncillo pulverizado. Al segundo día se vuelve a hacer lo mismo, pero si usted desea, ya no le agregue piloncillo. Usted puede agregarle más azúcar a su vaso particular, después de que se lo sirva. Se puede tomar desde el segundo día. Antes de servirlo, se le mueve a todo con la cuchara de madera, para estandarizar el sabor dulce, y se saca con una taza de cerámica o un jarrito, se pasa a un vaso de vidrio grande por medio de un colador, y se sirve con mucho hielo. Cada día que pasa, la cáscara con el azúcar del piloncillo fermentará un poco más, de manera que al tercer día, ya sabrá más a aguardiente, y al cuarto sabrá un poco más, y así aumentará sucesivamente el grado de alcohol… Pasados 8 días, y si no se ha tomado el tepache, desgraciadamente habrá qué tirarlo, porque amarga demasiado por el exceso de alcohol que contiene. Debe de tomarse desde el segundo día y hasta el séptimo día de reposo. Y no se me asuste, el sabor del tepache es como un jugo de piña echado a perder, digamos que ya *"pasadito de tueste"*, pero es exquisito.

Tortas

Las tortas son lonches, es una forma de llamarlas en el norte, o emparedados de pan blanco, que es lo que llamamos nosotros en el norte pan francés, o panes birotes, como le llaman en el centro y sur de México. Es el tipo de pan que no lleva manteca ni mantequilla cuando se hornea. En general, para todas las recetas, el pan se parte por un costado en dos partes. Esas dos partes se ponen a tostar por los dos lados, encima de un comal, o de una sartén bastante ancha, con un poco de manteca de cerdo. A un lado se le embadurna mayonesa, y al otro mostaza, ambos por el lado de adentro. A la parte que corresponde a la base, se le pone aguacate en rebanadas delgadas. Encima se le pone el ingrediente principal, en una cantidad bastante generosa. Y encima del ingrediente principal, se le pone, o pico de gallo también pasadito por la manteca de cerdo, o se le pone lechuga con aros de cebolla y rebanadas en rodajas de jitomate maduro, y un poco de crema agria. Cualquiera de estas opciones es buena, todo depende del gusto. Hay quienes les gusta sin verduras, sólo con más relleno del ingrediente principal, o sea que queden las tortas bien gordas y rellenas y con crema agria encima. Se sirve una torta, o dos, y un par de chiles jalapeños en escabeche, zanahorias o cualesquiera de las botanas que se preparan en vinagre. Ver la receta de "Botanas en vinagre". También puede ponerle alguna salsita de su elección, si lo prefiere. En seguida se verán los procedimientos para hacer los rellenos, que serán el ingrediente principal de las tortas. Y cuando se coma su torta: *"No se coma la torta antes del recreo"*, porque luego ya sabrá lo que pasa…

1.- De carne de puerco o de pollo

Lomo de puerco o pollo, se ponen a hervir hasta que se cuezan. Escurrir, picar y agregar sal y pimienta al gusto. Puede usar tabla y cuchillo o procesador de alimentos para que la carne quede bien deshebradita. En una cacerola ancha, se va poniendo parte de este picado, que equivalga a la cantidad que va a ir dentro de la torta, encima de una poquita de manteca de cerdo, dándole vuelta a todo junto con una pala y una cuchara. Cuando ya esté bien doradita, colocarla encima del aguacate que se puso en la base de la torta. Ponerle los ingredientes de arriba si usted gusta, si no quiere, no, sólo agregue más del relleno principal, crema agria, y ya tape la torta. Listo. Recuerde que igual se hace de pierna de puerco que de pollo.

2.- De pavo

El pavo o el guajolote, es lo mismo. El nombre proviene del náhuatl, "guajolotl". Y como se ha de saber, el guajolote lo conocieron los españoles cuando llegaron a México, antes de eso, en Europa lo desconocían. Y sea pavo o sea guajolote, pobrecitos de ellos, pues dicen que *"Sólo los guajolotes mueren la víspera, y no hay qué creer en los augurios"*, pues los matamos un día antes de la celebración. Se rebanan pedacitos del sobrante del pavo, de la celebración de la Navidad o Año Nuevo. Se calientan en el comal con manteca, y luego se hace la torta como en las dos recetas anteriores, pero sin desmenuzar el pavo, sólo los pedacitos se doran… Y… ¡A comer…!

3.- Tortas de lo que sea

Se pueden hacer tortas de puro aguacate, o de chicharrón, o de asado de puerco, o de huevos revueltos solos o con algún ingrediente como jamón, salchicha, etc. También se pueden rellenar las tortas de cualquier guisado que se haya preparado antes y haya sobrado, como por ejemplo, de picadillo, o de carne deshebrada, etc. Sólo quitarle un poco la humedad, por medio de escurrir, y al quedar seco todo, agregarle un poquito de manteca de cerdo, para que el guisado tenga la textura de un relleno de torta regular. Hacer sus tortas, y… ¡A llenar las pancitas…!

Tortillas

1.- Tortillas de nixtamal

La masa de nixtamal se puede comprar directamente en un molino de nixtamal, o hacerse en casa, como se indica aquí.

Ingredientes

1 k de maíz seco
½ taza de cal blanca comestible.

Procedimiento

El maíz se pone en una olla honda a hervir con agua, y se le agregan dos cucharadas rebosadas de cal. La cal es un producto químico y mineral llamado Óxido de calcio, y se utiliza en la cocina en muy pequeñas cantidades, en ocasiones muy especiales, como por ejemplo, para suavizar algunos ingredientes muy duros, como el maíz seco, cuando se le quiere cocer; pero también se utiliza para endurecer algunas cosas que son suaves naturalmente. Este es el caso de las recetas de las frutas que se van a hacer dulces cristalizados y hay que endurecerles la superficie. De estas maneras funciona la cal, si se hierve en agua, junto con un ingrediente, lo suaviza, y si se pone con un ingrediente en agua, pero sin hervirlo, lo endurece. La cal también se utiliza en la industria de la construcción para diferentes fines, como para pintar paredes, para mezclarla con el cemento y hacer morteros, etc. OK, continuemos en lo que nos quedamos... Dejar que hierva hasta que al sacar una muestra, el maíz ya se pueda aplanar con los dedos. A esto se le llama nixtamal. Moler el nixtamal en un molino casero, de preferencia de esos que se atornillan a la mesa y tienen una palanca rotativa. Se compran en cualquier mercado o ferretería. Vienen con dos o tres ajustes de molido. Escoger el ajuste más fino. Agregar el nixtamal y darle vuelta a la palanca para que vaya saliendo la masa de maíz. A veces se aprieta un poco, porque el maíz se reseca al estarlo moliendo. En ese caso agregar un chorrito de agua a lo que se está moliendo. Cuando ya se tiene toda la masa, entonces ya se pueden hacer las tortillas. Para hacerlas usar una tortillera para extender los testales, y un comal para cocer las tortillas. También se puede hacer la masa en un procesador de alimentos. Pero asegurándose de que el contenido a moler, tenga la humedad adecuada, para que no se fuerce el motor del procesador y no se vaya a quemar.

2.- Tortillas de harina de maíz

Las puede hacer de nixtamal o de harina de maíz comprada en el supermercado, pues ya se vende por kilos la harina de maíz en polvo, para hacer tortillas. Y sólo se mezcla con agua caliente para formar la masa. Esta masa se reseca muy pronto, por lo que se recomienda al hacer los testales y extender las tortillas, mojarse la mano en un recipiente que debe de tener al lado. Auxiliarse de la tortillera para extender los testales, y del comal, para cocer las tortillas.

3.- Tortillas de harina de trigo

"Si son de harina, ni me las calienten..." Para que no haya confusiones, aquí en el norte suele llamárseles a las tortillas de harina de trigo, simplemente "tortillas de harina" y las de maíz, simplemente "tortillas de maíz." Al hablar de tortillas de harina de trigo, su harina puede ser blanca refinada, o harina integral. Ésta tiene los sedimentos de las semillas del trigo, o sea, con todos sus componentes. Con ambas se pueden hacer tortillas con la receta que sigue. De su gusto depende qué harina va usted a seleccionar para hacer sus tortillas. Una cosa sí le digo, que si nunca ha hecho tortillas de harina, no se me vaya usted a desesperar, que aunque la estufa caliente y no le salgan las tortillas, usted no se me caliente y luego vaya a mentar mentadas, que hasta yo llegue a alcanzar alguna, je, je, je, y luego haga que me caliente yo también, porque acuérdese que *"calienta más una mentada que una estufa"*, no se le olvide... Sólo requiere paciencia y práctica, y ya con experiencia adquirida, no volverá a tener dificultades.

Ingredientes

1 k de harina de trigo, a su gusto: blanca o integral
125 gramos de manteca vegetal
1 cucharadita de sal
Agua caliente

Procedimiento

En un recipiente ancho, como un lavamanos, se vacía el kilo de harina y se le agrega la sal. Con las manos se procura homogeneizar la sal con la harina. En una jarrita metálica se pone a calentar agua, y se le va a ir metiendo un dedo, para saber qué tan caliente está, de manera de poder resistirla con las manos, pues con ellas habrá que amasar la harina más tarde. Se agrega la manteca a la harina, y con las manos se va mezclando y apretando una contra la otra, de manera que se formen granos que con las mismas manos se van desmoronando poco a poco, hasta que todo quede asociado, sin que se vean pedazos de manteca grandes, sino que se vea pulverizada y mezclada con la harina. En este momento ya se puede ir agregando agua caliente en partes, para amasar la harina. No agregarla toda para que luego no quede la harina aguada. Recuerde de hacer este proceso en partes, para que no se le eche a perder toda la masa si es que "mete la pata", je, je, je... Solamente agregar lo que se vaya necesitando. Debe de quedar la masa bastante consistente, no aguada, porque luego no se puede palotear para extender los testales. Se deja reposar la harina en el refrigerador por 20 minutos, pero envuelta en un trapo de cocina, o servilleta y póngala en una bolsa de polietileno. Al sacarla del refrigerador, se empiezan a hacer los testales, y se van acomodando en una servilleta extendida. Al final, taparlos todos con otra servilleta extendida. Luego, se va a usar una tabla de madera, y un rodillo o palote de madera para extender los testales. Se palotea con cierta fuerza y luego de cada paloteada, se agarra la tortilla de un ladito y se cambia de posición, para palotear en otro ángulo, y así se va extendiendo, hasta que tenga la tortilla el tamaño deseado y del grosor deseado. Para hacer fácilmente las tortillas, se necesita experiencia, pero sin experiencia se debe un día de empezar a hacerlas, para ir adquiriendo maestría a medida que extiende kilos y kilos de masa. Como los pilotos de avión, tienen qué hacer kilometraje para ser mejores cada día. Así que un día he de preguntarle cuántos kilos de masa ya ha extendido, para que con su respuesta yo me pueda imaginar qué tan bien le salen las tortillas, je, je, je. Deben de quedar de unos 17 cm de diámetro y de un espesor uniforme de 2.5 mm aproximadamente. Puede ir acumulando las tortillas sin cocer extendidas una encima de la otra. Poner un comal a calentar mientras las extiende, y cuando el comal ya esté muy caliente, a fuego un poco más de medio, se ponen las tortillas. Luego de ponerla, inmediatamente se le da vuelta al otro lado, y ahora sí, este lado se deja así hasta que en su superficie aparezcan burbujas en toda la tortilla. En ese momento se le da vuelta y se espera a que se infle, y si no se infla, no importa, es que no está de humor, je, je, je. Y luego, con la palita levantarle una orilla para ver si ya está cocida de la parte que en ese momento está en contacto con el comal. El proceso completo de la cocción de una tortilla desde que se pone en el comal, dura unos 25 o 35 segundos. Si se le queman las burbujas, es que tiene demasiada flama, y hay que bajarle un poco. Las tortillas ya hechas se van colocando unas encima de otras en un recipiente, o canastita, sobre una servilleta, y se deben tapar con otra servilleta encima, cada vez que sea sacada una nueva tortilla del comal, y así duran más tiempo calentitas. Si ya terminaron los comensales de comer, y las tortillas sobrantes se van a guardar, se separan todas para que se enfríen y se les vaya la humedad, y luego se juntan nuevamente para ponerlas en una bolsita de polietileno y guardarlas en el refrigerador.

4.- Tortillas de harina de trigo estilo Zuazua

General Zuazua es el nombre de un situado al norte del Estado de Nuevo León, en México, y las tortillas de harina que ellos acostumbraban comer se hacían exactamente de la misma forma que las tortillas de harina tradicionales, sólo que en los ingredientes de la receta anterior, ellos le agregan además, de 1 taza de azúcar. Todo lo demás se hace exactamente igual.

Tostadas

Las tostadas son tortillas de maíz bien doraditas en el aceite, generalmente de unos 13 ó 14 centímetros de diámetro. Una vez doradas y bien secas, que parezca que ni siquiera tienen aceite, ya se pueden usar para hacer tostadas cubiertas de algún ingrediente sabroso. Entre más grande tenga el diámetro la tortilla, le cabe más encima, obviamente, y el comensal queda más satisfecho. Comer tostadas en la comida es una costumbre muy arcaica aquí en el norte. Quizá también en la cena. Con una o dos que se coman, *"queda uno pando"*, como decía mi papá.

1.- Tostadas de cualquier ingrediente

Se pueden hacer tostadas de todos los ingredientes que se usan para hacer las tortas, pero la manera de prepararlas es especial, como sigue: Se pone una capa de guacamole delgada encima de la tostada. Luego se pone una capa generosa del ingrediente que va a llevar: pollo picado y dorado en mantequita de puerco, como en las tortas, o carne de cerdo, o carne deshebrada, o pavo, que aquí también deberá ir picadito, o cualquier cosa que usted desee, sólo que esté bien picadita, ya sea usando cuchillo y tabla de madera, o bien, un procesador de alimentos. Para el guisado de carne molida de res o de puerco, no se necesita picarlo ni procesarlo. Encima del ingrediente principal se le pone lechuga picada muy finamente, unos aros delgados de cebolla y una cucharita de tomate picadito en cuadritos muy pequeños. Se le pone un chorrito de crema agria, y sal y pimienta al gusto, y salsita picante, ya sea de botella o hecha en casa, también al gusto. Se sirve con cualquier botana hecha en vinagre: cueritos de puerco, patitas, zanahorias, chilitos, higaditos, papitas, etc. Ver recetas en la sección de botanas.

2.- La tostada más popular

Las tostadas más populares, que hasta las venden en muchos restaurantes, justamente especializados en este tipo de comidas, son las de pollo, pero éstas son tortillas grandes: tienen un diámetro de unos 23 ó 25 centímetros. Se les pone guacamole, mezclado con jitomate aún verde, partido en cuadritos pequeños. Luego encima, una generosa cantidad de pollo, picado, pero no guisado, simplemente hervido y procesado en un procesador de alimentos. Y encima, una buena cantidad de crema agria. Se tapa la tostada con otra tostada igual. O sea que, en realidad a una la vamos a ir trozando en pedacitos para comernos lo que tiene encima la otra. Pero como no terminamos por acabárnoslo, lo que quedó lo esparcimos en toda su superficie, y nos la comemos como propiamente una tostada, a mordidas. Se sirve con uno o dos chiles jalapeños en escabeche, y se le pone sal al gusto.

3.- Tostadas de cebiche

Otras tostadas que no llevan todos estos ingredientes, anteriores, son las de cebiche de pescado, o cebiche de camarón, pues éstas sólo llevan el cebiche encima, y si quiere, agregue unas gotitas de salsa picante, y también, si quiere, una cucharada de mayonesa. Ver receta de "Cebiche de pescado" en la sección de botanas.

4.- Tostadas rojas de salsa verde con crema

Estas tostaditas deben ser rojas. Se prepara salsa de tomate fresadilla con chile jalapeño verde. Simplemente hervidos y molidos en la licuadora, no agregar agua, para que quede espesa, sólo sal. A las tostadas se les pone limón, se les agrega esta salsa, y encima, crema agria. Luego se escarcha con chile en polvo. Ya está.

5.- Tostadas rojas con frijoles

Preparar frijoles semi-refritos, o bien, frijoles para tamales. Ver las recetas en el tema "Frijoles". Embadurnarlos encima de la tostadita, y arriba ponerles una generosa cantidad de queso panela rallado. Agregar lechuga finamente picada encima, y un aro o dos de cebolla. Luego, crema agria arriba, y una salsa picante que le agrade. Sal y pimienta al gusto.

Sexta parte:

Postres

*"Aunque la dulzura halaga,
la mucha miel empalaga."*

*"A tomar atole los que vayan llegando,
que el atole está bueno y la atolera se está agriando."*

*"Al que se hace miel,
se lo comen las moscas."*

Las verbenas

Días aquellos de las verbenas,
De los piloncillos y las mieles,
Días de gozos y de contentos,
Días de guardar en las alacenas.

Días de guardar los chiles secos,
Se guardaban semillas de todos tipos
Nueces que apenas se cosechaban,
Porque en otoño todo se conservaba.

Los otoños apenas comenzaban,
Las cañas ya estaban bien maduras,
Los dulces y potajes empezaban
A elaborarse en todas las verbenas.

Las lluvias insistían en caer,
Refrescando y adornando el ambiente,
Mientras el sol saliendo de una nube,
Anunciaba su ocaso en el poniente.

Barricas de aguamiel de maguey
Esperando por nosotros ser tomadas
En vasos que apenas nos costaban
Un quinto del dinero que nos daban.

Aguamiel que siempre fue saludable,
Decían que engrosaba la sangre,
Que porque las plaquetas aumentaban,
Y nos producía una salud constante.

Ya había que ponerse una gorra,
Porque el frío comenzaba a acariciar
Esas orejitas que no podían escuchar,
Ya más los cantares de la cigarra.

En el molino no descansa el buey,
Moliendo mucha caña sin reposo,
Para poder producir esa miel,
Con sabor dulce, fresco y delicioso.

"No tomes tanto aguamiel, mocoso,
Luego vas a querer probar otra cosa,
Y de tanto que querrás apetecer
Mañana enfermo vas a amanecer..."

Pepitas de calabaza en canastas,
Pepitas de girasol doradas al sol,
Dulces de camote casi derritiéndose,
Y conserva de naranja ofreciéndose.

"Ya llevamos bastantes potajes,
Que nos van a durar un año entero,
Hasta que regresen de nuevo,
Las cosechas en el año venidero."

Había que ir a las vendimias,
De aquellas verbenas admirables,
Que sólo duraban dos semanas,
Nos dejaban recuerdos memorables.

Y va que con esta ya me despido,
Queriendo con el alma revivir,
Aquellos tiempos que ya se fueron,
Y me dejaron un eterno sonreír.

Félix Cantú Ortiz

Atoles

Y de aquí en adelante comienza el mundo del azúcar y la miel, que no hay mejor cosa para disfrutar, pues dice el dicho que *"Si el amor fuera como el azúcar, todo el día estaría chupa que chupa…"* Y ¿a quién no le gustan los postres? Hay quiénes prefieren los postres que las comidas, y tiene lógica, pues los postres son la delicia para el paladar, son un motivo de enamoramiento de los hombres… Decían los antiguos cuando andaba uno buscando con quién casarse, que *"si la novia entiende de caldo, atole y metate, pos con ésa cásate."* Pero mucho cuidado, que comer tanta dulzura, y estar tan enamorado, te puede enfermar a la larga, pues dice el dicho *"Si sigues con tus dulzuras… Me causarás diabetes."*

1.- Atole de arroz tradicional

Ingredientes para 8 personas

2½ tazas de arroz
1½ litro de leche
2 tazas de azúcar
1 vara de canela
1 cucharadita de vainilla
1 taza de pasas secas de uva sin semillas
Canela en polvo

Procedimiento

Se pone en una olla honda a hervir la leche junto con todos los ingredientes, excepto las pasitas, las cuáles se agregarán cuando se empiece a hinchar el arroz. Mientras se cuece todo, menear esporádicamente con una cuchara grande. Cuando ya el arroz esté bien comible. Apagar el fuego y dejar reposar. Entre más se deje reposar, se hincha más el arroz. Si se siente demasiado espeso, entonces caliente leche en un recipiente con un par de cucharadas de azúcar y esperar a que hierva, luego se la va agregando al atole moviendo con una cuchara, para darle la viscosidad que a usted le convenga. Se le pone azúcar a la leche, porque como se va a agregar al atole, no vaya a ser que lo haga desabrido. Por eso se le agrega azúcar, para que el atole conserve su dulzor. Cuando se sirve, caliente o frío, se espolvorea un poco de canela en la parte de arriba.

2.- Atole de arroz con 3 leches

Ingredientes para 8 personas

2½ tazas de arroz
1 litro de leche
1½ taza de agua
1 lata de leche condensada, ver adivinanza n°55
1 lata de leche evaporada, ver adivinanza n°56
1 taza de azúcar
1 vara de canela
½ taza de pasitas
¼ taza de coco rallado
½ taza de nueces en trocitos
Plátanos para rebanar, opcional
Canela en polvo

Procedimiento

Todo se pone a hervir en una olla honda, excepto los siguientes: canela en polvo, las pasas y la nuez. Cuando ya dé señales el arroz de hincharse, agregar las pasas y la nuez. Cuando ya se hinche bien el arroz, tapar y dejar reposar. Entre más se deje reposar, se hincha más el arroz. Si se siente demasiado espeso, entonces caliente leche en un recipiente con un par de cucharadas de azúcar y esperar a que hierva, luego se la va agregando al atole moviendo con una cuchara, para darle la viscosidad que a usted le convenga. Cuando se sirve, caliente o frío, se espolvorea un poco de canela en la parte de arriba, y se le ponen unas rebanadas de plátano. Si le falta azúcar, agregarle a su plato.

3.- Atole de avena

Ingredientes para 6 personas

2 litros de leche
2½ taza de avena en hojuelas precocidas
1½ taza de azúcar
¾ taza de pasas de uva secas y sin semillas
¾ taza de nueces en trocitos
Canela en polvo
Mantequilla de cacahuate, opcional

Procedimiento

Se pone a hervir la leche y el azúcar juntos en una olla honda, moviendo con una cuchara para disolver el azúcar. Cuando empiece a dar señales de empezar a hervir, ir agregando la avena poco a poco, y a medida que se va agregando, mover para que no se formen grumos ni se aglomeren bolitas de avena. Seguir moviendo, hasta que se termine de agregar toda, y esperar a que suelte el hervor. En este punto se le agregan las pasas y las nueces. Se mueve por última vez y se deja reposar unos 10 minutos. Entre más se deja reposar, más se hace viscoso el atole. La viscosidad del atole es al gusto de cada quién. Se puede suavizar agregando más leche a su plato particular. Cuidar de que la leche esté caliente y contenga algo de azúcar, para no desmejorar el sabor general del atole. Se sirve en platos soperos, y se agrega encima canela espolvoreada. Arriba de eso se le pone una cucharada de mantequilla de cacahuate, pero esto es opcional. Y si la mantequilla lleva mezclada mermelada, mejor sabor aún. Si le falta azúcar, agregarle a su plato.

4.- Atole de harina de fécula de maíz

Ingredientes para 8 personas

1½ litro de leche
2 cucharaditas de extracto de vainilla
1½ taza de azúcar
4 cucharadas rebosadas de harina de fécula de maíz

Procedimiento

Poner a hervir en una olla honda, todos los ingredientes, excepto la fécula de maíz. Moviendo para disolver el azúcar. Ésta se preparará en un recipiente pequeño con 1 taza de agua. Se le va agregando cucharada tras cucharada de harina de fécula de maíz, moviendo en el agua hasta que se disuelva. Luego la otra, y así hasta terminar. Cuando la leche ya dé señales de empezar a hervir, empezar a agregar esta mezcla a la leche, poco a poco, y moviendo, para evitar se formen grumos. Cuando ya hierva la leche, apagar el fuego, pero seguir moviendo un poco más. Dejar reposar. Se sirve en platitos soperos y se come con cuchara, y se acompaña con un pedazo de pan dulce, o galletas. Si le falta azúcar, agregarle a su plato.

Variantes

- El sabor de la vainilla puede cambiarse, por canela. Pero también se pueden usar frutas en su lugar. Antes de hervir la leche, se licúa con la fruta que se desea, ya sean fresas, plátanos, o bien, con chocolate, etcétera. Antes de poner el licuado en la olla honda para hervir, se cuela. Luego se procede con los pasos que dice en la receta.

5.- Atole de masa de nixtamal o champurrado de chocolate

Ingredientes para 8 personas

1½ litro de leche
1½ taza de azúcar
2 palos de canela
1 bola de masa de nixtamal del tamaño de una bola de billar
2 trozos de chocolate de mesa, para el champurrado, ver adivinanza n°53

Procedimiento

Si no se tiene nixtamal, hacer la bola con masa preparada de harina de maíz. Poner a hervir la leche en una olla honda, con la canela y el azúcar. Mover para disolverla. Al empezar a hervir, sacar medio litro de leche, y ponerla en un recipiente, disolver allí la masa. Ir regresando esta leche de nuevo a la olla, pero ya con la masa disuelta, y mover para que no se formen grumos, hasta que hierva de nuevo. Apagar la flama y seguir moviendo por un rato más. Se deja reposar, y en el reposo se espesa. Si se espesa mucho, agregar leche caliente, con azúcar, moviendo para que se integre bien. Si le falta azúcar, agregarle a su plato.

Variantes

- Si a este atole, en el proceso de hervir la leche, se le agregan 1 trozo de chocolate de mesa, ver adivinanza n°53, entonces el atole se llamará "Champurrado".

6.- Atole de migas de tortilla

Ingredientes para 8 personas

1½ litro de leche
1½ taza de azúcar

2 palos de canela
13 tortillas
1 bolita de masa de maíz

Procedimiento

Se licúan con la leche tres tortillas y la bolita de masa, y se pasa a una olla honda con el azúcar para que todo hierva. Se le pone también la canela. Las tortillas restantes, se hacen migas con las manos, o con un cuchillo. Esto significa que se hacen pedacitos pequeños. Cuando empiece a hervir la leche, se agregan las migas y se empieza a menear, revolviendo todo con una cuchara para que no se peguen las migas abajo. Cuando empiece a hervir de nuevo, se apaga la flama y se deja reposar unos 10 minutos. Se sirve en platitos soperos. Si le falta azúcar, agregarle a su plato.

7.- Atole de pinole

Ingredientes para 8 personas

1½ litro de leche
1 taza de azúcar
½ taza de pinole
1 vara de canela
Chocolate de mesa, opcional, ver adivinanza n°53

Procedimiento

Poner todo a hervir en una olla honda, moviendo para que el pinole no se haga grumos. Cuando hierva, y después de que repose un poco, se verá si le falta pinole para que espese a una viscosidad regular, suave. Si le falta, agregarle un poco, volver a hervir y volver a dejar reposar. Volver a ver, y si es necesario, repetir el procedimiento de agregar más.

Variantes

- A este atole también se le puede agregar chocolate de mesa cuando esté en el proceso de hervirse la leche.

Bolitas de nuez

"Y va de nuez", otra receta con nuez…

1.- Bolitas de nuez

Ingredientes

1 taza de mantequilla
¾ taza de azúcar
2 huevos
1 cucharadita de ralladura de cáscara de naranja
1 cucharadita de extracto de vainilla
2¾ tazas de harina
1½ taza de nuez molida
30 cerezas de lata, partidas por la mitad

Procedimiento

Con batidora, acremar la mantequilla con el azúcar, agregando ésta, poco a poco. Al terminar, se agregan sólo las yemas de los huevos, la vainilla y la ralladura de la cáscara de naranja, y hasta al final se le va agregando la harina poco a poco hasta terminar. Enfríe esta masa en el refrigerador por un par de horas. Ya fría, se hacen bolitas pequeñas y se mojan en las claras de huevo que ya están previamente vertidas en un plato hondo. Luego pasar las bolitas al plato donde se colocó la nuez molida, y se revuelcan con la nuez, aplanando un poquito, para que se les pegue bien, cuidando de que no se cubra una parte, sólo las demás partes de la esferita, porque cuando se vayan colocando en la lámina para cocerlas, esa parte irá hacia abajo y servirá de base. La lámina es de las que se usan para hornear hojarascas. Debe de estar previamente engrasada y enharinada. Al colocar las bolitas, se les va poniendo la mitad de una cereza encima, a cada una. Cuando se llene la lámina, meterla al horno, el cuál debió de haberse prendido con tiempo para tener una temperatura de 180 grados. Hornear por 25 minutos. Cuando estén listas, dejarlas que se enfríen. Luego guardarlas en un recipiente transparente, y taparlo.

2.- Otras bolitas de nuez, fáciles

Ingredientes
¼ k de azúcar "glass"
¼ taza de azúcar mezclada con canela en polvo, para el escarchado
¼ k de nuez molida
1 lata de leche condensada, ver adivinanza n°55

Procedimiento
Mezclar la leche condensada con el azúcar "glass" para que se haga una masa consistente, porque se van a hacer bolitas luego de agregarle también la nuez molida. Luego estas bolitas pasarlas a revolcar al plato que contenga la mezcla de azúcar granulada y la canela en polvo. Aplanarlas un poquito de manera que queden bien escarchadas. Y ya están listas. ¡Qué fácil…! ¿Verdad?

Buñuelos

Los buñuelos son un postre que se acostumbra preparar por acá en el norte de México, para las fiestas de las navidades y años nuevos. Es un postre muy fácil de hacer. Y está basado en la preparación de las tortillas.

Ingredientes para 30 buñuelos

1 kilo de harina de trigo
75 gramos de manteca vegetal
2 tazas de azúcar
¼ taza de canela en polvo
Miel de caña, opcional
Aceite

Procedimiento

En un lavamanos se pone la harina y la manteca. Se amasan, desbaratando la manteca en la harina, hasta que queden ambas bien integradas. Se pone a calentar agua, hasta que casi esté hirviendo. Todo depende de sus manos, hasta cuánto puede aguantar de caliente, porque con sus manos se ha de amasar la harina. Se le va agregando agua caliente batiendo por partes. Esta masa debe de quedar muy aguada, aunque consistente, pero no pegajosa. Cuando ya se tenga la masa, se agarra un bollito y se extiende con un palote y tabla de madera. No va a poder muy bien extenderlo, porque la masa está muy aguada, y lo que pueda de ella extender, va a intentar regresar a su posición anterior. De manera que agarre la tortilla y extiéndala sobre una de sus manos. Con la otra mano, se le hacen tirones en las orillas, para de esa forma ir extendiéndola, hasta que quede muy grande y con el espesor muy delgado. En ese momento se procede a dorar esta tortilla en una vasija con aceite muy caliente. Inmediatamente la tortilla chillará y se le harán globos por todas partes, los que debe reventar con un tenedor. Voltearla al otro lado, y no dejarla que se tueste, porque se puede quemar. Sacarla, depositándola en un recipiente donde descanse para que suelte el exceso de aceite. Luego pasarla a una vasija honda donde se va a espolvorear por los dos lados con el azúcar mezclada con la canela. Se van poniendo los buñuelos tostaditos en otro recipiente hondo, uno encima del otro, para servirlos más tarde, a la hora de comer el postre. Se comen acompañados con chocolate caliente o con café. En lugar de azúcar y canela, se les puede poner miel de caña encima, pero hasta la hora de comerlos, porque si se le pone la miel desde antes, se aguadan, y se les pone solamente por uno de los lados. Sabe deliciosa, y si a mí me encanta, a las moscas les fascina, pues dicen que *"caen más moscas en una gota de miel que en un barril de vinagre..."*

Capirotada

La capirotada es un postre que se prepara en todas las diferentes regiones gastronómicas de México. Es distinta su preparación en cada una de ellas. Y comenzando por el norte, aquí tenemos una gran variedad de maneras de prepararla, y en realidad la manera de hacerse es la misma, pero los ingredientes sí que le dan su toque distintivo, dependiendo de la mano que la cocine, dependiendo de la imaginación y del gusto particular. Veamos unas tres o cuatro recetas diferentes. Les recomiendo hacerlas todas, una cada vez, pues de esta forma tendrán la oportunidad de probarlas todas, y decidirse por hacer después siempre la que más les haya gustado. En los ingredientes dulces que se le agregan a las capirotadas, no hay ninguna ley, ni se sigue ningún reglamento. Cada quién le pone lo que desea ponerle. Hay quienes le ponen frutas cristalizadas en cuadritos, hay quienes le ponen dátiles y ciruela pasa, hay quienes le ponen duraznos en rebanaditas, hay quienes, manzana, hay quienes, plátano. Ya hasta arándanos le ponen algunas personas, y es que según el gusto es el resultado, y aquí nos ajustamos al dicho tan famoso que dice: *"En gustos se rompen géneros..."* Así, en las recetas de las Capirotadas, en la variedad de sabores está el gusto...

1.- Capirotada tradicional

Ingredientes para 8 personas

2 piloncillos de miel de caña grandes
1 vara de canela
1 clavito de olor
2 jitomates maduros
1 cebolla
1 k de queso panela
1½ taza de pasitas de uva secas y sin semillas
1 taza de coco rallado
1½ taza de corazones de nuez
10 piezas de pan blanco, pan birote, o pan francés
Aceite

Procedimiento

En una olla con agua, y a fuego lento, se ponen a derretir los piloncillos y se agrega el clavito de olor, un tomate en rebanadas y tres rodajas de cebolla. Comprar los panes de los hechos sin grasa, ni mantequilla, sólo con agua y levadura de cerveza. Se cortan en rebanadas de 1 pulgada de espesor, y se van dorando en una sartén con poco aceite, hasta que queden bien tostados. Se van colocando ya tostaditos uno al lado de otro en una cacerola ancha de barro, de manera de ir formando una capa de panes. Si no se tiene, pues en otra vasija similar. El queso se parte en tiras rectangulares como de medio centímetro de espesor. Encima de la primera capa de panes, colocar pedazos de queso, nueces, pasitas, coco, unas rebanaditas delgaditas de tomate y unos aros de cebolla también muy delgaditos. Formar otra capa, y agregar igual de ingredientes. Que queden las capas bien forradas de ellos. Seguir formando capas hasta terminar. Cuando ya estén derretidos los piloncillos, pasar esta agua concentrada de miel por un colador y vaciarla a la cacerola de las capas de pan.

Debe de llegar hasta el borde superior de la última capa. Si no llega, agregarle un poco de agua. Se tapa y se pone a la flama, hasta que hierva. Apagar la flama y dejar tapado, hasta que el pan absorba los líquidos. Puede comerse caliente, o fría, luego de ponerla en el refrigerador. Es un postre exquisito, y muy mexicano.

2.- Capirotada de 3 leches

Ingredientes:

1 lata de leche dulce condensada, ver adivinanza n° 55
1 lata de leche evaporada, ver adivinanza n°56
1 litro de leche
1½ taza de agua
1 vara grande de canela
Canela en polvo, opcional
1 taza de azúcar
4 plátanos
1 k de queso panela
1 taza de pasas de uva secas y sin semillas
½ taza de coco rallado
1 taza de corazones de nuez, o almendras
1 taza de cacahuates pelados, naturales, no salados

Procedimiento

Los panes, se rebanan en rodajas de 1 pulgada de espesor, y se tuestan al comal, sin aceite. Que queden bien tostados, pero no quemados. Aparte, en una olla honda, se ponen a hervir las leches, el agua, la canela y el azúcar, hasta que suelte el sabor bien marcado de la canela. En un refractario para hornear grande, se van colocando los panes tostados. Muy apretaditos uno al lado del otro. Se les van poniendo encima pedacitos de queso, nueces, coco, pasitas, cacahuate y el plátano en rebanaditas, a todo se le espolvorea canela en polvo. Que quede bien saturada la capa con los ingredientes. Luego, encima poner otra capa de la misma forma que la anterior. Y así seguir poniendo capas, hasta terminar. Las leches coladas se agregan suavemente al refractario. Se coloca unos 15 minutos al horno a 180 grados, el cuál se debió haber prendido con suficiente tiempo antes. Se saca del horno, y se pone a la mesa para servirse caliente, o bien, luego se puede comer fría.

3.- Capirotada de manzana

Ingredientes

2 litros de agua
2 piloncillos de miel de caña grandes
4 clavos de olor
4 cucharadas de anís
1 vara de canela
Canela en polvo
10 piezas de pan blanco birote
Aceite
1½ taza de nueces
1 taza de pasitas de uva secas y sin semillas
1 queso panela
½ taza de grageas de colores
8 manzanas de color verde, maduras

Procedimiento

El procedimiento es igual que en la receta n°1, de la Capirotada tradicional, excepto que aquí no lleva ni tomate, ni cebolla. Seguir los pasos igual. Pero en ésta, se le agregan además, los clavos de olor y el anís al agua para hervir los piloncillos. Las manzanas se pelan y se les quita la parte central y se parten en rebanadas de buen grosor. Si no se completa para cubrir todas las capas con estas manzanas, usar más, las necesarias para cubrir bien las capas de pan. En esta receta se usará un poco más de canela que en las demás, pero de la canela en polvo espolvoreada entre capa y capa, pues la canela, el queso, la manzana y la nuez, se llevan de maravilla para dar un sabor exquisito.

Compota de calabaza con piloncillo

Este postre generalmente se prepara en el otoño, que es la época en que las calabazas de cáscara dura se cosechan. Este tipo de calabazas es de las que se usan en los Estados Unidos para decorar las casas en las celebraciones del "Haloween", y aunque allá seguramente las tiran luego de usarlas, aquí, y sobre todo en el norte de México, las aprovechamos para preparar un delicioso dulce que se come sobre pan tostado, o con el que se hacen empanadas riquísimas, cuya receta más adelante se les proporcionará.

Ingredientes

1 calabaza de cáscara dura, de unos 6 kilos
7 piloncillos de caña, grandes
2 varas de canela
6 clavos de olor

Procedimiento

Lavar la piel de la calabaza. Cortar la calabaza en dos partes. Eliminarle las fibras y las semillas internas. Mucha gente guarda las semillas, las seca y luego las tuesta en aceite y les pone sal, para comerlas de botana. O simplemente las guardan para sembrarlas. Hacer cortes, procurando que sean cuadrados como de 8x8 cm. Reservar las piezas para usarlas más adelante. 5 piloncillos se parten en rodajas gruesas, como de 1 pulgada cada una. Luego en un recipiente que sea grande y hondo y que tenga parrilla interna, ir acomodando una capa con las piezas de calabaza con la pulpa hacia arriba. A cada una ponerles una rodaja gruesa de piloncillo. Colocar sobre ésta, otra pieza de calabaza con la pulpa hacia abajo, de manera que compartan el piloncillo dos piezas. Hacer otra capa similar, y otra, hasta que se ponga toda la calabaza. Agregar 1 litro de agua, la cual se irá hasta el fondo de la olla. Ponerla en la lumbre a fuego medio y tapar muy bien. Tardará unas 4 horas en cocerse o quizás más. Ver seguido que no le vaya a faltar agua. Y al estar viendo, se puede observar la pulpa de la calabaza. Estará lista cuando esté bien suavecita. Los cascos de calabaza, obviamente llenos de dulce del piloncillo, se pueden comer con cuchara, como si fuera un suave, o se extrae la pulpa y se pone en un plato sopero, se le agrega leche y se mezcla con un tenedor. Se come como si fuera un puré de calabaza, agregándole más azúcar, si es que le falta.

Procedimiento para la compota

A los cascos de calabaza ya hechos dulce, se les quita la pulpa. La cáscara se tira. Se colocan todas las pulpas en una cacerola de barro grande. Los 2 piloncillos que quedaban se trozan, y se agregan a la cacerola junto con la canela y los clavos de olor pulverizados. Se prende la lumbre y se empieza a calentar todo. Al ir agitando con una cuchara de madera, se van a destrozar las pulpas, y el piloncillo se va a ir derritiendo. Como la pulpa tiene mucha humedad, obviamente que la soltará. Y el proceso de hacer este dulce consiste en estar agitando la mezcla lo suficiente hasta que quede reseca, con una viscosidad similar a la de un dulce para untar. Esto se llevará un tiempo como de 1 hora y media, moviendo y moviendo, para que no se pegue y no se queme. Cuando tenga la consistencia para rellenar empanadas, apagar la lumbre y dejar reposar. Ya está lista la compota, o jalea, para disfrutarla, como dulce, como mermelada, o con las empanadas que se pretenden hacer con ella.

Chocolate de mesa

El chocolate de mesa es una bebida especial y esencial para la merienda, acompañando panecito de dulce o galletitas, hojarascas, turcos y pastelitos. Es tan sencillo prepararlo que no se necesita ninguna experiencia, y seguramente le va a salir muy bien. Dicen que *"si como lo mueve lo bate, pues qué rico chocolate…"*, háblase aquí de las mujeres coquetas que mueven mucho las caderas, y si son las que preparan el chocolate, pues les va a quedar muy rico… Je, je, je. Para prepararlo, sólo hay que hervir leche, o leche con agua, o agua, porque hay quienes lo prefieren con pura agua, y se le agregan pedazos de chocolate de mesa comprado en los mercados, ver adivinanza n°53. Cuando se caliente bien el líquido, meter un molinillo y menearlo para que haga espuma. Mucha gente lo hace en la licuadora, pero es de sumo peligro, pues cuando se prende la licuadora, y ya con la leche caliente en el vaso, puede aventar la tapa evacuando los líquidos calientes y usted puede resultar quemada o quemado. Por eso, mejor a la antigüita, con el molinillo. Espumoso, como a mí me gusta, se sirve bien caliente en tasitas anchas. El molinillo es un peculiar artefacto mexicano, que en realidad viene a ser una hermosa artesanía hecha de un solo palo, con bastantes repliegues en su base, de manera que tenga las propiedades de batir los líquidos para hacerlos espumosos. Es como una batidora. **Consejo:** para hacer chocolate, si por seguridad no quiere usar la licuadora, y en ausencia de un molinillo, puede usar la batidora, pero sólo con uno de los batidores puestos.

Dulce de calabaza, de camote y otros

Estos dulces tan exquisitos, son una particularidad norteña digna de saborear. Son un manjar, y si cree que se va a comer sólo uno, no debería estar tan seguro, pues una vez que los prueba, se enloquece, y no puede detenerse por seguir comiendo. Su preparación es muy fácil, y mucha gente cree que son difíciles de hacer, pero no… Sí se lleva tiempo su preparación, pero en los momentos intermedios, nos podemos ir de vacaciones, regresar, y continuar haciéndolos una vez que lleguemos a casa… Veamos cómo se preparan.

Ingredientes

1 calabaza de cáscara dura grande, de aproximadamente 6 kilos
3 piloncillos chicos, o 2 grandes
1½ kilo de azúcar morena, o mascabado
1 taza de cal
1½ tazas de agua

Procedimiento

Se lava la calabaza, y se deja secar. Luego sobre una mesa, y sobre ella, una tabla de madera, y con un machete muy filoso se va pelando la calabaza. Es un proceso un poco dificultoso, porque la cáscara es muy rígida y dura. Buscar la manera de hacerlo fácil y con seguridad. Al pelarla, no llevarse pedazos gruesos de calabaza. Una vez ya sin cáscara, se parte la calabaza en dos piezas. Quitar sustancias fibrosas y semillas. Si quiere, guarde las semillas para lavarlas, secarlas, y luego, en su momento, tostarlas en aceite, para comerlas como botanita con sal. De estas dos partes de la calabaza, se cortan pedazos como de 6x6 centímetros, o del tamaño y la forma que usted guste, que de esa forma van a quedar sus dulces. Se meten a lavar en pura agua, enjuagándolas una a una muy bien, se tira el agua, y se vuelve a repetir el proceso de bañarlas con nueva agua. Luego se van acomodando en una tina de plástico, o de lámina galvanizada, previamente lavada, hasta que todas las piezas queden dentro. En otra tina se disuelve 1 taza de cal en agua. Esta agua con cal se va a verter dentro de la tina que contiene las piezas de calabaza. El agua deberá tapar y exceder el nivel de la capa más alta de piezas. Se dejan reposar 2 días en esta forma, tapando la tina con un trapo, para que no le caiga tierra ni contaminantes. La cal se compra en el supermercado. Se usa para muchos procesos alimenticios, pero también se puede comprar en una ferretería, porque también se usa para diferentes procesos en la industria de la construcción. En el supermercado la puede encontrar en bolsas de 1 kilo, y en la ferretería en bultos de 25 kilos. Ver explicación sobre la cal, expuesta en el apartado de la receta de "Tortillas de Nixtamal". Lo que aquí es muy conveniente que sepa, es que la cal ataca a los recipientes de aluminio. Por lo que, evite que esté en contacto con ellos. Por eso le dije que las tinas, o que sean de plástico, o de lámina galvanizada. Continuando con la hechura de los dulces, decimos que una vez terminado el tiempo de reposo, se lavan muy bien las piezas en agua, y se van colocando en un recipiente hondo con agua limpia, para ponerlas a cocer, hirviéndolas por unos 40 ó 50 minutos. Luego se sacan y se escurren. Con un tenedor, se les pica por encima la pulpa, para que tengan muchas partes por donde pueda entrarles la miel del proceso que sigue. En un recipiente hondo y ancho, como una vaporera, pero sin su parrilla, o similar, se ponen en 1½ tazas de agua los piloncillos y el mascabado para que se derritan a fuego medio. Cuando esta agua tome un color cafecito, se van a ir colocando piezas de calabaza para que se vayan empapando de miel. Sólo las que quepan a un solo nivel. Dejarlas allí por media hora para que se saturen de dulce. Las piezas se encogen un poco y sueltan humedad, de manera que al cabo de un tiempo, va creciendo el líquido de la vasija que contiene la miel. Las piezas no deben de empalmarse a un segundo nivel, porque se pegarían unas con otras, y en un solo nivel no caben todas a la vez, sacar las que ya estén listas, cuidadosamente con unas pinzas largas, y en su lugar colocar otras tantas piezas nuevas, para repetir con éstas, el proceso de empapado de miel, y luego se volverá a repetir hasta que se acabe con todas las piezas. Se deben de sacar las piezas cuando tengan un colorcito anaranjado o cafecito, y se dejan escurrir en alguna parrilla que se tenga por allí. Ya escurridas, cambiarlas a una plataforma, como las láminas que se usan para hacer hojarascas, que queden separadas unas de otras, para que se sequen bien, y ya están listos estos deliciosos dulces... Quedan con la superficie durita, que crujen de gusto cuando uno los muerde... Mmmmmm... Es seguro que va a sobrar miel. La puede usted reservar para comerla después en su oportunidad.

Variantes

- En lugar de calabaza, pueden ser camotes. Éstos se pelan y se cortan en rodajas como de 2 pulgadas de anchas, y a partir de este momento, siguen el mismo procedimiento que las calabazas, o sea, desde que reposan en el agua con cal. Pueden ser otras frutas, como biznagas, o chilacayotes, o piñas, o cualquier fruta de la que se desee hacer un dulce cristalizado.

Empanadas

La masa para la preparación de las empanadas es siempre de la misma receta, excepto para las de calabaza. Hay muchos tipos de relleno. Se pueden hacer empanadas de leche quemada, o de piloncillo con nuez, o de manzana, de piña, etc. Cambia también la presentación final, porque mucha gente prefiere las empanadas escarchadas de azúcar y canela, y otras personas las prefieren sin nada.

Ingredientes para la masa

1 k de harina de trigo
475 gr de manteca vegetal
¾ taza de azúcar
¼ cucharadita de sal
1 cerveza
Azúcar con canela en polvo para escarchar, opcional

Procedimiento

Se homogenizan cirniendo la harina, la sal y el azúcar en una sartén grande y ancha, como un lavamanos, pero si no tiene cernidor, sólo con las manos integra los ingredientes. Al agregar la manteca, notar que 1 paquete de manteca es de 500 gr, o sea ½ kilo, tal que debe extraer un cuadrito calculando que sean los 25 gramos que no debe agregar, para que quede en 475 gramos. Se empieza a aplanar contra la harina, con el proceso de aplanar y desmoronar, muchas veces, de manera que se vaya integrando poco a poco. Una vez ya integrada con la harina, se amasa por partes… Le repito, "se amasa por partes", con un poco de cerveza, sin ponerle mucha, para que la masa no quede aguada, sino justa. Por eso es bueno amasarla por partes, para que no se eche a perder toda de una vez, así si una parte no quedó tan consistente, pues se le agrega una poca más de la harina seca de la que no ha sido amasada aún, para remediar el asunto. Debe quedar la masa de tan buena consistencia que se puedan hacer testales y se puedan extender con un palote fácilmente. El tamaño del testal está relacionado directamente con el tamaño que se quiere de la empanada. Un testal grueso dará como resultado una empanada de un diámetro grande, si consideramos que el grosor de la tortilla debe de ser uniforme y de unos 4 milímetros. Cuando se rellenan las tortillas, se doblan y se juntan los extremos de los dos medios círculos. Se van torciendo las orillas con los dedos índice y pulgar, de manera que se vaya viendo como se forma un tejido trenzado en toda la orilla de la empanada que se le llama repulgue o repliegue. Cuando las empanadas son de calabaza, se les hacen tres pequeñas perforaciones en la parte superior con los cuatro picos de un tenedor, antes de meterlas al horno, dado que la calabaza al calentarse produce gases, y por allí se le ayuda a la empanada para que los elimine y no se queden atrapados, porque revientan la empanada, o la abren. También esos gases los produce en nuestro intestino, cuando las estamos digiriendo, y el resultado es igual que haber comido frijoles o brócoli... Je, je, je. El horno de la estufa debe de estar a 180 grados, y previamente se habrá preparado una lámina de metal para ir colocando las empanadas acomodadas una tras la otra. La preparación de la tablilla metálica consiste en embarrarle manteca vegetal, o sea, engrasarla con un poco de la manteca que separó, cuando quitó los 25 gramos de manteca al principio, agarrando poquita con un servilletita de papel, para que quede bien esparcida, y luego espolvorearle harina encima, o sea enharinarla. Sacudir, para eliminar el exceso de harina y empezar a colocar las empanadas encima con una mínima separación, dado que la masa no crece, y no se tiene el riesgo de que se peguen unas con otras. Cuando la tablilla ya esté llena, se pasa al horno unos 20 minutos, aunque puede ser menos. Revisar con una palita la parte de abajo de la empanada, no debe de quemarse, ni se debe de quemar usted tampoco, por lo que debe de hacer esta operación con mucho cuidado. Use guantes. Cuando ya está de un color café claro, pasar la lámina a la parte de abajo del horno, para que también adquieran el mismo color por la parte de encima. Si no tiene estufa que tenga en el horno parte superior e inferior, ni hablar, sólo observe que no se quemen por la parte de abajo. Que no se le pasen de tostado, porque se ven feas quemadas, aunque no saben tan mal, a mí particularmente, me gustan así. Se saca la lámina con las empanadas ya cocidas, y se colocan por un rato en algún lugar para que se enfríen un poco, ya que calentitas es como se les pega el azúcar y la canela en el escarchado. Si pretende moverlas muy calientes, puede ser que se destrocen. Un poquito frías ya, entonces ya puede enviarlas con mucho cuidado a la vasija que contiene la canela mezclada con azúcar, para escarcharlas con tan sólo ponerlas encima, y darles la vuelta para que se escarchen igualmente por los dos lados. Dice el dicho que *"azúcar y canela hacen la vida buena..."* Las empanadas de calabaza, generalmente no se escarchan, pero las demás, sí, cualquiera que sea el relleno. Aunque claro, también es al gusto del que las hace.

1.- Relleno de calabaza

Van rellenas con la jalea de la receta "Compota de calabaza" de esta sección, procurando al llenarlas que las empanadas no queden muy panzonas. La masa es igual que en la receta anterior, pero sólo que en lugar de 475 gramos lleva 450 gramos de manteca.

2.- Empanadas de nuez y piloncillo

En este caso, moler un piloncillo, o pulverizarlo hasta que queden puros trocitos del tamaño de los trocitos de nuez que se van a mezclar con el piloncillo. De esta mezcla, agarrar una cucharada para colocarla en la tortilla que se va a rellenar de la empanada, y cerrarla.

3.- Empanadas de leche quemada

La leche quemada la puede comprar ya hecha, en los supermercados. O en los pueblos que tienen fama de hacer leche quemada. Aquí en el norte de México se puede comprar en los municipios de Marín, Zuazua, Apodaca, Santa Rosa y Linares. Simplemente se agarra una cucharada del dulce, y se coloca en la tortilla de la empanada, y se cierra. La leche quemada a usar, puede ser también la que se prepara al hervir una lata de leche condensada, ver adivinanza n°55. Ya hay leche condensada que se vende previamente hervida, digamos ya hecha dulce de leche quemada. Puede usar de ésta para las empanadas.

4.- Empanadas de nuez, leche quemada y cerezas

Se hace una mezcla de leche quemada, nueces en trocitos y las cerezas de una lata de cerezas para hacer pays. Las cerezas se parten en dos, y se mezclan con la nuez y la leche quemada. Se agrega sólo un poco del mejunje que viene con las cerezas, pero no todo, solamente lo necesario para poder hacer la mezcla, de manera que no quede aguada. Recuerde que si queda muy suave, se va a salir de la empanada cuando se esté cociendo en el horno, y va a hacerse un batidero... Por eso debe de ser macizo, lo que se le ponga a la empanada.

5.- Empanadas de piña

Se compra la mermelada de piña, pero aparte se compra una lata de rebanadas de piña en almíbar. Dependiendo del número de empanadas que se vayan a hacer es la cantidad de mezcla que se hace para rellenarlas. Para 1 kilo de masa, comparar 2 botes de mermelada, vaciarlos en un recipiente ancho. Sacar 6 rebanadas de piña de la lata y dejarlas secar un rato. Cortarlas en pedacitos, lo más pequeño posibles. Secarlos otra vez, y luego mezclarlos con la mermelada. De esta mezcla se sacan cucharadas para poner en las tortillas que serán las empanadas.

Frijoles de dulce

Esta sabrosa receta se la copié a La Prieta, hija de una vecina que llegó del norte, Doña Martina, donde se acostumbra este dulce comerlo en panes tostados o tortillas de harina tostadas, o con galletas Marías con un cafecito de olla bien caliente. Es algo diferente a lo cotidiano, y es muy sabroso y fácil de hacer. Y no se aflija por pensar en que los frijoles de dulce, "como que no le entro", dirían muchos, pero arrímese a la mesa, y anímese, que frijoles con dulce saben sabrosos, recuerde el refrán que dice: *"Con azúcar y miel todo sabe bien…"*

Ingredientes para 10 personas

½ kilo de frijoles en bola ya cocidos
2 piloncillos de caña
1 cucharadita de canela en polvo
1 cucharadita de clavo de olor molido
1 pizca de nuez moscada
1 pizca de sal

Procedimiento

Se muele en la licuadora todo, excepto los piloncillos. Que la mezcla tenga sólo el agua suficiente para que la licuadora pueda molerla desahogadamente sin forzar el motor. Todo se agrega a una cacerola de barro y se pone en la lumbre. Los piloncillos se machacan con algún martillo para hacerlos piezas pequeñas, y se le van agregando a la mezcla de la cacerola, donde se van a derretir a medida que les llega el calor. El resto del trabajo es estar agitando la mezcla con una cuchara hasta que los frijoles queden bien consistentes, o sea que se les evapore la humedad y queden resecos, pero untables.

Variantes

- En lugar de piloncillos, ya que puedan no conseguirse, usar en su lugar azúcar morena, o mascabado, 3 tazas.
- Hay gente que le gusta agregarle pasitas de uva y trocitos de pasas de ciruela. Se les agregan casi al final del proceso, digamos 15 minutos antes de terminar.
- Se pueden hacer bolitas de este dulce, y se revuelcan en una combinación de canela con azúcar, y si quiere, también nuez molida.

Galletas marías con nuez

Ingredientes

60 galletas marías
2 latas de leche condensada, ver adivinanza n°55
1 taza de nuez molida

Procedimiento

En un recipiente alargado y ancho, colocar 20 galletas marías una seguida de la otra, pero un poco separaditas. Abrir la lata de la leche condensada y bañar las galletas con ella, de manera que queden con una capita ligera. Colocar una galleta encima de cada una de estas 20 galletas recubiertas, o sea, que se colocará la segunda capa de galletas. Recubrir a esta segunda capa otra vez con leche condensada, igual que en el paso anterior. Poner otra capa de galletas encima de las anteriores. Ya sería la tercera capa. Volver a recubrir con leche condensada esta tercera capa. Si no se alcanza con la leche, abrir otra lata. Las galletas deben tener leche encima y en los lados. Si los lados no alcanzaron leche, rodarlas en la leche que se fue al piso del recipiente. Toda la leche que tienen encima servirá para que al ser revolcadas en la nuez, ésta se adhiera a la leche. Aplanar un poquito para que quede la nuez bien pegada. Irlas pasando a un plato extendido donde quedarán presentadas para que los comensales se enamoren del postre.

Variantes

- Otra manera de hacer el postre con los mismos ingredientes es moler las 60 galletas, mezclarlas con todo el contenido de la leche condensada, hacer bolitas y revolcarlas en la nuez picada. Se les llama bolitas de galleta y nuez. Si prefiere mezclar la nuez con la galleta, entonces se escarchan en azúcar con canela en polvo.

Glorias de nuez, dátil y pasas

Ingredientes

1½ litro de leche
2 piloncillos chicos, ó 2½ tazas de azúcar, depende si el dulce lo quiere oscuro o claro
3 cucharadas de vainilla
1 vara de canela
3 cucharadas de miel de maíz
¾ taza de nuez picada para la mezcla
¾ taza de nuez picada para cubrir las bolitas
¾ taza de dátiles picados finamente
¾ taza de pasas de uva seca y sin semilla
½ cucharadita de bicarbonato

Procedimiento

El piloncillo se aplana con un martillo aplanador y se procura hacerlo granos pequeños, pero si en su lugar desea agregar el azúcar, se omite este paso. En un cazo poner a hervir la leche, y el piloncillo o el azúcar, a su elección. Al momento de hervir, agregar todos los ingredientes, incluyendo el bicarbonato, y mover con una cuchara de madera hasta que se vaya resecando el dulce. Cuando al mover se pueda ver el fondo de la cazuela, es que ya está listo. Se deja enfriar hasta que éste pueda ser tocable, y no queme. Se hacen bolitas con una cuchara y se dejan caer en el plato que contiene nuez picada en donde se les dará un baño, rodándolas, hasta que queden cubiertas con ella.

Variantes

- Si no quiere ponerles dátiles ni pasas, es elección suya. Puede ser solamente la leche quemada con la nuez, como es realmente el dulce llamado Gloria, pero éste, el auténtico, se hace con leche de cabra.

Gorditas de azúcar

Ingredientes

1 k de harina de trigo blanca
400 gr de manteca vegetal
1 barrita de mantequilla de aproximadamente 120 gr
2 tazas de azúcar
1 pizca de sal
1 refresco de cola frío

Procedimiento

Poner la harina en una vasija, como un lavamanos, agregarle el azúcar y la sal. Mezclar todo con las manos para que quede bien integrado. Agregar la manteca vegetal y también la mantequilla. Pueden ser solamente 500 gr de manteca vegetal, sin mantequilla. Da semejantes resultados. Empezar a mezclar la manteca y la mantequilla con la harina, con las manos, apretando las dos cosas y espolvoreando, y repitiendo el mismo ejercicio, sin que se me cansen esas manitas, je, je, je. Cuando quede todo bien integrado, empezar a ponerle de chorrito en chorrito del refresco de cola frío, o sea, amasar la harina en partes, de manera que no se pase y quede la masa muy pegajosa. Debe de quedar bien compacta y maciza. Se usarán solamente como unos 75 ml del refresco. Se deja reposar unos 15 minutos la masa envuelta en un trapo de cocina. Después, tomar un molote, o bolita considerable de masa y extenderlo con un palote, o rodillo de madera, en una tabla, también de madera. No importa hasta donde crezca, sólo que hay que extender hasta dejarle un espesor de aproximadamente de 8 ó 9 milímetros, uniformes en toda la masa extendida. Se usa un molde circular, que ya venden en las tiendas de artículos para cocina, como los que se usan para hacer hojarascas, pero más grande y circular. Si no se tiene, use la boca de un vaso grande, o puede ser un recipiente de plástico de los que uno guarda por allí, de mantequillas o quesos "cotage". Considerar un diámetro de unos 10 cm para cortar los círculos de masa. Quitar la masa excedente, separar los círculos, levantándolos con una palita de cocina, de manera que al levantarlos no se deformen, y reservarlos en otro lugar, donde esperarán para ser puestos posteriormente en el comal. Con la masa sobrante, y un poco más de la que está reposando, se hace otro bollo y se extiende sobre la tabla, y así se continuará el procedimiento hasta haber acabado con toda la masa ya transformada en círculos. El comal debe de haberse calentado previamente con el mínimo de flama, lo más bajo posible. El problema con las gorditas, es que esta masa es muy sensible a quemarse con flama fuerte, debido a la manteca que está en la superficie, y lo de adentro queda crudo. Y ése no es el propósito, sino que se vaya cociendo todo muy uniformemente. Por lo que debe usarse una flama lo más bajito que se pueda. Al poner los circulitos de masa sobre el comal, estar muy al pendiente de voltearlos al otro lado cada minuto, para evitar así que se queme la superficie. Seguramente van a ser unas 6 ó 7 las veces que se les va a dar vuelta a las gorditas para que se cocinen muy bien. Usar la palita para este propósito. Están bien cocidas cuando la superficie adquiere un colorcito pardo oscuro, cafecito parejo en toda la superficie. Se sirven para la merienda con café negro bien caliente. Y el que lo prefiera, le pone mantequilla encima a su gordita.

Variantes

- Hay gente que nos gustan las gorditas que tengan sabor a nuez, por lo que se le pone 1 taza de nuez molida o en trocitos.
- Otros prefieren el sabor de las almendras, por lo que se le pone igual, 1 taza de almendras en trocitos al momento de ser amasada la harina.
- Algunas personas le agregan 2 huevos enteros al momento de amasar la masa, en lugar del refresco de cola. Aunque de todas formas habrá qué ponerle un poco de líquido para terminar de integrar la masa, y éste puede ser leche.
- Para extender la masa, hay gente que hace bolitas de la masa ya reposada, y esas bolitas las ponen de una en una en una tortillera, usando una cartulina de polietileno, que no es más que un recorte de cualquier bolsita, para que la masa, al ser extendida no se pegue en las paredes de la tortillera. Sin aplanar mucho, para que no queden tan delgaditas. Y si así quedaran, probar nuevamente, haciendo la bolita más grande para que ya aplanada, llegue a tener el grosor que se desea. Cuando se aplanan, lo más grueso del círculo tiende a estar en la parte de afuera de la palanca de la tortillera, en ese caso, para uniformizarlo, dar vuelta 180 grados a la tortilla que está aún en el polietileno,

y volver a aplanar sutilmente, sólo para uniformizar el espesor. Luego, con la mano, separar la tortilla del polietileno, y dejarla por allí, en el lugar adecuado, en la espera de ser pasada en su turno al comal.
- Las gorditas se pueden comer con frijoles refritos encima, o guacamole. Saben excelentemente bien.

Hojarascas

Las hojarascas son galletas muy norteñas y típicas de esta región. Se preparan para dar de postre en cualquier fiesta, o para merendar o desayunar, pues son una delicia. Se pueden hacer con nuez, o con almendras, a como diga y guste el que las va a preparar.

1.- Hojarascas de la receta antigua

Ingredientes para la masa

1 k de harina
250 gramos de manteca vegetal
250 gramos de manteca de cerdo
1½ taza de azúcar
¼ cucharadita de sal
1 cucharada de polvo para hornear
1 cucharada de canela en polvo

Ingredientes para el agua para amasar:

3 cucharadas de semillitas de anís
1 varita de canela
1 clavo de olor

Ingredientes para el escarchado:

Azúcar con canela en polvo

Procedimiento

Se pone a hervir en medio litro de agua, el anís, la varita de canela y el clavo de olor, por unos minutos. Esto servirá para amasar la harina. Para hacer la masa, se homogenizan la harina, la sal, la canela en polvo, el polvo para hornear y el azúcar en una sartén grande y ancha, como un lavamanos. El proceso de amasar la masa ya se ha explicado en muchas ocasiones, verla en la receta de "Gorditas de azúcar". Ya con la masa hecha, se procede a extenderla sobre la tabla, con el palote. Que quede de un grosor aproximado de 1 centímetro. Con un moldecito para galletas, se cortan las hojarascas en la masa extendida, y se van colocando en una lámina para galletas, ya preparada con manteca embarrada y harina espolvoreada encima, pero bien sacudida para quitarle el exceso de harina. Se irán poniendo las piezas cortadas, una tras otra, muy bien acomodaditas. El horno de la estufa debe de estar a 180 grados. Cuando la lámina ya esté llena, se pasa al horno por 20 minutos, aunque puede ser menos. Revisar la apariencia, no deben de quemarse. Cuando ya están de un color café claro, se saca la tablilla con las hojarascas ya cocidas, y se coloca por unos momentos en algún lugar para que se enfríen un poco. Enseguida se pasan a la vasija que contiene canela mezclada con azúcar, para escarcharlas con tan sólo ponerlas encima, y darles la vuelta para que se escarchen por el otro lado. Las hojarascas ya listas, se van almacenando en una canastita, y si desea guardarlas para después, que sea de una vez, en un recipiente ancho, con tapa.

2.- Hojarascas sencillas

Ingredientes

1 k de harina
½ k de manteca vegetal
1½ taza de azúcar

¼ cucharadita de sal
1 refresco de cola frío
Azúcar con canela en polvo para el escarchado

Procedimiento

El proceso de hacerlas es igual que el anterior, pero se amasan con refresco de cola frío. Aunque sólo se usan como 50 ó 70 mililitros. Igualmente se escarchan cuando se saquen del horno.

Variantes

- Si se quiere que las hojarascas tengan sabor de nuez, pues a esta receta agregarle 1 taza de nuez en trocitos a la harina, antes de amasarla. Lo demás es igual el procedimiento.
- Si se quiere que su sabor sea almendrado, se le agrega a la harina 1 taza de almendras cortadas en trocitos. Lo demás proceder igual que la receta anterior.
- Hay quienes les gustan las hojarascas con sabor a cacahuate, y entonces, se le agregará 1 taza de cacahuates naturales, pelados, sin sal y en trocitos a la harina antes de amasar. Y del ½ kilo de manteca vegetal, quitarle 150 gramos, o sea que queden 350 gr. Y los 150 gramos faltantes, agregárselos de mantequilla de cacahuate. Lo demás proceder igual que la receta anterior y quedan, *"a pedir de boca."*

Mermelada o jalea de tomate o de chile verde

Es mermelada cuando se prepara con el ingrediente principal cortado en cuadritos, y es jalea cuando el ingrediente principal se muele en una licuadora, pero *"ni muy muy, ni tantán"*, sólo un poco, para que no quede tan molido. Les extrañará esta receta de Doña Martina, que una vez nos sorprendió con una mermelada rara de chile jalapeño verde, pero al probarla, *"Válgame la Virgen y todos los Santos del Cielo..."*, estaba tan rica, que casi nos acabamos toda la ración que ese día preparó... Desde aquella vez, no he olvidado su sabor, y su hija, La Prieta, nos regaló la receta tanto de la mermelada de chiles, como la del tomate.

Ingrediente principal

½ kilo de jitomate maduro, o
½ kilo de chile jalapeño verde

Ingredientes comunes

2 tazas de azúcar blanca, o mascabado
1 taza de agua
1 cucharadita de ácido cítrico en polvo, o bien, el jugo de un limón
1 raja de canela

Procedimiento

Lavar el ingrediente principal a su elección, y escurrir. Si son los tomates, se les quita el ombligo; y si son los chiles, se les quita el rabo, pero dejarles las semillas. Y en seguida, o se cortan, o se muelen, eso es elección suya, ya sea que quiera mermelada, o jalea. En una cazuela anchita, se pone a hervir el agua con el azúcar, revolviendo bien hasta diluirla. Se le agrega la rajita de canela, y en seguida el ingrediente elegido, ya cortado en cuadritos, o bien, ya molido. Se sigue cocinando hasta que se reseque agitando constantemente con una palita o cuchara de madera. Este proceso puede durar unos 30 ó 40 minutos. No se me desespere... Al final, digamos uno o dos minutos antes de cuando usted crea que ya está, agregar el ácido cítrico y seguir revolviendo. En un minuto más, apagar el fuego. Dejar enfriar y ponerlo en un recipiente o botella de vidrio con tapa ancha. Ya se puede comer. A disfrutar de un nuevo sabor… ¡Buen provecho…!

Palanquetas de nuez o de cacahuate

Pero si no hay más ingredientes que el cacahuate, ¿cómo es que se me olvidaron? *"Ándale Juana no te dilates, con la canasta de los cacahuates…"* Y con tan sólo ese ingrediente principal, o nueces, el dulce que se obtiene es riquísimo…

Ingredientes
1 kilo de piloncillos de caña
½ litro de agua
250 gramos de corazones de nuez, o cacahuate natural pelado
Papel encerado

Procedimiento
Se pone a hervir el piloncillo en el agua, se derretirá y al seguir hirviendo se va a ir evaporando el agua y el dulce se va a ir condensando. Cuando adquiera consistencia de hacerlo bola, apagar el fuego y seguir moviéndole con una cuchara de madera. Agregar el cacahuate, o los corazones de nuez. Revolver bien. Agarrar cucharadas de esto y vaciarlas sobre el papel encerado, se extenderá por su propio peso. Así se formarán las palanquetas. Comerlas cuando estén frías y haya endurecido el dulce.

Variantes
- En lugar de cacahuate puede usar nuez, como ya dijimos. A esta palanqueta de nuez se le llama, Nogada

- Otra opción es usar mezcla de granos, como almendras, ajonjolí tostado, pepita de calabaza, pepita de girasol, pistache, todas revueltas con el cacahuate o con la nuez, o con los dos.

Pan

1.- Pan dulce de elote

Ingredientes

200 gramos de mantequilla
5 huevos
1 lata de leche condensada, ver adivinanza n°55
8 elotes tiernos
1 taza de agua
1¾ taza de harina
3 cucharaditas de polvo para hornear
1 cucharadita de canela molida o vainilla, opcional

Procedimiento

Con una batidora se acrema la mantequilla y se le van agregando los huevos y la leche condensada. Se bate muy bien. A los elotes se le rebanan los dientes con un cuchillo, con cuidado, no se vaya usted a cortar, y con el agua se licúan a una velocidad suave, o baja, sólo para que se desbaraten los granos, y se incorpora al batido. Luego se va agregando la harina y el polvo para hornear. Sólo faltaría agregarle la canela o la vainilla, a su elección. Cuando ya esté todo bien batido, se pasa a un molde engrasado y enharinado previamente, y se coloca en el horno por 30 minutos a 180 grados. Se saca y se deja enfriar para desmoldar. Se parte en cuadros antes de servirlo.

2.- Pan salado de elote

Ingredientes

200 gramos de mantequilla
8 elotes tiernos
1 taza de agua
1¾ taza de harina
2 cucharaditas de polvo para hornear
1 cucharada de sal

Procedimiento

El mismo proceso que el pan anterior. Cuando ya esté todo bien batido, se pasa a un molde engrasado y enharinado previamente, y se coloca en el horno por 30 minutos a 180 grados. Se saca y se deja enfriar para desmoldar. Se parte en cuadros para servirlo.

3.- Pan de dátil y nuez

Ingredientes

2 tazas de harina
½ taza de azúcar
3 cucharadas de polvo de hornear
½ cucharadita de sal
1 huevo
½ taza de leche
½ taza de miel de maíz
2 cucharadas de aceite
½ taza de nueces picadas
½ taza de pasas de uva seca sin semilla
½ taza de dátiles picados

Procedimiento

Mezclar y cernir los primeros 4 ingredientes. Por separado

batir el huevo, y agregarle la leche, la miel y el aceite. Añadirle los anteriores ingredientes secos e irlos incorporando. Agregar las nueces, los dátiles y las pasas al final. Mezclar todo. Vaciar esto a un molde bien engrasado y enharinado. Hornear a 180 grados durante 45 minutos. Enfriar para luego desmoldar. Cortar en cuadritos antes de servir.

4.- Pan de zanahoria

Ingredientes

3 tazas de harina
2½ tazas de zanahoria rallada
1 taza de aceite
3 huevos
1 taza de azúcar
1 taza de nuez picada
1 taza de pasas de uva secas y sin semilla
1 cucharadita de vainilla
3 cucharadas de polvo de hornear

Procedimiento

Se cierne la harina, el polvo de hornear y el azúcar y se colocan en una vasija ancha. En otra vasija mezclar los huevos con el aceite y la vainilla. Ir agregándole los componentes ya cernidos. Al final agregar las pasas, las nueces y la zanahoria rallada. Mezclar todo. Se pone todo en un molde engrasado y enharinado y se pasa al horno que se precalentó a 180 grados. Hornear por 45 minutos. Revisar antes de sacar, quizás vaya a necesitar unos 10 minutos más, depende de la estufa.

Pasteles

1.- Pastel alemán

Ingredientes para el pan

3 tazas de harina cernida
1½ barras de mantequilla o margarina
5 huevos
¼ litro de leche
1½ taza de azúcar
1 cucharada de polvo para hornear o 3 cucharaditas
1 cucharadita de vainilla
50 gramos de nuez picada
½ taza de cocoa o ¾ de taza de chocolate de mesa molido

Ingredientes para el betún

1 lata de leche evaporada chica, ver adivinanza n°56
3 yemas de huevo
1 barra de mantequilla o margarina
1 cucharada de vainilla
1½ taza de coco rallado
1 taza de nuez picada
2 tazas de azúcar

Procedimiento para hacer el pan

Se ciernen los ingredientes secos, sin el azúcar. Con la batidora se acrema la mantequilla agregándole el azúcar poco a poco, y en seguida, las yemas de huevo. Se derrite el chocolate con el ¼ lt de leche hirviendo, y esto se va vaciando al batido anterior, junto con la vainilla. Previamente las claras se esponjan a punto de turrón y se van agregando al final de todo junto con la harina, alternando, un poco de harina, y luego un poco de claras, y repitiendo la operación hasta que se terminen los dos. Al final, agregar la nuez molida, y mezclar, y ya está lista para ponerla en un molde mediano, previamente engrasado y enharinado. Se pone a hornear entre 45 minutos y una hora, bajo una temperatura de horno de 200 grados. Si se quiere un pastel de dos pisos, hacer este pan dos veces.

Procedimiento para hacer el betún

Se pone a derretir la mantequilla a fuego lento agregándole poco a poco el azúcar y la leche, revolviendo suavemente. Al estar derretido todo, se le agregan las yemas de huevo y la vainilla, moviendo sin parar con una cuchara de madera. Cuando empiece a hacer globitos porque ya se está soltando el hervor, se le agrega la nuez y el coco rallado, revolviendo un poco más hasta que se integren bien. Se apaga la flama y se sigue moviendo un poco más. Se deja reposar hasta que enfríe y así, ya frío, se puede ya decorar el pan. Suele ponerse entre las capas también, si es de dos pisos, y encima y a los lados del pastel. Si es de 2 pisos, quizás necesite usar el doble de los ingredientes para el betún.

2.- Pastel de zanahoria

Ingredientes

¾ taza de aceite
1 taza de azúcar
2 huevos
½ taza de harina
½ taza de zanahoria rallada
1 taza de nuez picada
½ taza de pasas de uva secas y sin semilla
½ cucharadita de clavo en polvo
½ cucharadita de sal
½ cucharadita de bicarbonato
½ cucharadita de jengibre en polvo

1 cucharadita de polvo para hornear
1 cucharadita de canela

Procedimiento

Se baten los ingredientes en el siguiente orden: azúcar y aceite, luego huevos, luego harina cernida junto con los ingredientes secos. Al final la zanahoria, las nueces y las pasas. Se engrasa el molde y se espolvorea de harina. Se le vacía esta mezcla del batido, y luego se lleva al horno previamente calentado a 200 grados, por 50 minutos. Este pan se corta en cuadritos, y no necesita ningún betún. Pero hay quienes le ponen algún betún dulce, que lleve queso crema, ver adivinanza n°49, que es muy sencillo de hacer. Esta receta es para un piso de pan, y si quiere hacer dos panes, para colocar un piso sobre el otro, ponga ingredientes al doble en el batido. Y si se le pone el betún, se le agrega encima nuez picada.

Ingredientes para el betún

1 queso crema, ver adivinanza n°49
1 barra de mantequilla o margarina
450 gramos de azúcar "glass"
2 cucharaditas de vainilla

Procedimiento para hacer el betún

Se acrema con una batidora la mantequilla, luego se va agregando el queso crema, que debe estar suave, para esto, lo debe de poner fuera del refrigerador unas 2 horas antes de usarlo. Ir agregando después el azúcar "glass", y finalmente la vainilla. Ya está listo para embarrarlo sobre el pan, y no olvidar ponerle mucha nuez picada encima.

3.- Pastel de aceite

Ingredientes para un piso del pastel

3 tazas de harina preparada para "hot-cakes"

¾ taza de aceite
1 taza de leche
1 taza de azúcar
3 huevos
½ taza de nuez picada, o de pasitas, o los dos, opcional

Procedimiento

Todo, excepto la harina, se ponen a mezclar en la licuadora. Luego la harina se pone en un recipiente ancho, donde se agregará lo de la licuadora. Batir hasta que quede bien uniforme todo. Si lo quiere con nuez o con pasas, o con los dos, ponérselas y mezclar un poco más. Poner la mezcla en el molde, previamente engrasado y enharinado. Meter al horno por 50 minutos, que debió previamente prenderse y mantenerse a una temperatura de 200 grados. Este pan es delicioso solo, sin betún, pero hay quienes le ponen betún de chocolate. El betún de chocolate ya se compra en el supermercado en botecitos, es cuestión nada más de abrir y untar. Pero si lo quiere preparar en su casa, será de esta forma:

Ingredientes para el betún

1 taza de azúcar
½ taza de cacao molido, o cocoa
½ taza de leche
½ taza de mantequilla derretida
1 cucharadita de extracto de vainilla
1 cucharadita de canela
Azúcar "glass" para escarchar, opcional
1 barrita de chocolate macizo hecho con leche, para rallar, opcional

Procedimiento

Poner todo a la lumbre en una vasija honda. Mover hasta que hierva. Al hervir, apagar el fuego. Ahora usar una batidora para mezclar hasta que se vaya poniendo duro y se vaya enfriando. Unos 4 minutos. Espesa a medida que enfría más, y ya espesito, ya lo puede untar sobre el pastel. Se puede espolvorear azúcar "glass" encima, y encima del azúcar, rallar una barrita de chocolate macizo hecho con leche.

4.- Pastel de manzana

Ingredientes

1½ tazas de harina
1½ cucharadas de polvo para hornear
Agua tibia para amasar
1 cucharadita de sal
4 manzanas grandes
1 cucharada de canela en polvo
6 cucharadas de manteca vegetal
5 cucharadas de azúcar
1 barra de mantequilla o margarina

Procedimiento

La harina cernida con el polvo de hornear y la sal se pone en una vasija ancha, como un lavamanos, se agrega la manteca y se empieza a amasar, hasta que la manteca se pierda en la harina. Se le agrega agua tibia, poquita, para amasar y hacer una masa muy suave. Esta masa se separa en 3 partes y se hacen tortillas con las 3, extendidas del tamaño del molde a usar. Se pone una de ellas en el molde ya previamente engrasado y enharinado, que quepa perfectamente bien. Se pone la manzana cortada en cuadritos pequeños, con azúcar y pedazos de mantequilla y canela espolvoreada. Se pone otra capa a la que se le mojaron las orillas con agua fría, para pegarla con la otra capa que ya se puso en el molde. A esta también, encima se le pone manzana, mantequilla, azúcar y canela. Y finalmente se cubre con la tercera y última tortilla, también mojadas sus orillas para pegarla con las de la anterior. Si se desea se puede barnizar esta última con clara de huevo. Se mete al horno a temperatura de 180 grados por 40 minutos.

5.- Pastel de plátano

Ingredientes

¾ taza de mantequilla
1 lata de leche condensada, ver adivinanza n°55
3 huevos
¼ taza de leche
3 tazas de harina
1½ cucharadas de polvo para hornear
1 lata de crema agria "media crema"
1 cucharadita de bicarbonato
1 limón, su jugo
4 plátanos
1 cucharadita de extracto de vainilla

Procedimiento

Se bate la mantequilla para acremarla, ir agregándole la leche condensada, y luego los huevos, y luego la leche. Se va incorporando la harina ya cernida con el polvo de hornear, a la velocidad menor de la batidora. En una sartén grande al fuego, ponga la media crema y el bicarbonato, moviendo para que se mezclen. Se saca del fuego inmediatamente y se agrega la mezcla del batido de la harina, y se mezcla con una cuchara de madera. Se le agrega el jugo del limón, la vainilla y finalmente los plátanos que previamente se molieron con un aplanador. Batir un poco más hasta que todos los ingredientes se integren y colocar la mezcla en un molde previamente engrasado y enharinado. Se hornea por 45 minutos a un fuego de 200 grados. El horno debió de haberse prendido desde que inició el proceso de preparación de la mezcla. Este pan se come solo, pero si le gusta decorarlo, le puede poner un betún de vainilla encima, o de cualquier sabor que usted elija.

Procedimiento para hacer betún de vainilla

El betún de vainilla es lo más fácil de hacer en este mundo. Simplemente ponga a esponjar las claras de 4 huevos, pero bien esponjadas con la batidora, le va agregando azúcar poco a poco y una gotita de vainilla cada vez que le agregue azúcar. Lo va probando para determinar el sabor de qué tan dulce lo quiere, y qué tan cremoso. A más azúcar, más cremoso. Y al terminar de batir, ya lo puede usted untar. Aunque convendría que lo pusiera a enfriar por unos minutos antes de untarlo.

Turcos

Son un tipo de empanadas rellenas con un guisado dulce de carne de cerdo deshebrada. Es una receta que nada más en el norte se prepara, y déjenme decirles que saben los turcos a gloria...

Ingredientes para la masa

1 kilo de harina de trigo
¼ k de manteca de cerdo
¼ k de manteca vegetal
½ cucharadita de sal
¼ taza de azúcar
Anís, canela y un clavito de olor hervidos en agua
Canela y azúcar mezclados para el escarchado

Ingredientes para el relleno

1 k de lomo de cerdo
1 taza de pasas de uva secas y sin semillas
1 taza de nuez en trocitos
2 cucharadas de canela en polvo
2 cucharadas de semillas de anís

½ cucharadita de clavo de olor en polvo
1 taza de azúcar
Manteca de cerdo

Procedimiento para la masa

Se procede igual que en cualquier receta de hojarascas o de empanadas, sólo que en esta receta se amasará con agua hervida con canela, anís y clavo de olor. Se deja reposar la masa envuelta en una servilleta de cocina.

Procedimiento para el relleno

Se pone a cocer la carne en una olla honda, con agua. Al estar ya lista, seca y fría, se deshebra toda. Luego se pone a dorar en un poco de manteca de cerdo, hasta que se sienta que ya está tostadita. Se le agregan las especias, canela, anís y clavo de olor, con la sal y el azúcar. Finalmente se le agregan las pasas y la nuez picada, y un poco del agua hervida que se usó para amasar la harina. Se deja hervir para que sazone bien su sabor dulce, y estará lista hasta que seque.

Procedimiento para hacer los turcos

Se extienden dos tortillas de la masa que previamente se puso a reposar. Una servirá para ponerle encima el relleno, y la otra para tapar el relleno. Quedarán los extremos de las dos tortillas juntos, y con los dedos índice y pulgar, torcer la orillita haciéndole los repliegues a manera de formar una trencita. Ya cerrados los turcos, se les hacen 4 agujeros con un tenedor, y luego se ponen en una lámina de metal, para hojarascas, ya preparada con manteca vegetal embarrada y con harina espolvoreada encima. Ya llena la lámina, se pasa al horno previamente calentado a 180 grados, y se deja cocer por 25 minutos. Cuando tengan un colorcito café claro por debajo, y esto se observa al levantar una de ellas con una palita, cambiar la lámina a la parte de abajo del horno de la estufa, para que la parte superior de los turcos también tenga el mismo color.

Se saca la lámina cuando ya estén buenos los turcos, y se dejan enfriar un poco, de manera que sean manejables y no se quiebren. Porque luego hay que pasarlos a escarchar en un plato que contenga azúcar y canela en polvo mezclados. Aunque si no quiere, no los escarche, pues a mucha gente les gustan así, sin escarcha.

Postre final

Ingredientes

1 lt de leche
1 taza de harina de fécula de maíz
3 huevos separados la clara de la yema
4 plátanos
1 taza de azúcar
1 cucharadita de vainilla
½ taza más de azúcar para el turrón

Procedimiento

Se ponen a hervir la leche, la fécula de maíz y el azúcar hasta que espese. Luego se le agregan las yemas de huevo y la vainilla, sin dejar de agitar la mezcla. Al estar todo bien mezclado, se retira del fuego, dejando que se enfríe, para luego agregarlo a un molde refractario. Ya en el molde refractario, se le agrega encima una capita de rebanadas de plátano. Separadamente se baten las claras hasta que se pongan a punto de turrón. Se les va agregando poco a poco a cucharaditas el azúcar, y cuando ya esté el turrón integrado y cremoso, se agrega encima de las rebanaditas de plátano. Luego se pasa al refrigerador y después de dos horas o tres, aproximadamente, ya se puede servir. Se trozan cuadritos como si fuera una gelatina. Se le puede encima agregar leche quemada y trocitos de nuez.

Manitas de abuelita II

Tus manitas bonitas,
Tus manitas graciosas,
Hoy las pones por aquí,
Más al rato las pones allá.

Manitas trabajadoras,
Que no se cansan de hacer,
Bordan, tejen y zurcen,
Y me arrullan y me mecen.

Esas manitas viejitas,
Siempre me echan la bendición,
Cuando me voy a la escuela,
Y más, cuando me da la viruela.

Manitas flaquitas de abuelita,
Que están tan arrugaditas,
Mira que nunca se cansan,
De acariciar esta carita.

Ay, manitas cansadas,
Cuánto habrán trabajado,
Y siguen muy aferradas,
A sus labores y quehaceres.

Ay, abuelita, abuelita,
En tu regazo quiero seguir,
Si me abrazas y me besas,
Y nunca me dejas de acariciar,

Con ésas, tus viejitas manitas.

Félix Cantú Ortiz

Séptima parte:
Adivina adivinador

> *"El hambre es una gran maestra,
> que hasta a los animales adiestra."*
>
> *"Cuando jóvenes, las mujeres son uvas,
> cuando viejas, son pasas."*
>
> *"La edad sólo importa,
> si eres queso, o eres vino."*

1.- Zorra le dicen, pero hablado al revés. Se lo come el chino, se lo come el japonés, y un plato muy rico es, dime qué es...
2.- Soy tan viejo como el sol, y le doy sabor al cabrito y a la col, y para todos soy el plato favorito, dime quien soy...
3.- Mi cabeza es redonda, no tengo nariz, y al frente ni siquiera un ojo, y sólo tengo dientes, y lo que más me gusta es que por todo el mundo viajo, ¿quién soy?
4.- Es muy coloradito, así lo veo al señorito, sus amigos son el caldo, el puré y el pollo frito, dime lo que es...
5.- Unos me tratan de santa, porque traigo conmigo el día; soy redondita y encarnada, pero tengo la sangre fría. Si adivinas mi nombre te llenaré de alegría...
6.- Soy un dulce muy moreno, y de morenos pinto nuez y cacahuate, me comes a mordidas, pero no soy chocolate. ¿Quién soy?
7.- A veces blanco es, a veces moreno es, con pasitas o con nueces, vieras qué rico es... ¿Qué es?
8.- Adivina, adivina lo que es: tiene escamas, pero no es pez, y tiene corona, pero rey no es...
9.- Nací en el mar, soy blanca como la espuma, pero siempre estoy en tu paladar... Si sabes quién soy, me vas a saborear...
10.- En verdes ramas me vi, en un molino me estremecí, en un bote me metí, en la cocina me refugié, y allí me conservo para ti.
11.- Me llaman ave, sin saber volar, ni soy mala ni soy villana; soy muy buena, pero mi vida es llana, ¿quién soy?
12.- A veces soy verde, pero cuando me enojo soy negra, porque tengo corazón de madera. Me comen los hombres, me comen las mujeres, me comen los suegros y las suegras... ¿Quién soy?
13.- A su leche le ponemos, y a su caramelo de mí lo llenan. Debes saber mi nombre, porque yo endulzo la vida del hombre...

14.- Una señorita muy refinada, que va al baile con sombrero verde y falda morada... ¿Qué es?

15.- Parezco ancianita pues tengo blanca la cabellera; conmigo llora el cura, el presidente y hasta la cocinera...

16.- Se crió en el campo la doncella, en el mercado luce muy bella, y en mi casa, yo lloro con ella... ¿Qué es...?

17.- ¿Col con sol, col nació, col creció, y en una flor se transformó?

18.- Dicen que es un viejito arrugadito, que si lo pones en agua se pone gordito...

19.- Entre la milpa y el viento, hay una bonita flor, que gira y gira, porque anda buscando al sol.

20.- Se encierra en una cajita, tan blanca como la nieve, que para abrirla y verle la carita, basta un golpe suave, pero para cerrarla, parece que nadie sabe... 21.- Mi madre es tartamuda, y mi padre cantador, tengo blanco mi vestido, y amarillo el corazón. ¿Quién soy?

22.- Si la como es cosa sabrosa; si no la como, se hace pasa; si la hacen vino, se pisa, y cuando la compro se pesa...

23.- De color verde, fui nacido; de color amarillo, fui tostado; en polvito, fui molido; hecho masa, fui amasado, y en tortillas fui comido...

24.- Te lo digo, y te repito, y te lo debo de avisar, que por más que te lo diga, no lo habrás de adivinar...

25.- Oro por fuera parece, por dentro plata no es, el que no adivine y no lo sepa, un tonto parece que es...

26.- ¿Qué es una cosa que es verde por fuera y blanca por dentro...? Si no lo sabes, te lo digo, pero antes piensa, y luego espera...

27.- Dicen que en un cuartito muy caliente, siempre se ve bailando a mucha gente, saltando, saltando, muy vestidas de blanco...

28.- ¿Qué será lo que sin tijeras se corta, y le gusta subir y subir, sin utilizar escaleras?

29.- Aunque me corten y corten, nunca me verán sangrar, porque me han curado en el frío y metido en mucha sal… ¿Quién soy?

30.- Después de haberme molido, agua hirviendo echan en mí, la gente me bebe mucho cuando decide no dormir…

31.- En una casa muy vieja había un muerto y un vivo, el muerto pregunta al vivo: ¿duras?, y el vivo contestó: no.

32.- Entre más caliente es más fresco, y de paso, más crujiente… ¿Qué es…?

33.- Comienzo con una nota, una nota musical, y termino como un ave, un ave de corral…

34.- Roja, en rodajas o rallada, va siempre en la ensalada, y le da mucho color como también un rico sabor… ¿Qué es…?

35.- Tiene pelo y no se sabe peinar, tiene dientes y no sabe comer, mas el que se lo ha de comer, los dientes le ha de arrancar…

36.- Mira ese palito tan derechito, que en su cabeza tiene un sombrerito…

37.- Unos dicen que soy gorda, aunque soy muy delgada, pero todos me comen sea blandita o sea tostada…

38.- Agua pasa por mi casa, cate de mi corazón. El que no lo pueda adivinar, será un burro cabezón…

39.- Negrita y minúscula bola, que la boca te atormenta, aunque muerdas una sola…

40.- A esta fruta se le culpa y fue cosa del demonio, pues comieron de su pulpa, los del primer matrimonio.

41.- Ni espero que me lo aciertes ni espero que me bendigas y, con un poco de suerte, espero que me lo digas.

42.- Si está bien, está mal. Con calor o con frío, se va envuelto en un chal…

43.- Vine y vine muy presto, muy italiano hasta tu mesa, para abrirle el apetito, a la reina o a la princesa…

44.- Soy regalo, soy presente, invitado de honor, nunca estaré ausente, en los años por venir…

45.- Sin música yo me muevo, y tiemblo sin tener miedo, soy de ricos sabores, y siempre de colores me veo... ¿Qué soy?
46.- Seca o aguada, fría o caliente, soy lo primero, que come la gente...
47.- Soy del color de mi raza, rico, caliente y espumoso, y en compañía de un bizcocho, ya verás qué sabroso...
48.- Cajita chiquita de buen parecer, ningún carpintero la ha podido hacer, sólo el Dios del cielo con su gran poder...

Estas que siguen son para reconocer los nombres de las marcas registradas que no puedo directamente poner en las recetas.

49.- Soy ciudad de gran influencia, soy centro de americana concordancia, y guardo la campana de mi independencia...
50.- Tengo sabor dulce, soy de tomate mexicano, aunque mexicano no es mi nombre, y en papas fritas gusto al niño, como a la mujer y al hombre...
51.- Estoy lejos p'al oriente, tengo a Veracruz de vecino adyacente, e inspiré al astuto texano que inventó una salsa excelente...
52.- Soy mujer, no me llamo Adelita, y en la revolución en una canción me dejaron escrita...
53.- Me gusta dar cariño a los niños que son hijos de mis hijos, y aunque soy arrugadita y viejita, no soy pasa, ni soy pasita, ¿quien soy...?
54.- Visto de negro, y no me gusta, ando sola por la cuesta, y la vida me ha sido injusta...
55.- Con su jarra al hombro, alegre va cantando, mientras vende un litro o dos, de su vaca se va acordando...
56.- En el monte, de colores formo una capa, huelo a clavo, y los hombres me llevan en la solapa...

Respuestas

1.- El arroz
2.- El frijol
3.- El ajo
4.- El tomate
5.- La sandía
6.- El piloncillo
7.- El chocolate
8.- La piña
9.- La sal
10.- El aceite
11.- La avellana
12.- La aceituna
13.- El azúcar
14.- La berenjena
15.- La cebolla
16.- La cebolla
17.- La coliflor
18.- El garbanzo
19.- El girasol
20.- El huevo
21.- El huevo
22.- La uva
23.- El trigo
24.- El té
25.- El plátano
26.- La pera
27.- Las palomitas
28.- La leche
29.- El queso
30.- El café
31.- El durazno
32.- El pan
33.- El Repollo

34.- La zanahoria
35.- El elote
36.- El hongo
37.- La tortilla
38.- El aguacate
39.- La pimienta
40.- La manzana
41.- El níspero
42.- El tamal
43.- El espagueti
44.- El pastel
45.- La gelatina
46.- La sopa
47.- El chocolate
48.- La nuez
49.- Filadelfia
50.- Es la salsa cuyo nombre en inglés comienza con la palabra "gato"
51.- Tabasco
52.- Valentina
53.- Abuelita
54.- La viuda
55.- La lechera
56.- El clavel

Acerca del Autor

Ingeniero Químico por estudios,
Y por gusto decidí ser escritor,
De novelas, e inventor de poemas.
Con nueve libros en mi colección,
Y seiscientos poemas cantados,
Preñados en el fondo de mi alma,
Y adoptados por este corazón.
Aclaro que de Dios es la inspiración,
Cuyo encantamiento me ha dado,
La satisfacción de vivir a su lado,
Escribiendo, y al tiempo de escribir,
De la vida seguir disfrutando,
Donde mi esposa, y musa a la vez,
Para motivarme, me ha inspirado,
Y así sobrellevar este círculo vicioso,
Que transforma mi vida en embeleso.
Mexicano, norteño, de nacimiento,
Pero cosmopolita por querencia,
Con cincuenta y nueve años de vida,
Pero con toda una eternidad
En mi corazón y en mi pensamiento.

Félix Cantú Ortiz

Fecha de Nac.: 11 de Marzo de 1954. Lugar: San Nicolás de los Garza, Nuevo León, México. Teléfonos: (011-52) 81-1252-5852, Fax: 81-8158-6577. E-mail: felitos1954@hotmail.com

Otras Obras del Autor

CORAZÓN DE ROCA. Fecha de Terminación: Agosto del 2009. Resumen: Un pueblito del norte del México hace su propia narración, en la que describe las vicisitudes de sus personajes a través de un periodo de su historia. Se mezclan los odios, angustias, desesperaciones, los mitos y leyendas que se envuelven en la trama desarrollada en una misteriosa casa escogida por el propio pueblo y alrededor de la cual, aparecen todos los personajes que tienen que ver con la historia. El pueblo busca dentro de su gente a la persona adecuada que haya de escribir la historia que él por adelantado ha estado narrando. Al asegurarse de que ha encontrado a la persona adecuada y su historia va a ser escrita, deja de preocuparse por su gente al darse cuenta que todas las manifestaciones del comportamiento de ellos no eran más que los latidos de su propio corazón, y deja entonces la historia así, que hasta ese momento, la escritora plasmará en papel, sin continuar lo que podría ser, a sabiendas que cuando mueran estos personajes, aparecerán otros que se comportarán de la misma manera que los anteriores, por lo que el pueblito decide no hacer tanto caso a los latidos de su corazón y busca a compaginarse con el Padre Tiempo, que es el único que lo comprende, bailando una danza que se transformaría en un idilio entre los dos por toda la eternidad. Libro escrito en una combinación de prosa y verso. Registro Federal de Autor en México: 03-2010-021511421600-01.

PÍCARA HISTORIA DE LAS MEMORIAS DE DON HILARIO, HOMBRE CON TALENTO POCO, MENOS INGENIO Y SIN MÁS DESIGNIO QUE SUS SUEÑOS Y SU FE POR ENCONTRAR LA FELICIDAD – PRIMERA PARTE. Fecha de Terminación: Septiembre del 2010. Resumen: Esta novela picaresca pero dramática está fundamentada en una Felicidad que buscaba a través de su vida, Don Hilario, cuyas memorias narradas por él mismo se ajustan a un muy vulgar, pero florido lenguaje norteño auténtico y lleno de vocablos populares actualmente ya desaparecidos, contrastando con un castellano fino y clásico hablado por Don Andrés, hombre muy acaudalado pero exiliado de España que viene a refugiarse en el pueblo donde Don Hilario vivía, de quien se hace amigo y a quien convence para recorrer juntos el mundo con el afán de buscar esa Felicidad misteriosa que ambos nunca logran encontrar y que finalmente descubren que jamás la encontrarían en el exterior, sino en el interior de sí mismos, donde nunca se imaginaron, y que finalmente vienen encontrando antes de morir este par nacidos ambos a la misma hora del mismo día del mismo año, uno en México y el otro en España. Una novela escrita en prosa rimada que sin duda ofrecerá a los lectores una remembranza al lenguaje de los tiempos del Romanticismo, como si fuera una escritura para ser cantada. Registro Federal de Autor en México: 03-2010-111212490600-01.

PÍCARA HISTORIA DE LAS MEMORIAS DE DON HILARIO, HOMBRE CON TALENTO POCO, MENOS INGENIO Y SIN MÁS DESIGNIO QUE SUS SUEÑOS Y SU FE POR ENCONTRAR LA FELICIDAD – SEGUNDA PARTE. Fecha de Terminación: Septiembre del 2011. Resumen: Esencial para los amantes de la felicidad, para los fanáticos de las órdenes de caballería, para los que están muy cerca de Dios y para los que no lo están, pero lo intentan, para los que no saben cómo empezar, para los que cultivan la amistad, para los que aman o han amado. En esta Segunda Parte, los protagonistas encuentran la Felicidad que buscaban por medio de un juego que el Padrecito les sugiere jugar, que es la formación de una Orden de Caballería, donde encuentran realmente lo que buscaban. Está escrita en un lenguaje casi cantado, por estar en combinación prosa y verso, llenará el corazón del aventurero en los caminos del alma. Dramática, emotiva y al mismo tiempo picaresca, esta novela querrá el lector leerla en un solo intento. Registro Federal de Autor en México: 03-2011-071311331900-01.

POEMAS DE UN CORAZÓN. Fecha de Terminación: Agosto del 2011. Recopilación de poemas escritos por el Autor desde su adolescencia hasta sus 57 años. Libro dividido en cuatro ciclos: I. Espiritual, II. Para todo Lector, III. Cuentos, Leyendas y IV. Para Adultos. En un ameno tamaño de letra de 14 puntos, 400 páginas de puro placer de leer poemas. Registro Federal de Autor en México: 03-2011-060210052600-14.

SOLILOQUIO – Motivos de mi locura. Fecha de Terminación: Marzo del 2011. Resumen: Un esquizofrénico cuenta su vida y los motivos que le crearon su locura. De niño lo cautivó su sexo, al que trataba como si fuera una personita pegada a él, que obedecía y hacía lo que éste le insinuaba. Vivió sin el apoyo de sus padres, sólo con el consejo de su pervertido tío, quien lo conduce a ser esclavo de su propio sexo. Esto de manera determinante lo lleva hacia un final macabro. Los vocablos masculinos y el lenguaje crudo de este libro, hace que se recomiende leer sólo por adultos hombres, y mejor si son padres de familia. Registro Federal de Autor en México: 03-2011-110411055800-01.

JULIÁN EL AGUERRIDO – Romance de un domador de dragones. Fecha de Terminación: Marzo 11 del 2012. Resumen: Epopeya en que un caballero, protagonista de una antigua profecía es descubierto por un mago arcano de una orden mística, al que le solicitan realizar una misión para regresar la paz que les ha arrebatado un cruel y despiadado rey sustentado y apoyado por otro mago del lado oscuro de la magia, contra los que luchan constantemente, y en medio de estas aventuras, no puede faltar el romance del caballero con su dama, que es su mismo escudero, y bajo la influencia y el influjo del corazón de un dragón, que el propio caballero tiene bajo su dominio, la profecía se va cumpliendo paso a paso, para dar lugar a la conclusión esperada. Registro Federal de Autor en México: 03-2012-031210293400-01.

MURMULLOS ETERNOS – Poemas. Fecha de Terminación: Agosto 22 del 2012. Resumen: Un libro de poemas en cinco ciclos: Poemas espirituales, Poemas para todo público, Cuentos y leyendas, Poemas de amor y para adultos, y Poemas para niños. Registro Federal de Autor en México: 03-2012-082412170900-14.

DESDE LO PROFUNDO – Poemas. Fecha de Terminación: 11 de Marzo del 2013. Resumen: Al igual que los dos anteriores, este libro de poemas se subdivide en cinco ciclos de nivel poético: Poemas espirituales, Poemas para todo público, Cuentos y leyendas, Poemas de amor y para adultos, y Poemas para niños. Registro Federal de Autor en México: 03-2013-090211014800-14.

POEMAS, MEDITACIONES Y ORACIONES – Poemas. Fecha de terminación: 23 de Septiembre del 2013. Resumen: Como su nombre lo dice, son puros poemas, en su mayoría de meditación y muchos en forma de oración, aunque uno que otro de amor, para los místicos y para los que desean una vida de paz. Registro Federal del Autor en México: 03-2014-012811510300-14.

Mi México querido...

Ay, Ay, mi México querido...
Ay, Ay, patria de mis amores,
Mira cómo te han maltratado,
Mira cómo te han humillado...

Pensar que tus campos moldeaste,
Y tus praderas embelleciste...
Tus sembradíos siempre nutriste,
Para darle el pan a toda tu gente.

Tus montañas las engalanaste,
Con esa música de los cielos,
De animales que en ti forjaron,
Todo el paraíso que nos regalaste.

Cómo me ha dolido tu maltrato,
Cómo lloro por tu situación.
Si pudiera ofrecerte mi corazón,
Para poder darte la salvación.

Ay, Ay, mi México querido...
Ay, mi Cuerno de la Abundancia,
¿Dónde ha quedado tu encanto?
¿Dónde, de tus flores la fragancia?

¿Quién mexicano se atrevería,
A arrancarte tu vida y tus raíces,
Cuales forjaron todos tus hijos,
Entre suspiros, esfuerzos y pesares?

Los campos que amparaban tus campiñas,
Se han cambiado por batallas y riñas,
Y tus tierras muy fértiles en el pasado,
Como recintos de armamento han quedado.

¿Y la paz que en ti se respiraba?
¿Y el aliento que tus pueblos regalaban?
¿Y la sabia que tú nos inyectabas?
¿Dónde quedó eso que de ti yo amaba?

Ay, Ay, mi México querido...
Esos que abusaron de arrogancia,
Que sacaron de ti toda sustancia
¡En que bajo aprecio te han tenido...!

No pareciera que amaron a su patria,
Acabaron con la gloria de tus culturas...
Ya no hay gente en los poblados,
No hay inditos, ni raíces, ya no hay nada.

Cambiaste la felicidad de tus gentes,
Por miedo que sembraron los arrogantes,
Cambiaste la libertad de tus caminantes,
Por secuestros y crímenes constantes.

México... Ay mi México tan amado,
Los amos del poder te han devorado,
Y vacío, muy vacío te han dejado,
¡Mira nada más cómo has quedado...!

Félix Cantú Ortiz

*"Aquí se quebró una taza y cada quién pa'su
casa... ¡Que este arroz, ya se coció...!"*